中国特色经济学·研究系列

# 中国资本市场 T＋1交易制度研究

Research on T+1 Trading Mechanism in China's Capital Market

张兵 著

南京大学出版社

# 《中国特色经济学·研究系列》丛书编委会

# 序　言

　　中国资本市场从 20 世纪 80 年代起步,若以 1990 年上海证券交易所成立为标志,也正好走过了 30 年历程。毫无疑问,中国资本市场已成为中国经济的重要推动力量。2009 年推出了创业板,2019 年 7 月又推出了科创板,中国资本市场在推动经济结构调整,促进产业结构高级化等方面发挥着巨大作用,在培育创新经济方面更是发挥着不可替代的作用。

　　在大众和新闻语言之中,一直存在着两个中国资本市场的形象。一个是高速成长的中国股市:近 4 000 家的上市公司,迅速膨胀的世界最为庞大的股民群体,总市值不断增加的股指,都说明了一个大国股市的格局已然成形;然而,另一个股市的形象也不容忽视:公司治理结构不完善、监管能力不足、市场内在的结构性缺陷难以解决。这貌似矛盾的两种形象根源于中国股市的制度设计,中国股市存在着显著的特点,其中的缺陷这 30 年来没有得到妥善解决:投资者结构中中小投资者占比极高,T+1 交易机制,涨跌停板机制,换手率很高,退市制度很不完善都很有特殊性。中国股市是全球市场仅有的采取 T+1 交易机制的股市,所谓 T+1,即"当天买入的股票不可以当天卖出"的交易方式,更规范的名称是"次日回转交易制度",这项交易制度指的是,当日购入的股票在该交易日内不能卖出。根据《上海证券交易所交易规则》第 3.1.5 条的规定,"债券、跟踪债券指数的交易型开放式指数基金、交易型货币市场基金、黄金交易型开放式证券投资基金和权证实行当日回转交易",而 A 股市场并不在当日回转交易的范围之内。中国沪深 A 股市场也是目前全球唯一实行次日回转交易制度的市场。

　　基于以上认识,笔者决定写一本有关 T＋1 交易制度的著作,系统研究这一问题。在整整两年的思考过程中,笔者越来越坚信这一研究的重要价值。从理论价值方面,资产定价问题是金融市场中的核心问题,现有的对金融资产价格形成机制的研究主要基于 T＋0 交易制度。但是在 T＋1 交易制度下,投资者面临不同的交易机制约束,因此投资者的投资策略选择和交易行为也会相应发生变化,从而产生不同的股价形成机制。通过研究 T＋1 交易制度下的股价形成机制,并在这种框架下对其进行深入拓展,可以进一步丰富资产定价理论,弥补长期以来有关 T＋1 交易制度理论研究方面的空白,建立符合我国 A 股市场交易制度特征的资产定价模型,为 T＋1 交易制度的实证研究奠定坚实的基础。在研究过程中,笔者日益加深对 T＋1 交易制度的理解,认为这是深远影响我国股市发展的基础制度,并明确得出了要遵循国际惯例,逐步(例如,从沪深 300 开始,或者规定一日最多一次回转交易)执行 T＋0 交易制度的政策建议。

　　T＋1 交易制度的研究在应用方面同样有着重要的价值。我国沪深 A 股市场是全球最大的新兴市场,目前共有上市公司超过 3 500 家,至 2020 年 2 月,账户开户数突破 1.6 亿户。股票市场的平稳运行与投资者的利益以及上市公司的发展息息相关,因此为股票市场交易配置合理的交易规则是一项重要的任务,对 T＋1 交易制度的研究可以为我国股票市场交易规则的制定提供详实的参考。舆论对 T＋1 交易制度的争论由来已久,T＋1 交易制度对股票市场乃至整个金融市场的影响早已渗透在每一个角落,需要我们完整、系统地对其进行研究,从而对 T＋1 交易制度作出准确的判断。通过对这一交易制度进行深入的研究,丰富对 T＋1 交易制度的理解,对保护投资者利益,进而保障股票市场平稳运行有着非常积极的作用。如今随着各类金融市场的不断成长,金融产品越来越丰富,各个金融市场间形成了一个有机的整体,股票市场交易制度的选择不仅对股票市场本身有着重要的影响,而且对整个金融体系也有着牵一发而动全身的作用。对股票市场交易制度的研究可以有效控制股票市场的系统性风险,避免风险外溢的现象发生,这对我国经济的平稳发展也有着重要的意义。

　　在研究中,笔者试图寻找文献的支持。T＋1 交易制度是中国股市的"特产",国内学者提出了不少真知灼见,笔者获益良多,特此致以深深谢意。由于外国股市都是T＋0交易制度,所以能够直接从外国学者借鉴的素材几乎没有,这是本书研究中遇到的一个困难。

　　本书的部分章节是由作者提出思路,具体实证工作指导研究生完成。正如目录显示的,本书涉及T＋1交易制度的主要方面。朱红兵、薛冰、徐硕正、张瑞祺、王婉菁、杨驰、于琴、陈慰、虞文微等同学都做出了很好的助研工作。本书前面的章节是作者完成的,后面的章节主要是在作者提出研究思路后,由博士生完成,具体为:第五、第九章,朱红兵;第四、第六章,薛冰;第七章,徐硕正;第八章,杨驰;第十章,王婉菁;张瑞祺同学整理了书稿。

# 目 录

## 第 1 部分 概 述

## 第 2 部分 T＋1 交易制度的研究基点

## 第 3 部分　T＋1 交易制度与市场异象

# 第 1 部分　概　述

　　本书的主要内容围绕 T＋1 交易制度展开。作为本书的第 1 部分，主要从发展历程、主要市场经验借鉴、相关文献研究、制度评价建议四个方面力图给读者展示一幅中国特色的 T＋1 交易制度的全景图，并使读者能够迅速了解本书的研究核心。

# 第1章 中国特色的T+1交易制度的回顾

本章介绍了 T+1 交易制度,分析了 T+1 交易制度的优劣,回顾了国内外学者的相关研究。这是全书论证的基础。本章的行文结构如下:1.1 小节是 T+1 交易制度在中国的发展脉络,1.2 小节是回转交易制度的国际经验,1.3 小节是相关研究评述,1.4 小节是 T+1 交易制度的评价。

## 1.1  T+1 交易制度在中国的发展脉络

交易制度是市场良好运行的重要保障,回顾中国股票市场 30 年的发展历程,论及独特性和对市场影响的深刻性,T+1 交易制度当仁不让。目前,世界上主要股票市场中,中国大陆股市是唯一实施 T+1 交易制度的市场,T+1 交易制度成为具有中国特色的交易制度。

1990 年和 1991 年上海交易所和深圳交易所的成立,拉开了中国股市的大幕。在当时股票交易是新生事物,上至监管层下到普通交易者对股票市场运行的了解都不成熟。在此背景下,为了股票市场能够更好地运行,管理层决定实施 T+1 交易制度。然而回顾历史可以发现,中国股票市场并非自始至终都采取 T+1 交易制度。在 1992 年 5 月和 1993 年 11 月,上海证券交易所和深圳证券交易所为鼓励市场交易,提升市场活力,分别开始实行 T+0 交易制度。该制度的实行带来了立竿见影的效果,在实行当日回转交易制度前的 1992 年 3 月和 4 月,上证指数当月成交金额分别只有 3.47 亿元和 8.05 亿元,而同年 5 月和 6 月,上证指数当月成交金额分别达到了 20.85 亿元和 18.25 亿元,交易活跃度大幅提升。

　　但由于当时股票市场各方面条件尚不成熟,监管缺乏经验,在同时期没有涨跌停板限制,A 股市场的交易异常火爆,市场过度投机现象严重,暴涨暴跌成为常态。1992 年 5 月 21 日即沪市开始实行 T＋0 交易的首日,上证指数暴涨 105.3％,创造了A 股历史上单日最高涨幅,市场的疯狂可见一斑。在那段时期,指数涨跌幅超过10％都时有发生,不仅涨得疯狂跌得也疯狂。图 1－1 是上证指数的价格走势。从图1－1 中可以看出,在实施 T＋0 的时期,5 月份暴涨,随后迎来的大跌超 70％,而后又再次暴涨,整个市场完全失去理性沦为赌场。出于平稳市场的目的管理层决定于1995 年 1 月在沪深 A 股市场暂停 T＋0 交易制度,恢复采用 T＋1 交易制度。1997年颁布的《证券法》第 106 条明确规定,"证券公司接受委托或者自营,当日买入的证券,不得在当日再行卖出"。这在法律上限制中国股市必须实行 T＋1 交易制度。沪、深两市 B 股自成立以来均实施 T＋0 交易制度,2001 年 2 月,沪、深两市 B 股市场对内开放,为配合 A 股市场的 T＋1 交易制度,有人建议两市应尽快统一回转制度,于是同年 12 月,沪、深两市 B 股市场也取消了 T＋0 交易制度,实施 T＋1 交易制度。至此,我国内地股票市场无论 A 股还是 B 股均实行 T＋1 交易制度,且一直延续至今。表 1－1 是中国资本市场 T＋0 到 T＋1 交易制度演变大事记。

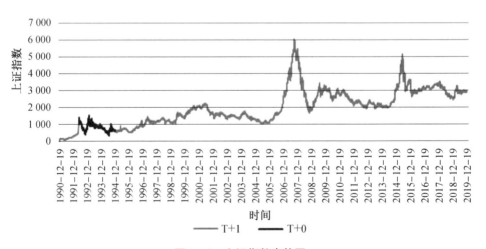

图 1－1　上证指数走势图

表 1－1　中国资本市场 T＋0 到 T＋1 交易制度的演变

| 时　间 | 演变事项 |
|---|---|
| 1992－05－21 | 上海证券交易所放开仅有的 15 只上市股票的价格限制,并实行 T＋0 交易制度 |
| 1993－11 | 深证证券交易所取消 T＋1 交易制度,转而实施 T＋0 交易制度 |
| 1995－01－01 | 上交所和深交所均废弃 T＋0 交易制度,重新将交易规则调整为 T＋1 制度 |
| 2001－02 | 沪深两市的 B 股市场对内开放,采用 T＋0 交易制度 |
| 2001－12 | 沪深两市 B 股交易由 T＋0 调整为 T＋1,而可转债则由 T＋1 调整为 T＋0 |
| 2005 年股改启动后 | 新《证券法》从法律上为恢复 T＋0 消除了障碍。同年权证交易开始实行 T＋0 交易制度 |
| 2008－10－07 | "一行三会"及财政部主要负责人再次重申"T＋1"是稳定资本市场的重要措施 |
| 2010－04－16 | 股指期货正式挂牌,实行 T＋0 交易制度 |

到目前为止,T＋1 交易制度已经在我国股市持续了 20 多年,在其初始运行的几年里,其在平抑市场炒作氛围和保障市场良好运行等方面发挥过重要的作用。进入新世纪,随着股票市场的不断发展,T＋1 交易制度的不适应性日益体现,市场上关于恢复 T＋0 交易制度的呼声日盛。回顾新世纪以来的中国股票市场,几乎每隔几年都会有关于实施 T＋1 还是 T＋0 的争论。2001 年 12 月,可转债交易由 T＋1 交易制度调整为 T＋0 交易制度。2004 年,证券业协会召集 16 家券商召开的讨论会上,代表们一致认为应该恢复 T＋0 交易制度。随后 2005 年股改后,新《证券法》删除了原第 106 条,从法律上为恢复 T＋0 消除了障碍,同年权证交易开始实行 T＋0 交易制度。虽然积极进行 T＋0 的尝试和准备,但是股票市场仍旧是 T＋1 交易制度,这导致业内关于恢复 T＋0 的呼声越来越大。

在此背景下,监管部门也对 T＋0 交易制度进行了研究。2007 年年初,沪、深交易所均发表了关于 T＋0 的研究报告。沪、深交易所分别发表了《新一代交易系统下差异化交易机制研究》和《在信用交易账户开放当日回转交易的海外经验与启示》,均对 T＋0 交易制度活跃市场与提升市场流动性给予了肯定,并提出监管层对市场稳定的目标是 T＋0 交易制度难产的原因。两份报告借鉴海外经验分别从设立门槛和摸石头过河分布试点两个角度对恢复 T＋0 交易制度进行规划。

真正给这场争论盖棺定论的是 2008 年的一场讨论会。2008 年 10 月 7 日,国务院召开关于资本市场局势的讨论会,彼时还处于金融危机期间,维持股票市场的稳定是首要任务,因此曾经给我国资本市场带来炒作和不稳定的 T＋0 自然不能在此种情况下恢复。在该会议上,"一行三会"及财政部重申"T＋1"是稳定资本市场的重要措施,因此恢复 T＋0 交易制度再次变得遥遥无期。

2010 年 4 月 16 日,股指期货正式挂牌实行 T＋0 交易制度,现货仍旧是 T＋1 交易制度,现货和期货之间的制度差异带来的不公平再次引发了人们对实施 T＋1 交易制度的质疑。2013 年 8 月 16 日,光大乌龙指事件让投资者深刻认识到这种制度差异带来的不公平,光大证券因为错误操作导致上证综指一分钟内上涨 5％,其隐瞒消息导致投资者盲目追涨,很快乌龙指事件曝光导致了市场的下跌,当日追涨的投资者由于无法当日卖出止损导致损失惨重,而光大证券却早已在期货市场和 ETF 交易市场进行卖空得以及时止损。2012 年两会期间,全国政协委员贺强教授的《关于建议中国股市恢复 T＋0 交易的提案》再次引发了市场对是否恢复 T＋0 交易制度的思考。贺强教授认为,T＋1 交易制度存在不利于及时纠错、降低了股市流动性、导致期现市场无法完全匹配等问题,而 T＋0 交易制度对上述问题的解决具有积极作用。同时,他还建议了顺利推出 T＋0,监管层要充分研究 T＋0 交易制度,完善相关技术和监管法规的支持,同时加强投资者教育。

然而相较于市场对恢复 T＋0 交易制度的热情,监管层出于市场稳定的考虑又一次"泼了冷水"。中国人民银行 2014 年年初发布的《中国金融稳定报告(2014)》中单独设立了专栏探讨审慎对待股票"T＋0"交易,文中指出中国股票市场总体仍处于"新兴加转轨"阶段,A 股市场是否实施 T＋0 交易需要全面研究,审慎对待。该份报告认为,T＋0 交易的三大潜在风险不容忽视:一是交易频率增加诱发结算风险;二是加剧市场波动;三是增加市场操纵风险。

2014 年年末,沪港通的规划和开通再次将实行 T＋1 还是 T＋0 的争论引燃。

香港股市是 T＋0 交易制度,而沪、深股市是 T＋1 交易制度,这给两地市场连接带来了问题,也埋下了隐患,市场上再度掀起要求恢复 T＋0 交易制度的声浪。然而与市场上对两市的制度差异存在担忧并要求恢复 T＋0 交易制度的想法不同,出于对市场连接可能造成的风险的担忧,上交所发布的《沪港股票市场交易互联互通机制试点实施细则》规定回转交易以本地规则为准,即沪市仍旧采取 T＋1 交易制度,香港市场实施 T＋0 交易制度。2016 年,深港通的开通也依旧保持着内地市场 T＋1 交易制度,而香港市场 T＋0 交易制度的"单边 T＋0"的特殊现象。

自 2015 年 6 月起,股票市场经历了一次惨烈的大灾难,股市从 5 000 点左右一路狂跌,市场急需一剂稳定市场的良药,恢复 T＋0 的方案再次活跃于市场的讨论中。有分析指出,T＋1 交易制度与涨跌停板导致的短线资金介入意愿低等造成了流动性危机,此外期现市场回转制度的不一致导致了市场下跌不止,救市资金运作效率也受到了影响,出现了所谓的"两点半效应"。中国人民大学教授吴晓求在分析 2015 年股灾时也提出,要改革交易制度,把"T＋1"变成"T＋0",以增加市场异常情况下投资者控制风险的机会,减少股指期货与股票市场之间因 T＋0 和 T＋1 的不同而出现制度套利。[①] 然而 T＋0 早已被扣上了导致市场不稳定的帽子,越是危机时刻恢复 T＋0 的可能性就越小。在央行 2016 年发布的《中国金融稳定报告(2016)》中,央行重申需要审慎对待 A 股市场"T＋0",报告称我国资本市场制度建设尚不完备,各类机构投资者的风控体系尚显薄弱,中小投资者的非理性行为依然突出,在相关环境没有根本性改变的情况下,贸然恢复股票"T＋0"交易不仅无助于提高市场效率,还可能助长高频交易,加剧金融投机氛围,诱发系统性金融风险。

恢复 T＋0 交易制度并没能成为解决市场剧烈下跌的工具,取而代之的是自 2016 年 1 月 1 日起实行的熔断机制。然而 T＋1 交易制度＋涨跌幅限制＋熔断机制的"神组合"并没能起到平抑市场波动的作用,1 月 4 日两次熔断导致直接闭市,1 月 7 日再次两次熔断导致早盘就直接闭市。1 月 7 日晚间,沪、深交易所和中金所紧急发布通知,自 2016 年 1 月 8 日起暂停熔断机制。熔断机制只实行了 8 天(更准确地

---

① 吴晓求.对于 2015 年中国股市危机的警示与反思.财经,2016.

说只存在了 4 个交易日)就"夭折"了,理论和成熟市场实践中都发挥过重要稳定作用的熔断机制在中国市场严重"水土不服"。林采宜指出,熔断机制的作用在于提供冷静期进行信息交换和创造流动性,而 T+1 交易制度下的熔断机制并不能发挥"冷静期"的作用,投资者在 T+1 制度下当日回转受限,投资者无法通过积极交易策略化解风险,市场流动性也会出现风险。[①]

2017 年,党的十九大报告谈及中国资本市场的发展方向时,强调下一步的重点是改革完善基础性制度,恢复 T+0 交易制度再一次成为热议的话题。这股热情一直持续到科创板开板,2019 年 6 月科创板横空出世,其在制度上相较于沪深股市进行了一定的改革,如扩大涨跌幅限制至 20%,改审核制为注册制等。但是,广大投资者关切的科创板能够与国际市场接轨实行 T+0 交易制度的想法依旧未能实现,出于维护市场稳定运行和保护中小投资者利益的原因,科创板仍旧实施 T+1 交易制度。2019 年 6 月 28 日,证监会有关负责人在就设立科创板有关问题答记者问中,在回答记者提出的如何看待科创板没有引入 T+0 交易制度的问题上表示,现阶段我国资本市场仍不成熟,投资者结构中中小散户的占比较大,单边市的特征未发生根本改变,市场监控监测手段仍不够充足,在现阶段引入 T+0 交易制度可能引发以下风险:一是加剧市场波动,目前我国 A 股市场换手率较高,炒作现象仍普遍,引入 T+0 制度可能诱使中小投资者更加频繁地交易股票,虚增了市场中的资金供给,对证券价格产生助涨助跌的效果。二是不利于投资者利益的保护,高频交易会导致中小投资者相对于专业投资者处于更加不利的局面。三是 T+0 高频交易为操纵市场的行为提供了空间。

2020 年,监管层关于资本市场制度改革的会议和文件再次掀起市场关于恢复 T+0 交易制度的讨论。4 月 8 日召开的金融委会议,在谈及资本市场时提到"不断强化基础性制度建设,放松和取消不适应发展需要的管制,提升市场活跃度"。随后 4 月 9 日,《中共中央国务院关于构建更加完善的要素市场化配置体制机制的意见》提出要制定出台完善股票市场基础制度的意见。坚持市场化、法治化改革方向,改革

---

① 林采宜.熔断机制加剧市场暴跌.新浪博客,2016.

完善股票市场发行、交易、退市等制度。官方媒体《证券日报》发表的题为《A 股基础制度体系日趋完善"T＋0"改革可期》的文章中也指出,随着我国股票市场的不断发展,基础制度体系日趋完善,实施 T＋0 交易制度的时机或已成熟。但是从近期的改革方向可以看出,改革的重点在于完善注册制和退市制度,而 T＋0 交易制度似乎并未成为重点,仍在等待时机。2020 年 5 月 29 日,上交所在回应两会委员对 T＋0 的建议时表示,将适时推出做市商制度,研究引入单次 T＋0 交易。

从我国股票市场 T＋1 交易制度的历史可以看出,随着股票市场的不断发展,T＋1 表现出了越来越多的问题,这引起了市场对恢复 T＋0 的殷切期盼。每次在资本市场重大改革推出前期或者股市巨幅波动发生之后,市场总会传来恢复 T＋0 交易制度的呼声。然而,T＋0 交易制度曾经带来的问题依然令监管层后怕,因此,虽然 T＋1 交易制度存在着许多的问题,市场也渴望恢复 T＋0 交易制度,但是 T＋0 交易制度可能带来的炒作和市场不稳定的隐患似乎更令监管者担心。稳定压倒一切,这也许是恢复 T＋0 交易制度的期盼屡屡受挫的根本原因。

## 1.2　回转交易制度的国际经验

目前世界主要股票市场中,中国大陆股市是唯一实施 T＋1 交易制度的市场。但许多实行 T＋0 交易制度的市场也并非没有限制与约束。没有限制与约束的股价可能会因为投资者行为等因素出现较大的非理性波动,从而会导致投资者利益遭受意外的损失。T＋1 交易制度的本质是为了限制过度投机行为造成的资产价格波动。而其他股票市场中采用的"有约束的 T＋0"交易制度也是为了寻求予以投资者交易的自由与限制过度投机行为之间的平衡。因此,其他市场的回转交易制度对 A 股市场具有一定的借鉴意义。表 1－2 列出了主要股票市场的回转交易制度。

表 1-2 交易制度的汇总

| 国家/地区 | 回转交易的限制 |
|---|---|
| 美国 | 分账户类型,对回转交易进行限制 |
| 英国 | 回转交易占比较低 |
| 日本 | 对日内回转交易次数有明确限制 |
| 中国香港 | 约束较少,配合股票 T+2 结算制度 |
| 中国台湾 | 对交易者资质和交易行为进行了限定 |
| 韩国 | 禁止保证金的回转交易 |
| 印度 | 只允许个人投资者的回转交易,限制 FLLS 和国内机构投资者进入,并且限制投资者的每日头寸和日内成交量 |
| 泰国 | 对国内个人投资者有成交额限制,要求总成交金额不超过保证金总额的 4 倍 |
| 加拿大 | 由 QSC 根据 IOSCO 的监管指引对回转交易者进行特别监管 |

注:表中的股票市场均没有类似于 T+1 交易制度的交易间隔约束。
资料来源:皮六一(2013)、刘文宇(2016)、广发证券(2020)、各交易所交易规则。

### 1.2.1 美国股市的经验

根据美国证券交易委员会投资者教育和宣传办公室(U. S. SEC's Office of Investor Education and Advocacy, OIEA)的介绍,美国股市中,投资者账户有现金账户(Cash Account)与保证金账户(Margin Account)的区别。现金账户的所有交易必须使用可用现金或多头头寸进行,不能进行保证金交易。[1] 在现金账户中购买证券时,投资者必须存入现金以结清交易或在同一交易日出售现有头寸,因此现金收益可用于结清买单。现金账户的一个主要好处是,只要结清资金就可以进行所有想要的交易,而不会被保证金账户中的当日交易规则所约束。因此,受限于美股的"T+2"现金交割政策,投资者只能在现金量约束内进行交易,且无法在现金交割前用未交割

① https://www.investor.gov/introduction-investing/investing-basics/glossary/cash-account.

的额度再次进行交易。另外,值得注意的是,根据美国联邦储备委员会(Federal
Reserve Board)的 T 规则(Regulation T),在现金账户中,投资者必须在出售证券之
前支付购买证券的费用。①

　　在保证金账户中,交易经纪人(broker-dealer)以该账户作为抵押品,借出投资者
现金购买证券。② 保证金交易增加了投资者的购买力,但也使投资者面临更大损失
的风险。在保证金账户内,当日买卖或买卖同一证券的行为被称为"日内交易(Day
Trade)"。③ 日内交易者通常使用保证金杠杆,T 规则允许初始最大杠杆为 2∶1。如
果在 5 个交易日内进行过 4 次或更多的日内交易,且日内交易的交易量达到过去 5
日保证金账户的 6％以上,金融业监管局(Financial Industry Regulatory Authority,
FINRA)将定义该投资人为"典型日内交易者(Pattern Day Trader)"。④ 值得注意的
是,尽管 FINRA 具有监管权,但它不是政府的一部分,它是非营利性实体,也是美国
证券业最大的自我监管组织(Self-Regulatory Organization, SRO)。⑤ 对典型日内交
易者,金融业监管局有更高保证金要求。当账户金额低于 25 000 美元时,该账户将
被禁止日内交易。

　　在前一天营业结束时,典型日内交易者可交易至多 4 倍于客户维持保证金的股
票。如果典型日内交易者超过当日交易购买力限制,其具有 5 个工作日可以满足其
保证金要求,在此期间,根据投资者对权益性证券的每日总交易承诺,客户一天的交
易购买力限制为投资者维持保证金超额的 2 倍。如果投资者在第 5 个交易日前未满
足保证金要求,则其交易账户将被限制在 90 天内或在满足保证金要求之前仅以现金
进行交易。相关数据表明,美国个人投资者从事日内回转交易的人数比例不到 1‰。⑥

--------

① 　https://www.govinfo.gov/content/pkg/CFR-2019-title12-vol3/xml/CFR-2019-title12-vol3-sec220-
8.xml.

② 　https://www.investor.gov/introduction-investing/investing-basics/glossary/margin-account.

③ 　https://www.investor.gov/introduction-investing/general-resources/news-alerts/alerts-bulletins/
investor-bulletins/margin.

④ 　https://www.finra.org/investors/learn-to-invest/advanced-investing/day-trading-margin-requirements-
know-rules.

⑤ 　https://www.investopedia.com/ask/answers/how-does-finra-differ-sec/.

⑥ 　http://www.csrc.gov.cn/pub/newsite/zjhxwfb/xwfbh/201703/t20170317_313783.html.

### 1.2.2　日本股市的经验

现代日本证券市场的兴起依赖于 20 世纪 50 年代开始的日本经济高速增长。1949 年以后,日本共设有东京、大阪、名古屋、京都、新泻、广岛、福冈和札幌等 8 个证券交易所。2001—2002 年,通过重组合并,东京、大阪、名古屋、札幌和福冈 5 家证券交易所的局面已经形成。[①] 2013 年,由东京证券交易所和大阪证券交易所合并形成日本交易所集团,二者的交易额合计占全日本交易所交易额的 90％以上。[②]

日本股票市场仅允许"单次 T＋0",单账户对某只股票单日仅允许回转交易 1 次(刘文宇,2016)。而对于其他股票,则仍可以进行日内回转交易。日本股市通过对交易次数的限制降低了过度投机行为,同时予以投资者一定的容错空间。东京证券交易所在规则介绍中指出,"股价原本应该是在市场中自由形成的,不应该人为地设置限制。但是,股价往往会因为投资者的心理状态等因素而在短期内出现大幅波动,这可能会导致投资者遭受意外损失,所以交易所会对股价日波动幅度设定一定的范围"。[③] 同时为了配合对过度投机的限制,日本股市设置了较为复杂的涨跌幅限制,具体如表 1－3 所示。

表 1－3　涨跌幅的限制(部分)

日元

| 基准价格 | 涨跌幅(上下)/％ |
| --- | --- |
| 100 以下 | 30 |
| 100～200 | 50 |
| …… | …… |

① http://www. grandall. com. cn/grandall-research-institute/legal-study/grandall-forum/9441. htm.

② 商务部国际贸易经济合作研究院,中国驻日本大使馆经济商务处,商务部对外投资和经济合作司:《对外投资合作国别(地区)指南:日本(2019 年版)》,http://www. mofcom. gov. cn/dl/gbdqzn/upload/riben. pdf.

③ 日本交易所集团东京交易所:《东京证券交易所—日本股票小帮手—股票交易篇(2020 年版)》,https://www. jpx. co. jp/chinese/rules/bcnsjk00000006ic-att/ifgboc0000001moe. pdf.

（续表）

| 基准价格 | 涨跌幅(上下)/％ |
|---|---|
| 2 万～3 万 | 5 000 |
| 3 万～5 万 | 7 000 |
| …… | …… |
| 70 万～100 万 | 15 万 |
| 100 万～150 万 | 30 万 |
| …… | …… |
| 3 000 万～5 000 万 | 700 万 |
| 5 000 万(含)以上 | 1 000 万 |

资料来源：东京交易所(2020)。

　　另外，东京交易所还设置了诸如限价委托最小报价单位设置、特别报价制度等制度避免日内市场操纵行为。

## 1.2.3　中国港台市场的经验

　　香港市场对"当日回转交易"并无限制。港股实行 T＋0 回转交易，日内投资者可不限次数地买卖，同时，港股资金与股票的交收实行"T＋2"。[1]《上海证券交易所沪港通业务实施办法》中第 65 条也指出，投资者当日买入的港股通股票，经确认成交后，在交收前即可卖出。[2]

　　台湾交易所将当日回转交易称为"当日冲销交易"，并制定了《有价证券当日冲销交易作业办法》。[3] 该办法指出："本办法所称有价证券当日冲销交易，系指委托人与证券商约定就其同一受托买卖账户于同一营业日，对主管机关指定之上市(柜)有价证券，委托现款买进与现券卖出同种类有价证券成交后，就相同数量部分相抵之普通

---

[1]　http://www.csrc.gov.cn/pub/guangdong/xxfw/tzzsyd/zqtz/201411/t20141118_263663.htm.

[2]　http://www.sse.com.cn/lawandrules/sserules/trading/hkexsc/c/c_20170927_4395037.shtml.

[3]　https://twse-regulation.twse.com.tw/TW/law/DAT0201.aspx? FLCODE＝FL071871.

交割买卖,按买卖冲销后差价办理款项交割。"

台湾证券交易所同时对交易者和交易行为进行了限定。一方面,台湾证券交易所对"当日冲销交易者"的资质进行了限定,"委托人申请从事有价证券当日冲销交易,应开立受托买卖账户满三个月且最近一年内委托买卖成交达十笔(含)以上……,或为开立信用交易账户的投资者和机构投资者"。

另一方面,台湾证券交易所对"当日冲销"的交易行为进行了约束,"委托人当日冲销交易之买进及卖出金额,应列入单日买卖额度计算,但当日冲销交易之反向委托金额,不列入其单日买卖额度计算。买卖额度冲抵后不得于当日循环使用之。证券经纪商依规定对委托人未订定单日买卖额度而从事当日冲销交易者,应另订当日冲销额度。其当日冲销委托卖出合计金额不得逾越当日冲销额度,委托买进及取消委托卖出之金额,不得列入当日冲销额度计算,且其额度冲抵后不得于当日循环使用之。前项委托人于盘后定价交易时段之当日冲销委托卖出金额应合并计算当日冲销额度,但普通交易时段未成交之当日冲销委托卖出金额不列入计算"。台湾证券交易所对"当日冲销"交易的范围逐步放宽,风险要求逐渐放低,监管标准却逐渐严格,这是为了在活跃市场交易的同时维护市场稳定。

## 1.3　相关研究评述

与中国股市发展同行,涌现出大量研究论文,本节将介绍 T＋1 交易制度的相关论文。

### 1.3.1　T＋1 交易制度与资产定价的相关研究

1. T＋1 交易制度与股票市场波动性和流动性的相关研究

T＋1 交易制度作为我国证券市场的一项重要交易制度,对证券市场的资产定价有着重要的影响。在早期的研究中,学者们对 T＋1 交易制度与股票市场资产定价方面的研究主要围绕波动性和流动性的角度展开。

T＋1 交易制度的初衷是抑制市场上的投机炒作,降低市场波动。然而 T＋1 真的降低了股票市场的波动吗？Campbell 等(2001)在总结影响股票市场价格波动的因素时认为，日内回转交易是影响股票价格波动的重要因素之一；Chung 等(2009)用韩国证券交易所日内回转交易历史数据指出，日内回转交易数量和日内波动性会产生正相关的关系。葛勇和叶德磊(2009)利用沪市 A 股和 B 股指数日内振幅数据进行实证发现，在实行 T＋1 交易后市场的振幅均值都减小，表明 T＋1 有助于减小股市的波动。Wu 等(2015)利用我国股票市场 B 股交易规则由 T＋0 调整到 T＋1 的自然实验发现，T＋1 交易规则降低了股价波动率和买卖价差，对股票市场质量有一定改善。赵倩(2017)使用双重差分模型分析 B 股市场在采取 T＋1 交易制度前后波动性和流动性的变化，结果发现 T＋1 交易制度的实施虽然短期内效果不明显，但从长期来看可以在一定程度上减小股票市场的波动性，然而同时也降低了市场的流动性。而在实证研究外，也有一些学者通过构造人工股票市场等计算实验平台，验证了 T＋0 交易制度相较于 T＋1 交易制度会加剧市场波动(成微等，2011；熊熊等，2016)。

　　另一方面，也有许多学者研究发现 T＋1 制度并没有降低股市的波动性。陈雯和屈文洲(2004)研究发现，实行 T＋1 制度后，深市的波动性并未得以降低，反而市场对信息的消化和反应能力有所降低。刘逖和叶武(2008)利用沪市逐笔交易数据，结果发现 T＋0 交易并未加剧价格波动和增加投资风险。孔庆洋等(2009)通过对比分析股票权证和股票的波动性发现，权证的波动性在统计上显著小于股票的波动性，实证结果支持 T＋0 和涨跌停板制度。袁晨和傅强(2011)通过对股市 T＋1 交易制度下的价格进行建模分析发现，T＋1 制度造成了股市的多空双方转换出现阻滞，带来的差异导致均衡价格偏离价值，市场波动加大。戴俊等(2015)利用 AH 板块高频数据对比发现，A 股如果实施 T＋0 交易制度，相较于 T＋1 情况下的风险未显著增加，但是定价效率得到了有效的提高。周耿等(2018)的研究也发现了类似的现象，即 T＋1 制度并不能有效地降低市场泡沫，反而加剧了市场的波动。

　　可以看出，虽然学者们从波动性这一视角出发展开了诸多研究，但由于指标构建、样本选择、实证方法等原因，学术界目前对 T＋0 制度和 T＋1 制度中到底哪一种更有利于降低中国股市的波动性并没有形成一致的结论。

　　而从 T＋1 交易制度与市场流动性这一角度,学者们得出了较为一致的结论:T＋1 交易制度降低了市场的流动性。吴柏均和杨威(2008)通过实证研究发现,交易机制和监管机制等因素导致了很高的交易成本,影响了市场的流动性,而 T＋1 交易机制限制了交易的及时进行,也影响了股市配置资源的能力。边江泽和宿铁(2010)从流动性的不同角度分析 A 股和权证价格的差异发现,T＋1 制度会降低股市流动性,造成股票交易价格中存在低流动性折价,进而偏离股票的基本价值。但在 T＋1 交易制度与 B 股市场流动性的研究中,学者们对于 T＋1 交易制度对流动性的影响研究结论不太一致。Guo 等(2012)基于动态价格操纵模型进行实证研究并指出,T＋1 交易规则会降低整个市场的交易量和价格波动,给市场流动性带来负面影响;而 Chan 等(2013)研究发现,实行 T＋1 制度后,上海 B 股的有效利差显著降低,同时流动性有所改善,对价格发现的贡献也显著增加。

　　2. T＋1 交易制度与隔夜收益率的相关研究

　　隔夜收益率衡量了当日开盘价相较于前一日收盘价的收益率。T＋1 交易制度犹如给股市加了一个锁(Lockup),直到下一个交易日才能打开,由此造成了 A 股市场独特的隔夜收益率显著为负现象。从隔夜收益率这一更为微观角度的研究,既可以充分捕捉 T＋1 交易制度的影响,也可以为课题的研究提供更为全面的视角。

　　近年来,学者们对隔夜收益率进行了深入的研究。Lockwood 和 Linn(1990)研究发现,道琼斯指数日内各交易时段的波动性具有异质性,而且日内的波动性高于隔夜的波动性;Berkman 等(2012)发现,美国股票的开盘收益率为正值,并归因于投资者白天需要工作而造成的股市次日一开盘就买入。对投资者具有更强吸引力的股票往往具有更高的隔夜收益率。Aretz 和 Bartram(2005)利用 35 个国家的 48 000 个股票样本发现,日内收益率高于隔夜收益率,且都显著为正,但波动率大致相同。此外,美国指数基金和指数期货都有显著的正向隔夜收益率,而且隔夜时段的波动性低于交易时段的波动性(Liu 和 Tse, 2017)。

　　而我国股票市场表现出与国际主要股票市场不同的隔夜收益率特征:A 股市场的隔夜收益率整体为负。梁丽珍和孔东民(2008)的研究表明,当沪深 A 股的隔夜收益率为负时,当日内会表现出明显的反转,但如果隔夜收益率为正,则并没有明显的反转或惯性特征;刘红忠和何文忠(2012)认为,沪深两市存在明显的"隔夜效应",开盘和收盘时段的平均收益率异于其他时段,而且这种现象在抽样区间内也十分稳健;Liu 等(2015)研究发现,中国主板市场、中小板市场、创业板市场总体均表现出隔夜收益率为负的现象;Zhang(2019)、张兵(2019)对中国 A 股市场和国外市场的隔夜收益率情况进行比较后发现,国外市场的隔夜收益率不显著异于 0 或显著为正,而我国 A 股市场的隔夜收益率显著为负。

　　对于隔夜收益率现象,学者们从投资者情绪、隔夜信息和投资者异质性等角度给出了解释。Aboody 等(2018)从投资者情绪的角度对隔夜收益率进行了解释,认为隔夜收益率可以看作一种企业层面的对投资者情绪的衡量。Xiong 等(2020)利用 10 多个国家股市的数据进行分析,进一步验证了隔夜收益率的投资者情绪衡量属性。王春峰等(2011)从隔夜信息的角度对这个问题进行研究发现,隔夜信息对隔夜收益率及波动性有极大的影响,而且负面的隔夜信息比正面的隔夜信息对波动性的影响更大。Lou 等(2019)将股票收益分为隔夜收益和日内收益两部分,并发现两个时段存在显著的特征差异。隔夜新信息在非交易时段累积和时变风险以及不同时段投资者行为的异质性是导致这两个时段对应不同的收益水平的主要原因。刘清源等(2016)对动量收益进行隔夜和日内分解后发现,沪市市场动量策略下的收益主要来源于隔夜收益,并提出风险溢价是造成隔夜收益与日内收益差异的重要原因。

　　而在投资者情绪、隔夜信息和投资者异质性等角度外,近年来也有一些学者从 T＋1 交易制度角度出发,探究其与隔夜收益率的关系。Diao 等(2018)通过对沪深 300 指数和指数期货的隔夜与日内收益率对比指出,T＋1 交易制度可能是导致开盘价走低、收盘价走高的原因。张兵(2019)认为,中国 A 股市场所表现出的显著的隔夜收益率为负现象,与 T＋1 交易制度密切相关。Zhang(2019)认为,中国股市的隔夜收益率通常为负值的现象,其根本原因在于股票市场的 T＋1 交易制度。T＋1 交易制度导致短线交易者买卖需求失衡,扭曲了日内收益和隔夜收益之间的正常分配,造成了次日开盘额外的卖压,且这种现象在 A 股市场具有持续性,因此隔夜收益率就会成为负数。隔夜收益率可以作为 T＋1 交易机制的代理变量,而投资者意见分歧更大、风险更高、个体投资者占比更高的股票受该制度影响更深。Qiao 和

Lammertjan(2020)也指出,中国股市的 T＋1 交易制度下,买卖双方之间存在着不对称的力量,这是造成中国市场的隔夜收益率为负的原因,其研究得出上海股市隔夜收益率折价为 14％。由于隔夜收益率与 T＋1 交易制度的密切联系,通过将隔夜收益率作为 T＋1 的代理变量,构造隔夜收益率因子,加入该因子的定价模型对于我国 A 股市场的解释能力更强(张兵和薛冰,2019)。

### 1.3.2　T＋1 交易制度与投资者利益的相关研究

T＋1 交易制度是在我国股票市场 T＋0 造成严重投机炒作的背景下实施的,其肩负着平抑市场投机炒作以保护中小投资者的重任。然而 T＋1 交易制度是否能够真正起到保护投资者利益的作用也引起了学者们的广泛争论。目前的研究认为,不同的交易制度会通过影响投资者交易频率和市场投机炒作氛围两方面,从而进一步影响投资者的利益。

首先,从投资者是否能及时应对市场的变化进行调整和纠错的角度来看,大多数学者认为 T＋1 使得中小投资者丧失了及时纠错的能力。盖卉和张磊(2006)通过对比不同交易制度下的下跌和连续下跌情况认为,T＋1 下交易风险增大,导致投资者更易遭受损失,在市场下跌时尤为明显。同时,中小投资者本身处于信息劣势,T＋1 又使得其在信息交易中不能及时调整,处境更加恶化。张艳磊等(2014)通过对比分析发现,从 T＋0 变化到 T＋1 导致了市场价格有效性显著降低,T＋1 限制了投资者投资的灵活性和对股价变动反应的灵敏度,使投资者不能在短期内进行反向操作修正投资策略。郦彬等(2015)、刘文宇(2016)通过与发达国家和地区交易制度的对比发现,T＋1 加剧了中小投资者的交易风险,特别表现在市场处于衰退期时不能及时止损,而 T＋0 给予投资者及时纠错的可能。

其次,从投机和市场炒作的角度来看,一方面,部分学者认为,T＋0 交易制度会强化市场中的投机氛围,增加市场炒作的可能性,不利于中小投资者利益的保护。一些学者从我国市场以散户为主的投资者结构在 T＋0 制度下容易造成投机炒作入手,如熊熊等(2016)指出,我国市场存在大量的散户,由于相关知识的相对薄弱,加之羊群效应作用,T＋0 制度会加剧跟风炒作,加剧市场的波动。此外,散户投机性高,

T＋0 交易导致的价差累积损失风险高,易造成损失(鹿波,2016)。另一些学者从其他会加剧投机炒作的因素入手,如阚晓西和汪慧(2006)指出,我国目前由于缺乏与 T＋0 相应的配套设施和配套法律,内幕交易、操纵市场等市场投机违法交易方式可能通过 T＋0 变相产生。又如,章进和王贤安(2014)的研究表明,T＋0 交易制度使得机构投资者更容易通过期货等衍生品市场进行炒作套利,且使得套利更加频繁,对中小投资者利益的损害更大。

另一方面,也有相当一部分研究人员认为,T＋1 方便了拥有大量资金的投资者操纵市场,从而其也沦落为市场投机和炒作的工具。陈有禄(2008)的研究发现,我国现行的 T＋1 交易制度人为地制造高抑价和高换手,损害了二级市场广大中小投资者的合法利益。张志伟(2015)发现,我国股市交易中缺乏相关制度、法律保障,从而使得 T＋1 交易制度对投资者的保护作用减弱,甚至在某种程度上造成了普通散户的某些劣势,更易于大投资者进行市场的操作。大投资者能够更容易通过利用中小投资者的跟风和羊群效应来抬高股价(王冰兮等,2017)。

综合来看,目前已有较多的文献关于 T＋1 交易制度对市场质量和投资者利益的影响进行探讨,其主要的研究手段是对照分析。对照分析主要有四类,即通过 A 股市场由 T＋0 到 T＋1 的自然转变进行对照;通过交叉上市股票对照实现 T＋1 和 T＋0 的对比(如 A、B 股,A、H 股等);通过现货和其衍生品对照实现 T＋1 和 T＋0 的对比(如股指和股指期货,股票和权证等);搭建计算实验平台进行实验组间对照。然而由于没有完美的对照组,无论是何种方法的对照,都是对 T＋1 交易制度影响的粗糙结论。因此,从 T＋1 交易制度本身寻找突破口,成为重要的研究方向。笔者发现,隔夜收益率可以作为 T＋1 交易制度的代理变量,并已利用其进行了许多的相关研究。本书对 T＋1 交易制度的研究将从 T＋1 交易制度本身出发,从隔夜收益率和卖出期权两个视角进行剖析和展开,同时也综合对照分析等传统方法,以期能够更好地对 T＋1 交易制度进行分析。

# 1.4　T＋1 交易制度的评价

## 1.4.1　市场微观结构角度的制度评价

金融市场微观结构理论是研究在特定规则下,金融市场上金融资产交易价格的形成、发现过程与交易运作机制的一个金融学分支。戴国强等(1999)在《市场微观结构研究》一书中指出,广义的市场微观结构是各种交易制度的总称。其主要包括六个方面的内容,即价格形成方式、订单与指令形式、交易离散构建、市场稳定机制、交易信息披露、支付清算机制(姚秦,2007)。

T＋1 交易制度是我国股票市场独特的交易制度,它综合了几方面的制度特征。第一,其影响着价格形成方式与价格发现。在 T＋1 交易制度下,由于当日买入当日不能卖出,其扭曲了市场的实际供求关系,造成开盘卖压和尾盘需求旺盛等异常现象,极大地影响了价格发现。第二,其也是对订单与指令的限制,而且更突出地表现为单边限制,因为当日卖出的当日还能买入。第三,由于其初衷是平抑 T＋0 交易制度带来的炒作风气,因此其还被赋予了市场稳定机制的特征。T＋1 交易制度的多面特征,使得其在多方面对我国股市的市场质量产生影响。市场质量的核心指标是交易成本、流动性、波动性、有效性等。

(1) 交易成本的角度。T＋1 交易制度限制了买入投资者当日卖出的权利,使得买入投资者相较于 T＋0 交易制度当日可回转的情况下面临着更长时间的风险,这实际上增加了买入投资者的交易成本。本书研究发现,T＋1 交易制度本质上是卖出期权。

(2) 流动性的角度,T＋1 交易制度限制了当日的回转,从已有文献可以看出,绝大多数学者的研究结果表明 T＋1 交易制度相较于 T＋0 交易制度降低了市场的流动性。

(3) 波动性的角度,T＋1 交易制度的初衷是平抑市场波动,由于其限制了投资者的日内频繁交易,因此在一定程度上平抑了市场的炒作风气。但从已有文献可以看出,由于大投资者可以利用期货、ETF 等 T＋0 交易制度的工具,导致 T＋1 交易制度使得中小投资者在与大投资者的竞争中更加不利,其也沦为大投资者炒作的工具,增加了波动性。

(4) 有效性的角度。本书的研究发现,T＋1 交易制度造成了股票市场负隔夜收益率及实际折价,侵蚀了投资者的收益。另外,其使得投资者尤其是中小投资者失去了纠错的能力,因此其促进市场平稳的政策效果也被打上了大大的问号。

综上,从市场微观结构的角度可以看出,T＋1 交易制度作为有综合影响的基本制度,其对股市的市场质量有较大影响。目前的许多研究指出,其对于市场质量存在诸多负面的影响,这或许是市场关于恢复 T＋0 的热情经久不衰的一个重要原因。

## 1.4.2　T＋1 交易制度需要改革

我们对 T＋1 交易制度的由来和相关研究作出梳理之后可以发现,该制度存在明显的弊端,需要作出变革,现归纳如下:

首先,T＋1 制度造成了股市的内在模式,形成中国股市"低开高走"的模式,特定模式必然僵化,损害市场有效性。笔者已有研究证实,T＋1 交易制度导致交易者买卖需求失衡,扭曲了日内收益和隔夜收益之间的正常分配,造成了次日开盘额外的卖压,且这种现象在 A 股市场具有持续性,隔夜收益率就会成为负数;而尾盘卖压大幅下降,最后 5 分钟的上涨概率为 81%。

其次,更加容易使得中小投资者利益受损。T＋1 使得中小投资者丧失了及时纠错的能力;而机构投资者由于资金雄厚,有更多风险管理选项,处于有利地位。

然后,T＋1 方便了拥有大量资金的投资者操纵市场,从而其也沦落为市场投机和炒作的工具。在中国股市目前流行的"炒作龙头股""做超短投资"等市场炒作绝对离不开 T＋1 制度的根本保障。

最后,T＋1 交易制度不利于中国资本市场国际化。融入国际市场必须建立在交易基本制度一致的基础上。我国在推出股值期货、沪深港通、沪伦通等方面都遭遇了交易制度不匹配的难题,这个问题也阻碍了很多金融创新工具的推出。

实践告诉我们,对于 T＋0 交易制度本身,确实可以有效盘活存量资金的有效利用率,提升市场的交易频率,激活股市投机性。可是需要注意的是,海外成熟市场都采取 T＋0 交易制度,有的甚至放开涨跌幅限制,多年来并未让市场处于高度投机的状态,反而其整体波动率还远低于 A 股市场。

如今市场的容量规模已经远远高出当时的水平,一跃成为世界最大的新兴股市。股市存量流动性乃至部分新增流动性已经无法满足市场正常运作的真实需求成为市场的常态,且在持续不断的融资压力下,股市仅以存量资金作为支撑显得压力沉重。而作为一个长期以资金作为推动主导的市场,一旦资金面环境持续紧张,股市走熊的概率也会大大增大。除此以外,考虑到股指期货期现不对称的问题,恢复 T＋0 交易制度,尤其是恢复核心标的的 T＋0 交易制度,就显得比较重要了。

我们可以放弃 T＋1 交易机制,恢复 T＋0 交易机制,但步骤上要谨慎,可以先从沪深 300 指数个股或者 MSCI 入选股票开始,最后全面恢复 T＋0 交易机制,和成熟股市保持一致;也可以限制回转交易的次数。借鉴成熟股票市场的"T＋0"交易制度在投资者准入、账户分类和交易频率等方面的制度安排;做好各制度层级间相互补充,加强投资者适当性教育和管理;稳妥推进 T＋1 交易机制的逐步实施。如果 A 股市场的交易制度同样采取 T＋0 的方式,能够使期货市场和现货市场更加配套,并且更加完善对冲机制。

# 第 2 部分　T＋1 交易制度的研究基点

　　T＋1 交易制度对于中国股市存在较大的影响,然而对 T＋1 交易制度直接进行研究较为困难。现有的研究大多是从对照研究的角度入手,由于不存在完美的对照组,因此所得结论较为粗糙。本书提出了对 T＋1 交易制度进行研究的两个基点,即隔夜收益率视角和卖出期权视角。负隔夜收益率现象深刻反映了 T＋1 制度对于市场模式的影响介质;卖出期权属性则是深刻地揭示了 T＋1 交易制度的本质。由这两大基点入手,可以更为直接地对 T＋1 交易制度对于市场的影响进行剖析,本书关于 T＋1 交易制度的研究也在此基础上展开并逐渐深入。本部分的主要内容即围绕这两个基点进行分析,第 2 至第 4 章是基于隔夜收益率视角的研究;第 5 章是基于卖出期权视角的研究。

# 第 2 章　T＋1 交易制度造成负的隔夜收益率

如何设计恰当的研究方法,捕捉到 T＋1 交易机制的痕迹,揭示出该交易机制的直接影响,这个研究工作存在着难度。国外股市都是 T＋0 交易,更没有可供借鉴的资料。作为唯一运用 T＋1 交易规则,并且运行 20 多年的世界重要股市,中国股市提供了天然的实验场所,使得我们可以研究这一交易规则的独特性,并得出重要的学术结论。与世界主要股市显示出的正隔夜收益率不同,中国股市呈现出显著的负隔夜收益率。本章将从 T＋1 交易制度的角度,对中国股市的负隔夜收益率进行分析。本章的行文结构如下:2.1 小节是隔夜收益率的描述性统计,2.2 小节是理论分析,2.3 小节是基于供求分析的直观证明,2.4 小节是双重差分法的分析,2.5 小节是进一步的分析Ⅰ:A＋H 股隔夜收益率的比较,2.6 小节是进一步的分析Ⅱ:现货与期货隔夜收益率的比较,2.7 小节是本章小结。

## 2.1　隔夜收益率的描述性统计

本书的数据尽可能保证充分,此处的描述性数据从 1992 年 6 月至 2019 年 6 月。[①] 股票市场的日收益率 RET(指从前一日收盘到当天收盘的收益率)可以分解为隔夜收益和日内收益两部分。隔夜收益率 NON 是指从前一日收盘到当天开盘的收益率;日内收益率 TRA 是指从当天开盘到当天收盘的收益率。这三类对数收益率的计算如下:

---

①　本书的研究数据均来源于万德资讯。由于本书实证部分较多,跨度也较长,数据起止时间不完全一致。但是,所得结论是一致的。

$$\text{NON}_t = \ln\left(\frac{\text{Open}_t}{\text{Close}_{t-1}}\right) \times 100 \tag{2-1}$$

$$\text{TRA}_t = \ln\left(\frac{\text{Close}_t}{\text{Open}_t}\right) \times 100 \tag{2-2}$$

$$\text{RET}_t = \ln\left(\frac{\text{Close}_t}{\text{Close}_{t-1}}\right) \times 100 \tag{2-3}$$

其中,$\text{Open}_t$ 代表 $t$ 日开盘价,$\text{Close}_{t-1}$ 和 $\text{Close}_t$ 分别代表 $t-1$ 日和 $t$ 日收盘价。

从表 2-1 中可以看到,上海和深圳股市 A 股指数从 1995 年开始至今的隔夜收益率均为显著的负数。日内收益率虽然是正数,但一半被隔夜收益率抹杀掉。1995 年之前 4 个指数的隔夜收益率是正数。隔夜收益率的标准差较小。T+1 交易机制下,创业板股票平均隔夜收益率最低(日均收益−0.11%,年化收益−30%),中小板次之,主板隔夜收益率是最高的,这说明 T+1 交易机制下出现负的隔夜收益率是常态;而投机性越强的市场受到这种交易机制的影响越大。[①] 收益率表现出尖峰厚尾特征,但我国股市的隔夜收益率的峰度偏大,显示出隔夜收益率偏离均值的异常值更为突出。2017 年年初至今,上海股市开盘下跌的比例为 73.2%,高达七成的开盘收益率是负值。

**表 2-1　主要指数的隔夜收益率和日内收益率描述性统计**

%

| 面板 A:上证 A 股 | | | | | | | | | |
|---|---|---|---|---|---|---|---|---|---|
| 时期 | 变量 | N | 平均值 | 标准差 | 中位数 | 最小值 | 最大值 | 偏度 | 峰度 |
| 1992-06-01 — 1994-12-31 (T+0) | NON | 661 | 0.081 | 2.603 | 0.062 | −26.717 | 18.609 | −0.368 | 30.069 |
| | TRA | 661 | −0.182 | 3.740 | −0.304 | −20.521 | 18.809 | 0.683 | 9.072 |
| | RET | 661 | −0.101 | 4.592 | −0.415 | −14.601 | 30.852 | 1.363 | 10.877 |
| 1995-01-03 — 2019-06-30 | NON | 5 946 | −0.036 | 0.826 | −0.017 | −12.903 | 25.006 | 3.511 | 186.398 |
| | TRA | 5 946 | 0.062 | 1.566 | 0.086 | −9.533 | 11.085 | −0.108 | 7.907 |
| | RET | 5 946 | 0.026 | 1.757 | 0.059 | −18.427 | 27.851 | 0.234 | 19.933 |

---

①　科创板已经交易了半年多,其隔夜收益率显著为负。

(续表)

| | | | | | | | | | |
|---|---|---|---|---|---|---|---|---|---|
| 时　　期 | 变　量 | $N$ | 平均值 | 标准差 | 中位数 | 最小值 | 最大值 | 偏　　度 | 峰　　度 |

**面板 B：上证 B 股**

| 时　　期 | 变　量 | $N$ | 平均值 | 标准差 | 中位数 | 最小值 | 最大值 | 偏　　度 | 峰　　度 |
|---|---|---|---|---|---|---|---|---|---|
| 1992－06－01 | NON | 2 345 | 0.001 | 0.717 | 0.000 | −6.999 | 12.450 | 3.765 | 95.644 |
| — | TRA | 2 345 | 0.011 | 2.312 | −0.059 | −13.085 | 12.184 | 0.325 | 7.298 |
| 2001－11－30 (T＋0) | RET | 2 345 | 0.012 | 2.390 | −0.097 | −13.085 | 12.184 | 0.393 | 7.083 |
| 2001－12－03 | NON | 4 262 | −0.038 | 0.703 | −0.016 | −9.550 | 9.165 | 1.942 | 72.102 |
| — | TRA | 4 262 | 0.052 | 1.769 | 0.069 | −14.587 | 14.001 | −0.163 | 10.803 |
| 2019－06－30 | RET | 4 262 | 0.014 | 1.858 | 0.060 | −9.889 | 9.389 | −0.360 | 9.279 |

**面板 C：深证成指**

| 时　　期 | 变　量 | $N$ | 平均值 | 标准差 | 中位数 | 最小值 | 最大值 | 偏　　度 | 峰　　度 |
|---|---|---|---|---|---|---|---|---|---|
| 1993－11－01 | NON | 297 | 0.072 | 1.365 | −0.009 | −3.680 | 15.207 | 5.010 | 54.051 |
| — | TRA | 297 | −0.245 | 2.983 | −0.437 | −9.953 | 13.414 | 0.599 | 6.109 |
| 1994－12－31 (T＋0) | RET | 297 | −0.172 | 3.420 | −0.506 | −12.665 | 23.267 | 1.631 | 12.473 |
| 1995－01－03 | NON | 5 938 | −0.032 | 0.819 | −0.004 | −10.627 | 16.794 | 0.143 | 71.499 |
| — | TRA | 5 938 | 0.065 | 1.743 | 0.052 | −10.124 | 13.717 | −0.065 | 7.144 |
| 2019－06－30 | RET | 5 938 | 0.033 | 1.903 | 0.034 | −18.409 | 21.076 | −0.167 | 10.487 |

**面板 D：深成 B 股**

| 时　　期 | 变　量 | $N$ | 平均值 | 标准差 | 中位数 | 最小值 | 最大值 | 偏　　度 | 峰　　度 |
|---|---|---|---|---|---|---|---|---|---|
| 1993－11－01 | NON | 1 973 | 0.002 | 1.000 | 0.000 | −10.732 | 9.070 | 0.907 | 40.959 |
| — | TRA | 1 973 | 0.013 | 2.458 | 0.000 | −14.464 | 17.157 | 0.219 | 9.398 |
| 2001－11－30 (T＋0) | RET | 1 973 | 0.015 | 2.573 | 0.000 | −17.351 | 13.748 | 0.213 | 8.746 |
| 2001－12－03 | NON | 4 262 | −0.056 | 0.672 | −0.007 | −7.510 | 9.406 | 1.111 | 39.320 |
| — | TRA | 4 262 | 0.085 | 1.620 | 0.102 | −11.223 | 10.143 | −0.232 | 6.864 |
| 2019－06－30 | RET | 4 262 | 0.028 | 1.726 | 0.067 | −9.858 | 9.563 | −0.276 | 7.119 |

**面板 E：中小板**

| 时　　期 | 变　量 | $N$ | 平均值 | 标准差 | 中位数 | 最小值 | 最大值 | 偏　　度 | 峰　　度 |
|---|---|---|---|---|---|---|---|---|---|
| 2006－01－24 | NON | 3 263 | −0.085 | 0.714 | −0.039 | −7.252 | 8.238 | 0.061 | 29.629 |
| — | TRA | 3 263 | 0.127 | 1.800 | 0.186 | −9.802 | 8.404 | −0.495 | 5.458 |
| 2019－06－30 | RET | 3 263 | 0.042 | 1.928 | 0.152 | −9.870 | 9.270 | −0.610 | 5.643 |

**面板 F：创业板**

| 时　　期 | 变　量 | $N$ | 平均值 | 标准差 | 中位数 | 最小值 | 最大值 | 偏　　度 | 峰　　度 |
|---|---|---|---|---|---|---|---|---|---|
| 2010－06－02 | NON | 2 205 | −0.112 | 0.706 | −0.066 | −7.552 | 7.053 | −1.859 | 25.782 |
| — | TRA | 2 205 | 0.132 | 1.897 | 0.131 | −11.425 | 10.798 | −0.304 | 5.618 |
| 2019－06－30 | RET | 2 205 | 0.020 | 2.019 | 0.049 | −9.332 | 6.914 | −0.505 | 5.093 |

图 2-1 是上证 A 指数从 2002 年 7 月开始至 2019 年 6 月月底的滚动 50 个交易日
(约为 2 个月)的隔夜收益率,两个高点分别对应 2008 年和 2015 年的牛市高点。隔夜
收益率从 1995 年实行 T＋1 交易机制之后逐渐变为负值,2002 年之后始终都是负值,
这也解释了为什么 2000 年以后上海股市开盘 60％以上是下跌。原因可能就在于 A 股
独特的交易机制。如果用 100 天或者更多天数的滚动窗口,这个趋势会显得特别明显。

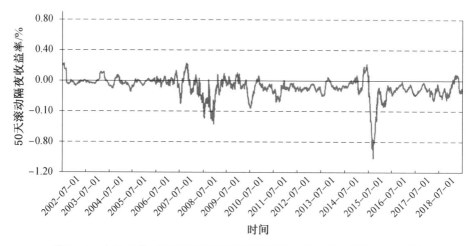

图 2-1　上证 A 指 50 天滚动隔夜收益率(2002-07-01—2019-06-30)

除此之外,不同的市场状态可能会影响隔夜收益率。本文对我国股票市场处于
牛市、熊市的不同状态作出研究,市场处于熊市时,隔夜收益率为－0.12％,$t$ 值为
－7.59;市场处于牛市时,隔夜收益率为－0.04％,$t$ 值为－3.05。可见,隔夜收益率
为负是普遍存在的。[①]

作为辅证,表 2-2 给出了主要股票指数——标普指数、日经指数、恒生指数、法
兰克福指数、FTSE 指数 1992 年 6 月 1 日之后的日内收益率和隔夜收益率,它们的
隔夜收益率都是数值不大的正数。Knuteson(2018)对美国、加拿大、德国、法国和日
本股市过去 25 年收益的分解表明,长期来看,股市赚钱靠的是隔夜收益,日内收益反
而是拖累。这一结论和本文观点是一致的。

---

① 牛、熊市的划分依据和详细结果可以联系作者获取。

## 表 2 - 2　主要股市 1992 年 6 月 1 日—2019 年 6 月 30 日的收益率

%

| 面板 A:标普 500 | | | | | | | |
| 变　量 | N | 平均值 | 标准差 | 中位数 | 最小值 | 最大值 | 偏　度 | 峰　度 |
|---|---|---|---|---|---|---|---|---|
| NON | 6 395 | 0.007 | 0.297 | 0.000 | −10.002 | 5.572 | −5.150 | 284.905 |
| TRA | 6 395 | 0.023 | 1.077 | 0.052 | −9.127 | 10.246 | −0.214 | 11.616 |
| RET | 6 395 | 0.031 | 1.149 | 0.058 | −13.777 | 10.957 | −0.397 | 14.269 |

| 面板 B:日经 225 | | | | | | | |
|---|---|---|---|---|---|---|---|---|
| NON | 6 277 | 0.038 | 0.733 | 0.045 | −9.807 | 7.061 | −0.650 | 21.826 |
| TRA | 6 277 | −0.036 | 1.208 | −0.022 | −10.563 | 11.658 | −0.224 | 11.059 |
| RET | 6 277 | 0.002 | 1.524 | 0.030 | −12.715 | 13.235 | −0.331 | 9.023 |

| 面板 C:恒生 HS | | | | | | | |
|---|---|---|---|---|---|---|---|---|
| NON | 6 390 | 0.056 | 1.020 | 0.045 | −8.521 | 16.597 | 0.566 | 25.912 |
| TRA | 6 390 | −0.031 | 1.182 | −0.017 | −11.616 | 12.155 | 0.004 | 10.490 |
| RET | 6 390 | 0.024 | 1.638 | 0.052 | −14.735 | 19.798 | 0.197 | 15.025 |

| 面板 D:德国 DAX | | | | | | | |
|---|---|---|---|---|---|---|---|---|
| NON | 6 447 | 0.048 | 0.712 | 0.045 | −11.635 | 7.236 | −1.647 | 40.491 |
| TRA | 6 447 | −0.018 | 1.211 | 0.037 | −9.103 | 11.141 | 0.012 | 9.811 |
| RET | 6 447 | 0.030 | 1.447 | 0.085 | −11.830 | 10.797 | −0.240 | 8.922 |

| 面板 E:英国 FTSE100 | | | | | | | |
|---|---|---|---|---|---|---|---|---|
| NON | 6 430 | 0.009 | 0.277 | 0.000 | −6.401 | 8.298 | 6.595 | 293.368 |
| TRA | 6 430 | 0.007 | 1.096 | 0.035 | −9.266 | 9.384 | −0.139 | 9.491 |
| RET | 6 430 | 0.016 | 1.136 | 0.042 | −10.327 | 9.384 | −0.223 | 10.504 |

中国股市于 2010 年 4 月推出了沪深 300 股指期货。沪深 300 股指是由上海和深圳证券市场中市值大、流动性好的 300 只 A 股作为样本编制而成的成分股指数,具有良好的市场代表性。2015 年 4 月 16 日又推出了中证 500 指数期货①,这为我们

---

① 这是挑选沪深证券市场内具有代表性的中小市值公司组成的样本股,以便综合反映沪深证券市场内中小市值公司的整体状况。其样本空间内股票扣除沪深 300 指数样本股及最近一年日均总市值排名前 300 名的股票,剩余股票按照最近一年(新股为上市以来)的日均成交金额由高到低排名,剔除排名后 20% 的股票,然后将剩余股票按照日均总市值由高到低进行排名,选取排名在前 500 名的股票作为中证 500 指数样本股。

提供了相同品种,不同交易方式的比较。表 2－3 是股指期货(T＋0)和股票指数(T＋1)的对比,可以看到在 T＋1 交易机制下,隔夜收益率仍然为负值,且统计显著。经过计算,上证指数 2000 年 1 月至 2018 年 4 月,63％的天数是开盘就下跌。这说明,T＋1 交易制度不只是助长助跌,在层层限制的市场中,市场风险短期内无法充分有效地释放,而风险释放过程的拉长导致市场跌易涨难。A 股市场"牛短熊长"就与此有关,道理很简单,市场涨时投资者可以先卖,因为卖错了可以纠错重新买回;但市场跌时投资者不敢买,因为万一买错了就被锁住一天,卖不掉。A 股市场 T＋1 的交割规则在一定程度上削弱了市场的价格发现功能,影响短线交易的活跃度,由于当日买盘在上涨过程中无法平仓,因而短线资金的介入意愿降低,客观上加剧了流动性危机的严重性。与股票现货不同,股指期货市场 T＋0 的设置以及机构在股指期货上的高频交易,在 2015 年市场异常波动期间起到了催化助力下跌的作用。

表 2－3　沪深 300 股指期货和现货的收益率

%

| 面板 A:300 股指期货 | | | | |
| --- | --- | --- | --- | --- |
| 变　量 | N | 平均值 | 标准差 | 最小值 | 最大值 |
| NON | 1 974 | 0.026 | 0.626 | −7.228 | 8.947 |
| TRA | 1 974 | −0.021 | 1.554 | −9.342 | 12.480 |
| RET | 1 974 | 0.005 | 1.671 | −15.173 | 9.737 |
| 面板 B:300 股指现货 | | | | | |
| NON | 1 974 | −0.089 | 0.637 | −7.311 | 8.207 |
| TRA | 1 974 | 0.096 | 1.354 | −7.141 | 7.343 |
| RET | 1 974 | 0.006 | 1.492 | −9.154 | 6.499 |

图 2－2 是沪深 300 指数现货和期货样本的 100 天滚动平均收益率,可以看到 IF(股指期货)隔夜收益率通常为正数,而现货收益率总是低于 IF,并且通常为负值。不论是牛市还是熊市,T＋1 交易机制都会产生现货负的开盘收益率,负的开盘收益率成为 T＋1 交易机制的镜像。

2005 年,中国推动股权分置改革,推出了股改权证,权证交易采用 T＋0 的交易制度,我们又收集了 2006—2009 年的认购权证(认沽权证大都没有内在价值),发现同期权证的隔夜收益率是正数,而对应的正股隔夜收益率是负值。[①]

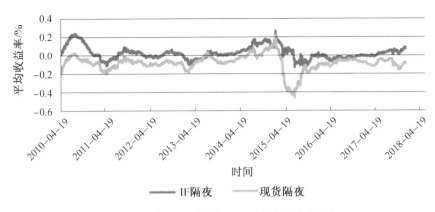

**图 2-2　沪深 300 指数 100 天滚动平均收益率**

图 2-3 是所有股票自 1996 年以来的每月平均日收益率。日内日均收益率为 0.031%,隔夜日均收益率是 -0.014%,隔夜收益吞噬掉日内收益的近一半。我们看到,除了 1999 年 6 月(当年"5·19"大行情)之外,隔夜收益率通常是负值。

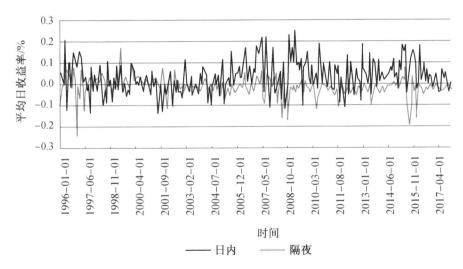

**图 2-3　1996 年以来的每月平均日收益率**

———————————————

①　具体结果可以联系作者获取。

## 2.2　理论分析

由于我国 T+1 制度导致的开盘时刻买卖双方的权利不对称,即当天买方仅能在次日后才能卖出,而当天的卖方则不受制度限制,因此,在当天的交易量增加的过程中(即当天的卖盘转为当天买盘的过程中),由于 T+1 对当天买方的限制,导致当天卖盘逐步减少,而买盘不断增加。开盘就买入并不合算,等待是有价值的。这样,供给增加、需求减少两方面形成合力,隔夜收益率必然为负值。最极端的情况下,假设个股所有的流通股都买卖一次,T+1 制度下当天成交量的最大值为个股流通的股本数量,而在 T+0 制度下不会对交易量产生限制,当天最高的交易量可为流通股本的 $n$ 倍。因此,T+1 制度导致了供求关系在交易日内的逐步改变,空方在交易日内逐步走弱、多方逐步走强,因此价格在临近收盘时逐步上升。

为了说明问题,下面举一个例子。某证券 $t$ 日的交易价格在(9.2,10.8)的区间内交易,收盘价为 10 元,显然,买入价低于 10 元的购买者有了浮盈,但是最早只能在 $t+1$ 日卖出。到了 $t+1$ 日的开盘时刻,买方出价会低于 $t$ 日收盘价 10 元,因为他买入的是当天不能卖出的股票,必须给他补偿,他才会考虑购买,如折扣 5%,即价格为 9.5 元,买方的递价为 9.5 元;而 $t$ 日以低于 9.5 元买入的投资者因为有了盈利,所以愿意卖出,这样 9.5 元是双方都能接受的价格,开盘价就形成了。

我们不妨假设:在 T+0 交易制度下,任意股票资产的供给函数是 $S^{T_i}$、需求函数是 $D^{T_i}$,它们决定了市场均衡的价格 $P^{T_i}$。因为在 T+1 交易制度下,空方被限制的交易最早只能在次日开盘时通过卖出实现,所以市场开盘会多出额外的卖压,实现了账面盈利的投资者很可能会考虑开盘卖出,这样才能落袋为安,使得开盘卖压会高于其他时间段[①],造成股票的供给大于需求,$\forall P^{T_i}$ 满足:

$$D^{T_i}(P^{T_i}) < S^{T_i}(P^{T_i}) \qquad (2-4)$$

---

① 例如,对于换手率特别高,出现上涨的股票,由于当天无法兑现获利,第二天开盘时的卖压尤为明显。

　　并且,T＋1 交易制度也抑制了开盘时买方的购买意愿,理性的投资者需要折价才愿意在开盘时购买。

　　这使得:

$$\forall P^{T_1}:D^{T_1}(P^{T_1})<D^{T_0}(P^{T_0}) \tag{2-5}$$

　　其中,$P^{T_0}$、$P^{T_1}$ 分别是 T＋0 和 T＋1 交易制度下集合竞价产生的开盘价;$D^{T_0}(\cdot)$ 和 $D^{T_1}(\cdot)$ 分别是 T＋0 和 T＋1 交易制度下的需求函数。

　　T＋1 交易制度导致了开盘时刻的股票供给大于需求,于是产生了折价卖出的行为,记为 $\Delta P$。如图 2-4 所示,在 T＋1 交易制度下,股票的供给函数由 $S^{T_0}$ 移到 $S^{T_1}$,使得集合竞价中的均衡价格由 $P^{T_0}$ 转移到 $P^{T_1}$,这样产生了 $\Delta P$ 程度的折价。这一折价本质上可视为 T＋1 交易制度最直接的代理变量。

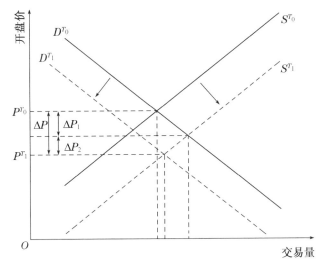

图 2-4　不同交易制度下证券资产的供给需求情况

　　更进一步将均衡价格的形成一般化,可得:

$$P_{i,t}=\overline{P}_{i,t}-\eta(\overline{P}_{i,t}-\underline{P}_{i,t}) \tag{2-6}$$

　　其中,$P$ 代表开盘的均衡价格;$\eta$ 代表卖方出售股票资产的意愿,$\eta\in[0,1]$;$\overline{P}$ 和 $\underline{P}$ 分别代表股票卖方所能接受的最低价和买方所能给出的最高价。将上式分解,可得:

$$P_{i,t} = \bar{P}_{i,t} - \eta(\bar{P}_{i,t} - \underline{P}_{i,t})$$

$$= \mu(x_{i,t}) - \eta[\bar{P}_{i,t} - \mu(x_{i,t})] - \eta[\mu(x_{i,t}) - \underline{P}_{i,t}] + [\bar{P}_{i,t} - \mu(x_{i,t})]$$

$$= \mu(x_{i,t}) + \eta[\underline{P}_{i,t} - \mu(x_{i,t})] + (1-\eta)[\bar{P}_{i,t} - \mu(x_{i,t})]$$

$$= \mu(x_{i,t}) + \Delta P1_{i,t} + \Delta P2_{i,t} \qquad (2-7)$$

其中,$\eta[\underline{P}_{i,t} - \mu(x)_{i,t}]$ 代表 T+1 交易制度对卖方产生的影响;$(1-\eta)[\bar{P}_{i,t} - \mu(x)_{i,t}]$ 代表 T+1 交易制度对买方产生的影响;$\mu(x)$ 是由交易制度以外的因素(例如,美股交易的影响等)引起的价格变动。

于是 T+1 交易制度所导致的开盘价的折价可表示如下:

$$\Delta P_{i,t} = \eta[\underline{P}_{i,t} - \mu(x_{i,t})] + (1-\eta)[\bar{P}_{i,t} - \mu(x_{i,t})] \qquad (2-8)$$

$\Delta P_{i,t}$ 受到证券资产交易双方的双边影响,我们不妨重新表达成以下形式:

$$P_{i,t} = \mu(x_{i,t}) + \xi_{i,t} \qquad (2-9)$$

$$\xi_{i,t} = w_{i,t} - u_{i,t} + v_{i,t} \qquad (2-10)$$

其中,$\mu(x_{i,t}) = X\beta$,$X$ 代表一系列影响证券资产横截面收益率的因素,$\beta$ 参数为未知参数;$w_{i,t} = (1-\eta)[\bar{P}_{i,t} - \mu(x_{i,t})] \geqslant 0$;$u_{i,t} = \eta[\mu(x_{i,t}) - \underline{P}_{i,t}] \geqslant 0$;$v_{i,t}$ 为随机扰动项。等式(2-9)具有典型的双边随机前沿模型特征,$w_{i,t}$ 与 $u_{i,t}$ 具有单边分布的特点,根据极大似然函数估计,便可得到 $\Delta P_{i,t}$ 的估计值。[1]

若分析成立,我们会发现,中国股市的每天交易可能存在低开高走的现象。我们选用上证指数从 2016 年 8 月 22 日至 2019 年 11 月 21 日的 5 分钟交易数据。每一个交易日被划分为 48 个时段。在此期间上证指数总体走势比较平稳,没有出现长期的急涨急跌现象。上午开盘前的集合竞价阶段包含在第一个时段中。图 2-5 描绘的是在这 48 个时段中上证指数的平均收益率。

在全天 48 个交易时段中,共有 9 个时段的 5 分钟平均收益率在 5% 显著性水平下异于 0,其中包含开盘价和收盘价。从总体来看,上证指数表现出比较明显的低开高走走势,这一发现强有力地证明了本文的结论。T+1 交易制度必然造成指数的低开高走:指数总体上向上,而隔夜收益率为负值,低开高走成为必然。

---

[1] 在此基础上,我们可以得到 T+1 折价的估计值,将在后文中具体讨论。

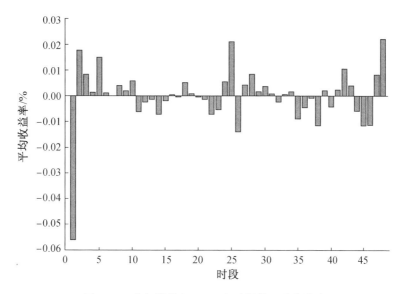

**图 2 - 5　上证指数每日 48 个时段的平均收益率**

我们还通过沪深 A 股市场的主力净流入资金数据,对机构投资者的投资行为进行更深一步的挖掘。[①] 本文考察了 2014—2019 年我国沪深 A 股所有上市公司的主力资金的净流入情况。沪深 A 股市场的主力资金净流入额是对所有沪深 A 股统计结果的加总。我们对开盘时段和尾盘时段的主力资金净流入额进行秩和检验,以分析在不同时段主力资金流入情况的不同。

从表 2 - 4 中可以看出,虽然在该区间中主力资金的净流入额均为负值,但是在开盘阶段和尾盘阶段的表现仍有极大的差别。结果显示,开盘阶段主力资金处于明显的流出状态,而在尾盘阶段主力资金的流出状态明显减弱,这说明主力资金在开盘阶段的卖出意愿强烈,导致明显的资金净流出状态,而在尾盘阶段卖出意愿大幅减

---

　　① 　对主力资金的判断为单笔成交大于 100 万元,如果该笔成交是主动买入,则为主力资金流入;反之则为主力资金流出。主力资金流入和流出的差额即净流入额。一般来说,由于机构投资者拥有庞大的资金数量,因此他们在这些大规模金额的成交中占据主导地位。虽然有时为了避免对股价造成较大波动,机构投资者也会采取将大单拆分成中单、小单的形式,但相对而言,机构投资者的资金流动主要还是通过大单完成。这里,开盘是指每日交易的前半个小时,收盘是指最后半小时。

弱,因此净流出状态也几乎消失。深交所研究了境外机构尾盘盯住收盘价等交易需求和行为特点,发现很多机构特别是外资机构在尾盘买入的行为非常明显。从各年的主力资金净流入平均差值(尾盘减去开盘)来看,2016 年为 77 亿元,2019 年超过102 亿元。这说明主力资金开盘卖出意愿最为强烈。早盘卖出最为坚决,这必然对应着负值的开盘收益率。和主力资金大小相同,符号相反的就是中小单资金的净流入额。所以,开盘阶段中小资金(主要是散户投资者)买入行为明显。总之,开盘时散户净买入,机构净卖出,成交金额巨大。这是中国股市的特点。从交易金额尾盘买入中位数来看,开盘时散户买入多,机构尾盘买入迅速增多,约有一半时间尾盘机构是净买入状态。表 2－4 充分说明了机构开盘资金净流出,这证明开盘时卖出的强大压力。

**表 2－4　2014—2019 年开盘、尾盘时段主力资金净流入额的检验结果**

亿元

| 年 份 | 阶 段 | 样本量 | 平均值 | 标准差 | 最小值 | 最大值 | 平均差值 | 中位数 | Z 统计量 |
|---|---|---|---|---|---|---|---|---|---|
| 2014 | 开盘阶段 | 245 | −21.41 | 22.41 | −192.18 | 7.56 | −16.05 | −14.73 | −11.510 |
| | 尾盘阶段 | 245 | −5.36 | 15.84 | −113.08 | 32.87 | | −2.67 | |
| 2015 | 开盘阶段 | 244 | −95.05 | 71.19 | −351.43 | 98.42 | −92.57 | −80.55 | −12.840 |
| | 尾盘阶段 | 244 | −2.48 | 81.33 | −287.28 | 396.50 | | 0.18 | |
| 2016 | 开盘阶段 | 244 | −83.68 | 57.56 | −302.95 | 192.61 | −77.48 | −80.89 | −14.250 |
| | 尾盘阶段 | 244 | −6.19 | 45.82 | −181.53 | 124.51 | | −4.19 | |
| 2017 | 开盘阶段 | 244 | −76.63 | 36.87 | −251.89 | 11.98 | −73.64 | −70.32 | −17.455 |
| | 尾盘阶段 | 244 | −2.99 | 26.81 | −109.57 | 64.53 | | 2.02 | |
| 2018 | 开盘阶段 | 243 | −59.86 | 37.19 | −229.93 | 94.46 | −54.02 | −56.80 | −15.420 |
| | 尾盘阶段 | 243 | −5.84 | 23.78 | −77.09 | 50.85 | | −5.78 | |
| 2019 | 开盘阶段 | 216 | −111.82 | 98.81 | −506.39 | 129.94 | −102.32 | −91.43 | −13.180 |
| | 尾盘阶段 | 216 | −9.50 | 40.60 | −144.53 | 98.13 | | −6.60 | |

注:2019 年的数据截止到 11 月 21 日。

　　基于以上分析本文认为,T＋1 制度下的隔夜收益率可以理解为 T＋1 交易机制下,买方为了获得次日卖出权利所付出的成本。在 T＋1 交易机制下,昨天收盘时买入和今天开盘时买入相比,多了一个可以今天卖出的期权,因而需要支付权利金(保证金），即昨天收盘价须高出今天开盘价的部分。今天开盘买入的是含有最早明天开盘时刻可以卖出权利的含权股票，这个权利金数值就是开盘的折价。这个权利会迅速减小，到了收盘时就为 0 了。需要说明的是，上述分析 T＋1 制度适合于每天的每个交易时段，每天都重复着开盘时折价最高，收盘时折价消失，但第二天开盘折价又达到当天最高值，这正是 T＋1 制度的实质，它的影响不只是第二天，而是每时每刻。

## 2.3　基于供求分析的直观证明

首先要指出，我们讨论的是在一般状态下排除极端出现的状况：在股权分置改革之前的我国证券市场早期公布关于停止国有股流通的消息，在特别大的牛市的高潮阶段或者市场资金大幅度突然增加，人民币极大幅度升值热钱大幅度增量流入。这些极端情况都会导致需求的大幅度突然增加，会使得投资者在开盘前抢着挂单买入，也就是所谓的"情绪亢奋点"，这些时候是非常短暂的。

为了增加 T＋1 制度导致隔夜收益率为负结论的信服力，本章将采用反证法。为此提出原假设 H0：T＋1 制度导致正的隔夜收益率。

开盘价 $P$ 大于昨天的收盘价，这只有以下两种可能：

（1）证券需求增加（如图 2-6 所示，$A$ 点移动到 $B$ 点）。买方愿意支付溢价，而不是折价。买方急着买入证券，一定是非交易时段公布了重大的利好消息，彻底改变了买方的预期。在 T＋1 交易制度下，买方明明知道最早时刻买入证券会面临最大的风险，如果证券价格下跌，买方将因无法卖出而承担账面浮亏。所以，只有买方认定极其重大利好消息影响特别巨大，而且会持续几天，才可能买入。

（2）证券供给减少（图 2-6 中的 $B$ 点移动到 $C$ 点）。卖方不愿意卖出。在 T＋1 制度下，每天都会有额外的卖压，即使开盘价格上涨，卖方仍然不卖，置遭到 T＋1 交换制度限制的卖出权利于不顾。显然，同样是卖方也认为出现重大利好消息，预期价格还会上涨。

但是，现实的证券市场在非交易时段公布重大利好消息是个小概率事件。在我国利好消息通常都会提前预期到或者提前泄露，所以非交易期突然公布远超预期的重大利好消息是个小概率事件。基于小概率事件不容易发生的法则,我们应该拒绝原假设。所以可以得到结论:T+1 制度引致负的隔夜收益率。

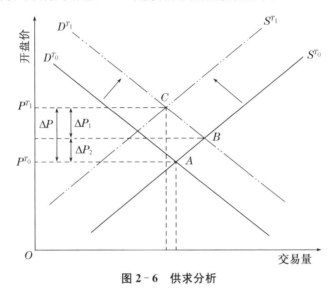

**图 2 - 6 供求分析**

## 2.4 双重差分法的分析

为了更进一步分离出 T+1 交易制度的净影响,我们下面采用双重差分法。本文研究采用的基本模型设定为:

$$y_{i,t} = \beta_0 + \beta_1 D_t + \beta_2 Treated + \gamma D_t \times Treated + \sum X_{i,t} + \varepsilon_{i,t} \quad (2-11)$$

其中,$y_{i,t}$ 为第 $i$ 个股票在第 $t$ 期的隔夜收益率;$\beta_0$ 为截距项;$\beta_1$ 和 $\beta_2$ 分别为时间效应和组间效应系数;$D_t$ 为时间虚拟变量,当实行 T+1 交易制度时,$D_t=1$,反之实行 T+0 交易制度时,$D_t=0$;$Treated$ 为组间虚拟变量,当 $Treated=1$ 时为 T+1 交易标的股票,即处理组,当 $Treated=0$ 时为 T+0 交易标的股票,即控制组;$\gamma$ 为处理效应系数;$\sum X_{i,t}$ 为控制变量,包含市场风险因子($R_m - R_f$)、规模因子(SMB)、账面市值比因子(HML);$\varepsilon_{i,t}$ 为随机扰动项。

本文重点关心的是 $D_t \times Treated$ 的回归系数 $\gamma$,其度量的就是在考虑控制组的因素后,T＋1 交易制度推出对标的股票总体的净影响。

上海 A 股市场在 1992 年 5 月上海放开股价限制后采用了 T＋0 交易制度,深圳 A 股市场实行了 T＋1 交易制度,而到了 1993 年 11 月 3 日,两个市场都采用了 T＋0 交易制度,这提供了难得的研究窗口。表 2－5 是具体的设定。表 2－6 给出了 T＋1 交易制度与隔夜收益率回归结果。

表 2－5　双重差分法设定

| $D_t \times Treated$ | 上海 A 股<br>$Treated=0$ | 深圳 A 股<br>$Treated=1$ |
|---|---|---|
| 1993－11－01—1994－12－30<br>$D_t=0$ | 0 | 0 |
| 1993－04－01—1993－10－30<br>$D_t=1$ | 0 | 1 |

表 2－6　T＋1 交易制度与隔夜收益率的回归结果(1)

| 被解释<br>变量 | 解释变量 | | | | | | |
|---|---|---|---|---|---|---|---|
| | Intercept | $D_t \times Treated$ | $D_t$ | $Treated$ | $R_m - R_f$ | SMB | HML |
| 隔夜<br>收益率 | 0.001*<br>(6.23) | −0.002*<br>(−4.28) | 0.001*<br>(3.00) | −0.001*<br>(−3.17) | 0.226*<br>(101.79) | 0.084*<br>(18.46) | −0.010**<br>(−2.64) |

注:括号内为经 Newey-West 调整后的 $t$ 值;*、** 分别表示在 1%、5%的显著性水平下显著。

从表 2－6 中可以看出,$D_t \times Treated$ 回归系数为−0.002,且在 1%显著性水平下显著,再一次证明了正是交易制度改变了隔夜收益率的符号,所以我们用隔夜收益率作为代理变量是恰当的。本文继续 DID 的运用:分别选取在 1992 年 5 月 22 日—2001 年 11 月 30 日交易的同时都有 A、B 股的沪市上市公司,在 2001 年 3 月 1 日—2002 年 12 月 30 日交易的同时兼有 A、H 股的沪深公司,做双重差分回归,选取此时间段的原因是上证、深证 A 股在 1995 年 1 月 1 日实行 T＋1 交易制度(作为分界点),上证、深证 B 股在 2001 年 12 月 1 日(作为分界点)实行 T＋1 交易制度。结果如表 2－7 所示。用双重差分法较好地证明了正是 T＋1 交易制度的引入,才造成了负的隔夜收益率。

表 2-7　T+1 交易制度与隔夜收益率的回归结果(2)

| 解释变量 | 被解释变量:隔夜收益率 | |
| --- | --- | --- |
| | 面板 A:上证 A、B 股 | 面板 B:沪深 A、H 股 |
| Intercept | $-0.003^*$ <br> $(-3.13)$ | $0.000^*$ <br> $(4.08)$ |
| $D_t \times Treated$ | $-0.004^*$ <br> $(-3.27)$ | $-0.004^*$ <br> $(-13.99)$ |
| $D_t$ | $0.004^*$ <br> $(3.89)$ | $0.005^*$ <br> $(21.48)$ |
| $Treated$ | $0.004^*$ <br> $(3.03)$ | $0.000^{**}$ <br> $(-2.51)$ |
| SZZ | $0.363^*$ <br> $(8.27)$ | $0.354^*$ <br> $(8.05)$ |

注:括号内为经 Newey-West 调整后的 $t$ 值;$^*$、$^{**}$ 分别表示在 1%、5% 的显著性水平下显著;SZZ 代表指数日收益率。

　　从表 2-7 中可以看出,面板 A 和面板 B 的 $D_t \times Treated$ 回归系数均为 $-0.004$,$t$ 值分别为 $-3.27$ 和 $-13.99$,在 1% 显著性水平下显著,说明 T+1 交易制度的实施对标的股票隔夜收益率产生了明显的负向作用。

　　至此,我们再次证明了 T+1 交易制度引起负的隔夜收益率,可以预期,T+1 交易制度不改变,负的隔夜收益率这一中国股市独特现象将长期存在。

## 2.5　进一步的分析 Ⅰ:A+H 股隔夜收益率的比较

　　这一节我们继续分析交易机制的影响。对于 A+H 交叉上市的公司[①],两个市场分别采用 T+1 交易制度和 T+0 交易制度,而同样的公司,基本面相同,隔夜信息

---

　　① 交叉上市是指主体相同的母公司在不同的资本市场发行股票募集资金,A、H 股交叉上市即中国大陆的企业在上海(深圳)证券交易所和香港联合交易所两地上市,这里不区分上市的先后顺序。据万德统计显示,截至 2018 年年底,A、H 股交叉上市企业达到了 111 家。

相同,受到同样的外盘影响,交易时段基本相同,每日总体收益率基本相同,最大的不同只有交易机制,由此可以尽可能避免不同的隔夜信息和投资者情绪对我们的分析产生干扰。可以说这为我们的研究提供了最理想的"实验室"。我们计算出,2001—2018年,两地交叉上市企业在A股的日内收益率平均高出H股746.86%,而在H股的隔夜收益率则要显著高出A股197.04%,日内收益与隔夜收益呈现出完全反转的特征[①]。这也意味着平均意义上A股市场的投资者在$t$日开盘买入A、H交叉上市的股票并于收盘卖出便可获得0.72%的收益,而持仓过夜至$t+1$日开盘其收益便会下降0.46%单位,长期的负隔夜收益率使得投资者的回报大幅降低,在噪音交易的影响下,投资者的长期回报便不再乐观;而H股市场的投资者买入A股持仓过夜则会使得整体回报平均增加0.45%单位。

若在A股市场和H股市场分别采用相同的隔夜交易策略(如图2-7所示),在初始资金为100元的情况下,2001年1月—2018年12月,投资者于$t$日收盘买入AH股标的并于$t+1$日开盘卖出,H股市场的投资者可累计获得158.19%的收益回报,而A股市场的投资者则会累计收益-54.64%,两者的收益率差达到了惊人的212.83%。从图2-7中可以看到,A股隔夜收益率的累计值一直向下,表现很稳定。A股公司隔夜收益显著为负,主体相同的上市公司在A股市场和H股市场交易时段与非交易时段的收益率为何呈现出完全不同的模式特征? 解释这一显著差异就在于"一国两制":A股是T+1交易制度,H股是T+0交易制度。

随着沪港通、深港通的逐渐深入,境外和内地投资者可以通过本地交易所的交易结算系统来交易对方市场的证券,投资者分割被彻底打破。我们接着选取恒生沪深港通AH股A指数和H指数进行分析。将这两个指数加以对照分析,是因为其成分股及个股权重完全相同,我们按每5分钟为一个时段进行划分,恒生沪深港通AH股A指数全天被划分为48个时段,H股分为66个时段。上午开盘前的集合竞价阶

---

① 2001年1月—2018年12月,两地交叉上市的AH股在A股和H股市场的平均日内收益率分别为0.721 9%、-0.111 6%,两者相差0.833 5%;而在A股和H股市场的平均隔夜收益率则分别为-0.459 0%和0.445 4%,两者相差0.904 4%。

段也包含在第一个时段中。① 图 2-8 显示的是恒生沪深港通 AH 股 A 指数和 H 指数的每日分时段指数收益情况。从图中可以看出,两个指数在第一个时段中的走势大相径庭。

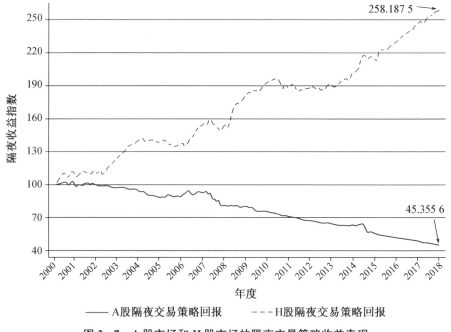

图 2-7　A 股市场和 H 股市场的隔夜交易策略收益表现

　　表 2-8 显示的是这两个指数在每日首尾两个时段的平均收益率以及 $t$ 统计检验结果。结果与我们之前的理论分析相吻合:A 指数在开盘时表现出明显的负收益现象,而在收盘时则是明显的正收益现象,且上涨幅度高于 H 指数;H 指数在开盘阶段和收盘阶段都表现出正收益现象,但是在统计上并没有 A 指数显著。由于 A 指数与 H 指数的成分股及个股权重都完全相同,因此可以得出结论:A 指数与 H 指数在开盘、收盘时所呈现的不同走势与其所实行的不同的交易制度密切相关。

　　① 港股的交易时间分为 9:30—12:00 和 13:00—16:00 两个时段,9:00—9:30 为盘前交易时间,16:00 之后的时间则为收市竞价时间。按照每 5 分钟为单位,我们将其分为 66 个时段。与对上证指数交易时间的处理相类似,我们将 9:35 前所有时段均列入时段 1,而 15:55 至收市列入时段 66。数据区间从 2016 年 12 月 16 日—2018 年 12 月 31 日。

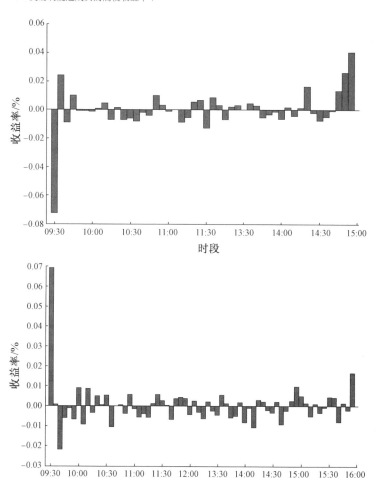

**图 2-8　恒生沪深港通 AH 股 A 指数(上)和 H 指数(下)每日各时段的收益**

**表 2-8　沪深港通 AH 股 A 指数和 H 指数在每个交易日首尾时段的收益情况**

| 时　段 | | 收益率/% | $t$ 统计量 |
|---|---|---|---|
| 第一个时段 | A 指数时段 1 | −0.072 8 | −2.486** |
| | H 指数时段 1 | 0.069 3 | 1.807*** |
| 最后一个时段 | A 指数时段 48 | 0.040 7 | 11.206* |
| | H 指数时段 66 | 0.016 5 | 3.015* |

　　注:A 指数时段 1 代表 A 股 9:35 前的交易时段(包括集合竞价阶段),A 指数时段 48 代表 A 股 14:55 至 15:00 的交易时段;H 指数时段 66 代表 H 股 15:55 至收市的交易时段。*、**、*** 分别代表在 1%、5%、10%的显著性水平下显著。

表 2-9 给出了相同质地的上市公司在不同市场(A 股和 H 股)中的隔夜收益率差异(A 股、H 股隔夜收益率)的估计结果。可以看出,在控制反映市场微观结构的流动性因素 ILL、系统性风险 Beta、第一大股东持股比例 Holdpct1、换手率 TURN、投资者的交易策略动量 MOM 和反转因子 Reversal 后,AH 股两地上市企业的隔夜收益率依然表现出显著性的差异,其系数估计值为 $-0.009\,3(p<0.01)$,即平均而言,在 A 股市场的隔夜收益率要比 H 股市场每周低 0.93%。

此外,我们还给出了上述差异估计值随时间变化的趋势情况(见图 2-9)。可见在考虑 95% 的置信区间下,几乎全部时段内的 A 股、H 股隔夜收益率差异都为负值,这说明长期以来 A 股的隔夜收益率要显著低于 H 股。

表 2-9 A 股、H 股隔夜收益率差异的 Fama-MacBeth 回归结果

| 解释变量 | (1) 隔夜收益率 | (2) 隔夜收益率 | (3) 隔夜收益率 |
|---|---|---|---|
| AH Dummy | $-0.008\,2^*$ <br> (0.000 7) | | $-0.009\,3^*$ <br> (0.000 7) |
| ILL | | $-0.000\,6$ <br> (0.000 9) | $-0.002\,9^*$ <br> (0.000 8) |
| Beta | | $0.001\,3^{**}$ <br> (0.000 6) | $0.000\,2$ <br> (0.000 5) |
| MOM | | $0.010\,8^*$ <br> (0.002 1) | $0.007\,0^*$ <br> (0.002 1) |
| Reversal | | $0.012\,0$ <br> (0.009 0) | $0.019\,6^{**}$ <br> (0.008 5) |
| Holdpct1 | | $-0.001\,3$ <br> (0.001 2) | $-0.001\,0$ <br> (0.001 2) |
| Age | | $-0.000\,2^*$ <br> (0.000 1) | $-0.000\,2^*$ <br> (0.000 1) |
| Turn | | $-0.000\,2^*$ <br> (0.000 1) | $-0.000\,1^{***}$ <br> (0.000 1) |
| Constant | $0.004\,6^*$ <br> (0.000 8) | $0.002\,4^*$ <br> (0.000 9) | $0.008\,1^*$ <br> (0.001 0) |

（续表）

| 解释变量 | (1) | (2) | (3) |
|---|---|---|---|
| | 隔夜收益率 | 隔夜收益率 | 隔夜收益率 |
| 样本观测 | 98 704 | 96 295 | 96 295 |
| Average $R^2$ | 0.105 5 | 0.229 5 | 0.293 6 |
| F 统计量 | 138.422 7 | 9.442 5 | 30.266 5 |

注:括号内数值为参数估计值的 Newey-West 调整后的标准误差;*、** 和 *** 分别代表在 1%、5% 和 10% 的显著性水平下显著;数据时间为 2001 年 1 月—2019 年 4 月。

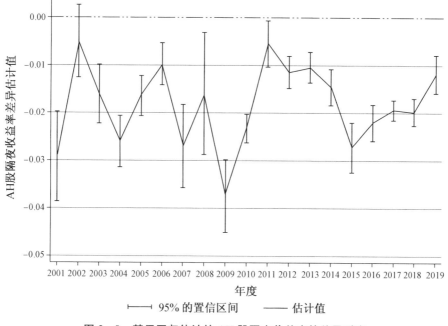

**图 2‐9　基于回归估计的 AH 股隔夜收益率的差异时序**

## 2.6　进一步的分析Ⅱ：现货与期货隔夜收益率的比较

自 2010 年 4 月 16 日中国金融期货交易所推出沪深 300 股指期货以来,我国金融衍生品市场尤其是股指期货市场获得了快速发展,运营管理日臻成熟。目前我国市场主要包含上证 50 股指期货、沪深 300 股指期货和中证 500 股指期货三种产品。其分别以相对应的股票指数为标的,但是由于股指期货市场实行 T＋0 交易制度,因此股指期货和其对应的股票指数标的表现出不同的收益分布。本节将对这一问题进行进一步探讨。

上证 50 指数、沪深 300 指数和中证 500 指数分别于 2004 年 1 月 2 日、2005 年 4 月 8 日和 2007 年 1 月 15 日发布,而沪深 300 股指期货于 2010 年 4 月 16 日推出,上证 50 股指期货和中证 500 股指期货于 2015 年 4 月 16 日推出。为保证现货与期货样本时间的一致,本节选取 2015 年 4 月 16 日—2019 年 9 月 30 日上证 50 指数、沪深 300 指数和中证 500 指数及其对应的股指期货数据进行研究。

由于指数现货均为连续交易数据,而具体的股指期货合约具有提前规定的最后交易日期,为与现货相对应,股指期货数据的选择也应为连续数据。本文选取股指期货当月指数作为期货指数进行研究,选取的原因主要在于当月合约往往是所有正在交易的股指期货合约中成交量最大的合约,而且具有预先规定的合约更换时间。在样本区间中共计包含 1 090 个交易日。表 2－10 为上证 50 指数、沪深 300 指数和中证 500 指数及其对应股指期货三种收益率的描述性统计结果。

从表 2－10 中可以看出,在日收益率差值极小的情况下,指数现货与股指期货的隔夜、日内收益率分布显示出完全相反的趋势。一方面,从隔夜收益率的角度来看,所有指数现货的隔夜收益率均值、中值均为负值,其中中证 500 指数的隔夜收益率均值和中值最低,分别为－0.115％和－0.060％;而股指期货隔夜收益率的均值和中值几乎全为正值,只有中证 500 股指期货的隔夜收益率均值为负值,但其－0.008％的隔夜收益率均值在数值大小上也只是略小于 0。另一方面,从日内收益率的角度来看,指数现货日内收益率的均值和中值均为正值,而股指期货日内收益率的均值和中值全部为负值。这与隔夜收益率中所显示出的整体分布情况完全相反。

表 2‑10　指数及其对应股指期货日收益率、隔夜收益率、日内收益率的描述性统计结果

| 指数/股指期货 | 平均值/% | 标准差 | P25/% | P50/% | P75/% | 偏度 | 峰度 | 观测值 |
|---|---|---|---|---|---|---|---|---|
| 面板 A:日收益率 | | | | | | | | |
| 上证 50 指数 | −0.009 | 0.154 | −0.562 | 0.016 | 0.616 | −0.781 | 9.933 | 1 090 |
| 上证 50 股指期货 | −0.012 | 0.169 | −0.616 | 0.035 | 0.652 | −0.660 | 14.080 | 1 090 |
| 沪深 300 指数 | −0.015 | 0.157 | −0.578 | 0.035 | 0.676 | −0.987 | 9.236 | 1 090 |
| 沪深 300 股指期货 | −0.016 | 0.184 | −0.643 | 0.029 | 0.746 | −0.729 | 13.274 | 1 090 |
| 中证 500 指数 | −0.043 | 0.191 | −0.758 | 0.074 | 0.837 | −1.045 | 7.284 | 1 090 |
| 中证 500 股指期货 | 0.019 | 0.178 | −0.618 | 0.038 | 0.748 | −0.282 | 10.695 | 1 090 |
| 面板 B:隔夜收益率 | | | | | | | | |
| 上证 50 指数 | −0.095 | 0.075 | −0.274 | −0.047 | 0.168 | −0.544 | 34.697 | 1 090 |
| 上证 50 股指期货 | 0.037 | 0.075 | −0.185 | 0.039 | 0.284 | 1.301 | 32.723 | 1 090 |
| 沪深 300 指数 | −0.099 | 0.075 | −0.249 | −0.048 | 0.136 | −0.831 | 32.340 | 1 090 |
| 沪深 300 股指期货 | 0.015 | 0.076 | −0.169 | 0.031 | 0.261 | 0.190 | 33.420 | 1 090 |
| 中证 500 指数 | −0.115 | 0.079 | −0.224 | −0.060 | 0.119 | −1.603 | 22.188 | 1 090 |
| 中证 500 股指期货 | −0.008 | 0.096 | −0.178 | 0.015 | 0.257 | −0.598 | 36.460 | 1 090 |
| 面板 C:日内收益率 | | | | | | | | |
| 上证 50 指数 | 0.086 | 0.135 | −0.487 | 0.273 | 0.652 | −0.172 | 8.833 | 1 090 |
| 上证 50 股指期货 | −0.049 | 0.153 | −0.647 | −0.053 | 0.554 | 0.199 | 14.847 | 1 090 |
| 沪深 300 指数 | 0.083 | 0.138 | −0.464 | 0.093 | 0.667 | −0.464 | 8.835 | 1 090 |
| 沪深 300 股指期货 | −0.031 | 0.166 | −0.608 | −0.010 | 0.598 | −0.231 | 12.533 | 1 090 |
| 中证 500 指数 | 0.071 | 0.172 | −0.576 | 0.124 | 0.831 | −0.804 | 7.595 | 1 090 |
| 中证 500 股指期货 | −0.034 | 0.210 | −0.711 | 0.023 | 0.823 | −1.015 | 10.447 | 1 090 |

　　由表 2‑10 中的三种收益率描述性统计结果,我们从整体的角度对指数现货和股指期货的日收益率、隔夜收益率和日内收益率进行了探究。进一步地,由于指数现货与股指期货的收益率指标在样本区间的每一个交易日中一一对应,我们采用 $t$ 检验的方法,对其收益率的差值进行检验,检验结果如表 2‑11 所示。

表 2‑11　股票指数与股指期货收益率的差值检验

| 指数/股指期货 | 日收益率/% | 隔夜收益率/% | 日内收益率/% | 观测值 |
|---|---|---|---|---|
| 面板 A:上证 50 指数和上证 50 股指期货 | | | | |
| 上证 50 指数 | −0.009 | −0.095 | 0.086 | |
| 上证 50 股指期货 | −0.012 | 0.037 | −0.049 | |
| 指数—股指期货 | 0.003 | −0.132 | 0.135 | 1 090 |
| $t$ 检验结果 | 0.18<br>(0.86) | −8.83*<br>(0.00) | 6.74**<br>(0.03) | |
| 面板 B:沪深 300 指数和沪深 300 股指期货 | | | | |
| 沪深 300 指数 | −0.015 | −0.099 | 0.083 | |
| 沪深 300 股指期货 | −0.016 | 0.015 | −0.031 | |
| 指数—股指期货 | 0.001 | 0.114 | 0.114 | 1 090 |
| $t$ 检验结果 | 0.03<br>(0.98) | −7.03*<br>(0.00) | 5.01*<br>(0.00) | |
| 面板 C:中证 500 指数和中证 500 股指期货 | | | | |
| 中证 500 指数 | −0.043 | −0.115 | 0.071 | |
| 中证 500 股指期货 | −0.042 | −0.008 | −0.034 | |
| 指数—股指期货 | −0.002 | −0.107 | 0.105 | 1 090 |
| $t$ 检验结果 | −0.048<br>(0.96) | −5.06*<br>(0.00) | 3.98*<br>(0.00) | |

注:* 和** 分别代表在 1% 和 5% 的显著性水平下显著。

表 2‑11 中的 $t$ 检验结果说明,指数现货的隔夜收益率在统计意义上显著低于股指期货,而其日内收益率却显著高于股指期货,但在整体日收益率的统计检验中,二者之间的差值并不显著异于 0。这也说明,在整体收益几乎相同的情况下,指数现货和股指期货在隔夜和日内收益率方面表现出截然不同的收益分布,而这种不同也在统计意义上显著。本节关于股指期货及其对应标的收益分布的研究,进一步佐证了 T＋1 交易制度对于隔夜收益率的负向影响。

# 2.7　本章小结

T＋1 交易制度是中国 A 股市场的一项重要的交易制度,对于投资者的投资行为和股票市场的价格形成机制有着显著的影响。通过对 T＋1 交易制度下交易行为的理论分析以及对 A 股市场收益的实证检验,我们发现在 T＋1 交易制度下,中国沪深 A 股市场整体隔夜收益率为负的现象十分稳定和显著。

# 第3章 T+1交易制度对不同属性的股票影响不同

上一章中我们证实了隔夜收益率可以作为研究 T+1 交易制度的很好的代理变量,虽然 T+1 交易制度的直接度量存在困难,但幸运的是其会投射到次日的股市开盘价上,隔夜收益率因此具有了镜像的作用。本章将延续上一章中关于 T+1 交易制度与隔夜收益率关系的讨论,深入研究中国特色的 T+1 交易制度与隔夜收益率的性质。本章的行文结构如下:3.1 小节是 T+1 交易制度对不同属性的股票影响不同,3.2 小节是隔夜收益率决定全天的涨跌吗,3.3 小节是隔夜收益率的稳定性,3.4 小节是本章小结。

## 3.1 T+1交易制度对不同属性的股票影响不同

作为本节具体论述的开端,考察两种投资于中证 500 指数的策略,每种策略投资 1 元钱。第一种是买入并长期持有中证 500 指数,中证 500 指数在 2005 年 1 月为 1 000 点,到 2018 年 5 月 7 日为 6 019 点,涨幅正好是 6 倍。第二种是以中证 500 指数收盘价买入,次日开盘价就卖出,每个交易日只进行这个操作,到了 2018 年 5 月 7 日只剩下 0.039 元,跌幅为 96%,这个策略充分显示出 T+1 交易规则可能累积的巨大风险。它同时也说明,T+1 交易规则对中小市值股票的开盘收益率影响巨大。具体如图 3-1 所示。

中国股市具有高换手率、中小投资者众多、交易限制较多等显著特点。我们下面依次对这些特征进行分析,研究在不同属性下股票隔夜收益率的差异。需要特别指出的是,本章数据的区间为 2005 年 1 月—2018 年 7 月。

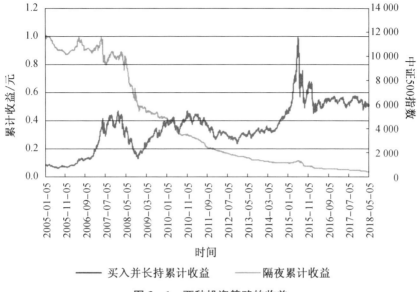

图 3-1　两种投资策略的收益

## 3.1.1　T＋1 交易机制对不同换手率股票的影响差异

换手率越高,次日全天收益率越低,这被称为换手率效应。我们可以看到,我国股市的换手率效应还体现在隔夜收益率上。Miller(1977)指出,"大多数的交易起因于悲观的投资者将他们所持有的股票卖给乐观的投资者,换手率可以作为衡量意见分歧的工具之一"。谭松涛等(2010)用换手率指标衡量意见分歧,分析了渐进信息流对市场换手率水平的影响,发现投资者分歧随着对信息反应时间的增加而降低。本文采用这一观点。

我们构造投资组合分析时,首先按照每日换手率的大小从低到高分为 10 个等级,而后,在每一个换手率等级水平上,算出平均的隔夜收益率、日内收益率和总收益率。表 3-1 是日数据组合分析结果,其中 A 栏是收益率的平均值,B 栏是 CAPM 模型的截距项,衡量超额收益的显著性。可以看到,随着换手率的上升,隔夜收益率下降得很厉害,特别是最后两组。最后一列是买入低换手率组合同时卖出高换手率组合策略的月度收益,可以看到,换手率现象很明显。

**表 3－1　换手率分组的结果**

面板 A:收益情况

| 变量 | 低 | 2 | 3 | 4 | 5 | 6 | 7 | 8 | 9 | 高 | 低—高 |
|---|---|---|---|---|---|---|---|---|---|---|---|
| NON | -0.63** (-2.58) | -0.79* (-3.18) | -0.86* (-3.36) | -1.04* (-3.94) | -1.24* (-4.49) | -1.37* (-4.81) | -1.62* (-5.38) | -1.82* (-5.75) | -2.23* (-6.57) | -3.28* (-8.25) | 2.65* (11.53) |
| TRA | 0.06 (0.14) | 0.36 (0.81) | 0.68 (1.43) | 1.31** (2.74) | 1.95* (3.93) | 2.63* (5.18) | 3.50* (6.86) | 4.72* (8.86) | 6.12* (11.21) | 10.26* (17.33) | -10.20* (-22.93) |
| RET | -0.58 (-1.19) | -0.43 (-0.79) | -0.18 (-0.31) | 0.27 (0.47) | 0.71 (1.18) | 1.26** (2.03) | 1.88* (2.95) | 2.91* (4.33) | 3.90* (5.65) | 6.97* (9.36) | -7.55* (-15.54) |

面板 B:CAPM 模型截距项情况

| 变量 | 低 | 2 | 3 | 4 | 5 | 6 | 7 | 8 | 9 | 高 | 低—高 |
|---|---|---|---|---|---|---|---|---|---|---|---|
| NON | -0.13 (-0.95) | -0.26** (-2.11) | -0.30** (-2.52) | -0.46* (-3.89) | -0.63* (-5.06) | -0.74* (-6.05) | -0.95* (-7.32) | -1.11* (-8.37) | -1.47* (-10.23) | -2.41* (-13.15) | 2.28* (12.97) |
| TRA | -1.27* (-5.32) | -1.15* (-4.21) | -0.91* (-3.09) | -0.29 (-0.99) | 0.31 (0.99) | 0.97* (2.96) | 1.84* (5.56) | 3.06* (8.33) | 4.44* (11.63) | 8.63* (18.72) | -9.90* (-21.79) |
| RET | -1.46* (-5.36) | -1.43* (-4.82) | -1.22* (-3.85) | -0.80* (-2.47) | -0.39 (-1.16) | 0.12 (0.34) | 0.72** (1.98) | 1.70* (4.33) | 2.66* (6.55) | 5.74* (11.61) | -7.19* (-15.53) |

注:括号内为 t 值;* 和 ** 分别表示在 1%和 5%的显著性水平下显著;收益均为百分比形式,下同。

　　换手率通常被认为是意见分歧的代表,这说明在 T＋1 交易制度下,虽然存在意见分歧,但是空方想卖出证券却无法实现,最快只能在次日开盘抛售,所以导致最大换手率组出现最大的负值开盘收益率。

　　从图 3‑2 中可以看到,由于次日隔夜收益率下降得厉害,带动着次日收益率也出现下降,高换手率引致低收益的原因在于,高换手率引致更低隔夜收益率的拖累使得总收益下降。这证实了我国股市存在换手率效应,并且是源于隔夜收益率。这是我们的创新发现。特别是对于换手率最高的 9、10 组,隔夜收益率下降得最明显。我们的结论支持了 Miller(1977)的著名论断,但是我国股市反转太快,甚至第二天开盘就出现了反转。这和国内外研究所公认的中国股市只有反转效应,而惯性效应不明显是一致的。

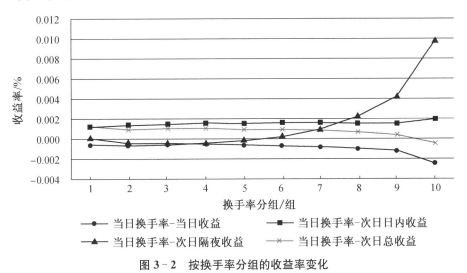

**图 3‑2　按换手率分组的收益率变化**

　　换手率前十指数[①]自 2017 年 6 月推出至 2018 年 6 月 7 日正好一年,由 1 000 点跌至了 9.8 点就是一个很好的说明。这个指数通常低开低走,证明了我们的结论。它也说明在 T＋1 的交易制度下追逐热点和高换手率股票,风险实在太大。这一年来,换手率前十指数平均隔夜收益率为 −0.927％,这是各类指数中最低的。平均日

──────────

　　①　换手率前十指数是同花顺公司推出的,具有一定的市场影响。

内收益率为 0.619％,虽然上涨但不及开盘的下跌幅度。这准确揭示出投资者追涨杀跌的特征,追逐热点买了热门股但当日卖不出,最早只有次日割肉卖出了。

本书作者在深入研究该问题的过程中还有一个重要发现,换手率效应正是由 T＋1 交易机制产生的。仍然以 1992 年 6 月—1994 年 12 月深圳 T＋1 交易制度为对象,以同期上海 T＋0 交易制度为对照组,采用 DID 方法,发现正是 T＋1 交易制度引起了换手率效应。实行 T＋0 交易制度时,没有换手率效应。[①] 本书的第 6 章还将更为细致地分析 T＋1 交易制度与换手率效应的关系。

### 3.1.2　T＋1 交易机制对不同股权结构公司的影响差异

人们认为 T＋1 交易制度对散户的影响更大,是因为散户当日买入不能当日卖出,而机构投资者有丰富的风险管理办法,或者实际上做 T＋0(他们可以当日买入证券后,再当日卖出已有的该证券),或者通过股指期货卖空规避风险。但是鲜有实证,这里我们以机构持股比例和股权分散度来度量,由于每个季度公司都会披露股东人数信息(3、6、9、12 月的公告),所以我们研究当年 4、7、10 月次年 1 月的隔夜收益率。

机构持股比例(INS)定义为机构持股数占总流通股的百分比。股权在投资者中过度分散不仅不利于降低信息不对称,而且股票价格也会更容易受投资者非理性情绪的影响。考虑到不同上市公司间的股东规模和股本总额存在较大差异,股东数目无法直接比较,参考罗进辉等(2017)的方法,本文采用股东人数与流通股股数的比值乘以 10 000 来反映该公司的股权分散程度。股权分散度(Disp)即平均每 1 万股股份所对应的股东人数,该值越大,说明股权越分散。

总体来说,按两种指标分组后,隔夜收益并没有明显趋势。但是,考虑到无论是机构比例还是离散度本身都对收益有影响,直接比较收益绝对数值可能意义不大,因此,可以计算隔夜收益占日内收益的比值,即隔夜会跌掉日内收益的百分比,此时出现了明显趋势,即股东离散度越大,隔夜跌掉的比值越高。机构持股越多,隔夜跌掉的百分比越少。此外,在按照 1、4、7、10 月分组的情况下有一个特点,在机构持股少

---

的那几组,隔夜收益率几乎把日内收益率跌完;而股东离散度大的那几组,隔夜跌幅超过了白天涨幅。

表 3 - 2 和表 3 - 3 分别给出了基于公告月机构持股比例和股权离散度分组后,次月的隔夜收益率、日内收益率、全天收益率的情况和截距项。

表 3 - 2 和表 3 - 3 的结果显示,在 T＋1 交易制度下,机构持股比例越低,股权就越分散,隔夜收益率也就越低。T＋1 交易制度对散户的影响更大。基于这个实证结果,我们发现以保护中小投资者利益为目的而推出的 T＋1 交易制度,实际上对中小投资者的伤害最大。

### 3.1.3　T＋1 交易机制对不同风险股票的影响不同

下面我们预期前期波动率越高,本期的隔夜收益率就越低。实际上,横截面收益率与股票前期特质波动率存在着显著的负相关关系,可通过加入特质波动率指标(IVOL)来控制前期收益波动对当期收益的影响(Ang $et\ al.$ , 2006)。特质波动率指标利用经 Fama-French 三因子调整的残差计算公式如下:

$$\mathrm{Return}_{i,d} = \alpha + \beta_1 \mathrm{MKT}_d + \beta_2 \mathrm{SMB}_d + \beta_3 \mathrm{HML}_d + \varepsilon_{i,d} \tag{3-1}$$

其中,Return 为个股超额收益;MKT、SMB、HML 为 Fama-French 三因子;$\varepsilon$ 表示市场因子无法解释的特质收益。

$$\mathrm{IVOL}_t = \sqrt{\frac{1}{N-1} \sum_{d=1}^{N} (\varepsilon_{d,t} - \mu)^2} \tag{3-2}$$

上式中,$\varepsilon_{d,t}$ 表示第 $t$ 月第 $d$ 个交易日的残差;$\mu$ 为月内残差项的均值。

为了确保指标的准确性,用前 12 个月($t-11$ 至 $t$)的日数据拟合(3 - 1)式得到残差序列,并以 $t$ 月残差项的标准差作为 IVOL。

表 3 - 4 给出了基于上月特质波动率分组后,当月的隔夜收益率、日内交易率、全天收益率的情况和截距项。

由图 3 - 3 可见,当月每日的特质波动率越高,其隔夜收益率就越低。交易机制对于特质风险越大的组合,其隔夜收益率负的越多。这验证了前述预期的结果:前期波动率越大,本期隔夜收益率就越低。

**表 3－2　单变量分组:机构持股比例**

面板 A:收益情况

| 变量 | 低 | 2 | 3 | 4 | 5 | 6 | 7 | 8 | 9 | 高 | 低—高 |
|---|---|---|---|---|---|---|---|---|---|---|---|
| NON | −1.87* (−3.96) | −1.83* (−3.63) | −1.85* (−3.79) | −1.63* (−3.41) | −1.66* (−3.26) | −1.66* (−3.57) | −1.44* (−2.97) | −1.42* (−2.9) | −1.33* (−2.78) | −1.63* (−3.69) | −0.24 (−1.12) |
| TRA | 2.06** (2.03) | 2.13** (2.05) | 2.36** (2.27) | 2.14** (2.08) | 2.33** (2.33) | 3.11* (2.86) | 2.83** (2.72) | 3.15* (3.25) | 3.54* (3.6) | 4.61* (4.89) | −2.55* (−3.91) |
| RET | 0.19 (0.15) | 0.29 (0.23) | 0.51 (0.4) | 0.51 (0.41) | 0.67 (0.53) | 1.45 (1.13) | 1.39 (1.1) | 1.73 (1.45) | 2.22*** (1.85) | 2.98** (2.62) | −2.79* (−4.08) |

面板 B:CAPM 模型截距项情况

| 变量 | 低 | 2 | 3 | 4 | 5 | 6 | 7 | 8 | 9 | 高 | 低—高 |
|---|---|---|---|---|---|---|---|---|---|---|---|
| NON | −1.13* (−3.9) | −0.99* (−3.61) | −1.03* (−4.00) | −0.80* (−3.49) | −0.78* (−3.20) | −0.86* (−3.83) | −0.58* (−2.69) | −0.56** (−2.54) | −0.48** (−2.26) | −0.83* (−4.87) | −0.30 (−1.37) |
| TRA | 0.04 (0.06) | 0.04 (0.06) | 0.28 (0.41) | 0.03 (0.05) | 0.22 (0.38) | 0.98 (1.36) | 0.67 (1.08) | 1.08** (1.98) | 1.48** (2.56) | 2.79* (4.38) | −2.75* (−4.03) |
| RET | −0.89 (−1.2) | −0.85 (−1.16) | −0.65 (−0.90) | −0.62 (−0.91) | −0.51 (−0.79) | 0.29 (0.40) | 0.20 (0.31) | 0.58 (1.02) | 1.08*** (1.79) | 1.94* (3.09) | −2.84* (−4.09) |

注:括号内为 $t$ 值;*、**、*** 分别表示在 1%、5%、10%的显著性水平下显著。

表 3 - 3　单变量分组：股权离散度

面板 A：收益情况

| 变量 | 低 | 2 | 3 | 4 | 5 | 6 | 7 | 8 | 9 | 高 | 低—高 |
|---|---|---|---|---|---|---|---|---|---|---|---|
| NON | -1.65* (-4.77) | -1.59* (-3.92) | -1.41* (-3.32) | -1.57* (-3.47) | -1.29* (-2.83) | -1.56* (-3.24) | -1.40* (-3.06) | -1.64* (-3.52) | -1.74* (-3.61) | -1.87* (-3.94) | 0.21 (0.86) |
| TRA | 4.13* (5.74) | 3.31* (4.08) | 2.64* (3.01) | 2.33** (2.64) | 1.87** (2.06) | 1.86** (2.03) | 1.74*** (1.84) | 1.59*** (1.67) | 1.71*** (1.80) | 1.79*** (1.81) | 2.35* (3.91) |
| RET | 2.48** (2.69) | 1.73** (1.66) | 1.23 (1.16) | 0.76 (0.70) | 0.58 (0.52) | 0.30 (0.27) | 0.34 (0.30) | -0.05 (-0.05) | -0.03 (-0.02) | -0.08 (-0.07) | 2.56* (4.64) |

面板 B：CAPM 模型截距项情况

| 变量 | 低 | 2 | 3 | 4 | 5 | 6 | 7 | 8 | 9 | 高 | 低—高 |
|---|---|---|---|---|---|---|---|---|---|---|---|
| NON | -1.16* (-6.11) | -1.01* (-4.57) | -0.80* (-3.46) | -0.92* (-3.83) | -0.62** (-2.66) | -0.84* (-3.69) | -0.71* (-3.34) | -0.94* (-4.32) | -1.03* (-4.27) | -1.15* (-5.33) | -0.01 (-0.04) |
| TRA | 2.87* (6.29) | 1.83* (3.86) | 1.02** (2.05) | 0.70 (1.39) | 0.18 (0.36) | 0.19 (0.35) | 0.02 (0.03) | -0.13 (-0.24) | 0.02 (0.03) | 0.04 (0.07) | 2.83* (4.88) |
| RET | 1.68* (3.64) | 0.82 (1.61) | 0.31 (0.59) | -0.18 (-0.32) | -0.37 (-0.65) | -0.67 (-1.15) | -0.64 (-1.05) | -1.01*** (-1.66) | -1.01 (-1.57) | -1.00 (-1.48) | 2.67* (4.89) |

注：括号内为 t 值；*、**、*** 分别表示在 1%、5%、10% 的显著性水平下显著。

**表 3 - 4　单变量分组:特质波动率**

**面板 A:收益情况**

| 变量 | 低 | 2 | 3 | 4 | 5 | 6 | 7 | 8 | 9 | 高 | 低—高 |
|---|---|---|---|---|---|---|---|---|---|---|---|
| NON | -0.44** (-1.92) | -0.74* (-2.91) | -0.91* (-3.46) | -1.15* (-4.26) | -1.29* (-4.67) | -1.51* (-5.42) | -1.64* (-5.72) | -1.89* (-6.21) | -2.14* (-6.57) | -2.48* (-6.28) | 2.04* (7.39) |
| TRA | -1.50* (-3.89) | -0.62 (-1.43) | 0.20 (0.45) | 0.98** (2.15) | 1.92* (4.16) | 2.78* (5.71) | 3.93* (7.84) | 5.21* (10.07) | 7.03* (12.39) | 10.75* (17.31) | -12.25* (-27.49) |
| RET | -1.94* (-4.30) | -1.36** (-2.64) | -0.71 (-1.33) | -0.18 (-0.32) | 0.63 (1.10) | 1.27** (2.12) | 2.29* (3.67) | 3.32* (5.15) | 4.89* (6.82) | 8.27* (10.10) | -10.21* (-18.46) |

**面板 B:CAPM 模型截距项情况**

| 变量 | 低 | 2 | 3 | 4 | 5 | 6 | 7 | 8 | 9 | 高 | 低—高 |
|---|---|---|---|---|---|---|---|---|---|---|---|
| NON | 0.02 (0.16) | -0.18*** (-1.66) | -0.33* (-2.95) | -0.55* (-4.99) | -0.68* (-5.84) | -0.90* (-7.44) | -1.01* (-7.92) | -1.22* (-9.17) | -1.45* (-8.9) | -1.72* (-7.06) | 1.74* (6.96) |
| TRA | -2.79* (-11.72) | -2.05* (-7.50) | -1.29* (-4.73) | -0.53*** (-1.86) | 0.42 (1.40) | 1.19* (3.80) | 2.33* (7.00) | 3.55* (10.42) | 5.24* (13.66) | 8.93* (19.55) | -11.72* (-26.52) |
| RET | -2.75* (-10.52) | -2.31* (-8.04) | -1.71* (-5.78) | -1.21* (-3.95) | -0.42 (-1.34) | 0.16 (0.49) | 1.15* (3.25) | 2.15* (5.87) | 3.61* (8.51) | 6.86* (13.29) | -9.61* (-19.72) |

注:括号内为 $t$ 值;*、**、***分别表示在 1%、5%、10%的显著性水平下显著。

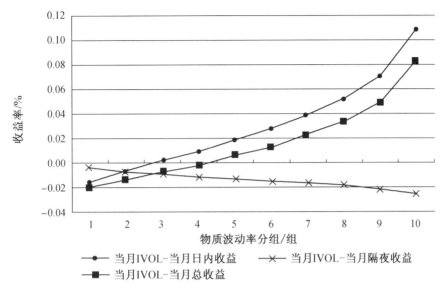

图 3-3  按特质波动率分组的收益率变化

由于 T＋1 阻碍了交易的当日实现,风险不能当日出清,所以造成风险积累。这说明,T＋1 交易制度不会降低风险,只会使得风险积聚。回顾 2016 年年初市场熔断时,如果当时交易制度是 T＋0,不至于下跌得那么惨淡,熔断机制用于 T＋1 的市场,是一项创新实验,实际交易数据显示,效果是加剧了流动性危机风险。

我们学习欧美实施熔断机制的市场,由于其股票均可 T＋0,因此股指触发熔断后,在冷静期内市场投资者经过信息传递与交换后,在市场恢复交易后投资者可以通过补仓或止盈离场来规避风险,这些交易行为本身也创造了新的流动性;而在 T＋1 交易制度下,投资者当日买卖股票须 T＋1 日交收后才能从事交易(尤其对于买入股票者),在市场出现极端波动的情况下,投资者无法通过积极交易策略化解风险,市场流动性就会出现风险(林采宜,2016)。

### 3.1.4 T＋1 交易机制对不同套利限制股票的影响不同

套利限制对于股票收益影响的研究较多,套利限制高随后将会产生较低的收益。在中国独特的 T＋1 交易机制下,相当于套利之外又加上一层套利限制(当日不能卖出),可以预期,套利限制高的股票,随后的隔夜收益率将会负得更多,出现更大负值的隔夜收益率。借鉴 Gu(2016)的做法,构造的套利限制因子主要包括价格涨跌限制、融资融券、股指期货、是否停牌、非流动性以及交易量,每个月份将每只股票所代表的 6 个指标的数值加总,得到总的套利限制因子(具体介绍见附录)。从表 3-5 中可以看出,随着套利限制的增加,隔夜收益率呈现出越来越大的负值,这证明了我们的假设。

为了更加深入地进行研究,本文采用双变量分组分析,首先以套利指数分组,然后以换手率分组。这样做的目的在于,控制了套利大小之后,分析在换手率(代表意见分歧)不同的情况下,隔夜收益率的变化。从图 3-4 中可以看出,套利限制越大,换手率越高,对应着更大负值的隔夜收益率。[①]

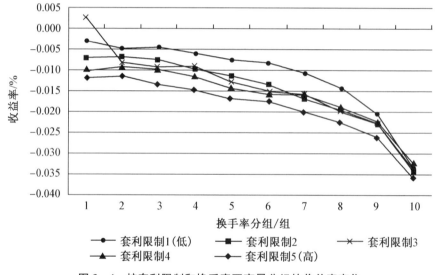

图 3-4　按套利限制和换手率双变量分组的收益率变化

---

① 具体数据可联系作者获取。

表3-5　单变量分组:套利限制指数

%

**面板A:收益情况**

| 变量 | 低 | 2 | 3 | 4 | 5 | 6 | 7 | 8 | 9 | 高 | 低—高 |
|---|---|---|---|---|---|---|---|---|---|---|---|
| NON | -0.84** (-3.18) | -1.24* (-4.53) | -1.53* (-5.29) | -1.58* (-5.36) | -1.26* (-4.11) | -1.39* (-4.85) | -1.58* (-5.55) | -1.64* (-5.68) | -1.64* (-5.47) | -1.61* (-4.62) | 0.78* (5.27) |
| TRA | 2.21* (5.29) | 2.85* (6.02) | 3.31* (6.37) | 3.27* (6.09) | 2.88* (5.58) | 2.73* (5.19) | 3.02* (5.53) | 3.03* (5.35) | 3.12* (5.28) | 3.92* (5.93) | -1.71* (-5.45) |
| RET | 1.38** (2.70) | 1.61** (2.82) | 1.77* (2.86) | 1.69* (2.67) | 1.63* (2.51) | 1.33** (2.10) | 1.44** (2.21) | 1.38** (2.03) | 1.48** (2.07) | 2.31** (2.78) | -0.93** (-2.37) |

**面板B:CAPM模型截距项情况**

| 变量 | 低 | 2 | 3 | 4 | 5 | 6 | 7 | 8 | 9 | 高 | 低—高 |
|---|---|---|---|---|---|---|---|---|---|---|---|
| NON | -0.29** (-2.65) | -0.68* (-5.71) | -0.95* (-7.07) | -0.98* (-7.46) | -0.71* (-3.73) | -0.82* (-5.78) | -0.99* (-8.17) | -1.05* (-8.33) | -1.03* (-7.58) | -0.91* (-5.43) | 0.62* (4.70) |
| TRA | 1.02* (4.60) | 1.53* (5.74) | 1.95* (5.91) | 1.87* (5.46) | 1.52* (4.70) | 1.35* (4.05) | 1.60* (4.58) | 1.56* (4.30) | 1.59* (4.17) | 2.16* (5.29) | -1.14* (-4.22) |
| RET | 0.66** (2.69) | 0.82* (2.79) | 0.95* (2.68) | 0.86* (2.31) | 0.80* (2.02) | 0.49 (1.35) | 0.58 (1.54) | 0.49 (1.22) | 0.55 (1.3) | 1.21** (2.54) | -0.55*** (-1.74) |

注:括号内为t值;*、**、***分别表示在1%,5%,10%的显著性水平下显著。

### 3.1.5　T+1 交易机制对不同流动性股票的影响不同

流动性与交易机制的关系非常密切,运用相似的方法,本文研究发现流动性越低,开盘越出现负的收益。对于原本流动性就差的股票,加上 T+1 交易机制,无异于雪上加霜,所以次日会出现更大负值的隔夜收益率,下面是对其进行的检验。

在衡量股票的流动性时,第一种采用 Amihud (2002)提出的非流动性指标来表示。该指标先计算每天收益的绝对值与交易量的比率,然后计算其月内平均数来衡量这只股票该月的非流动性,非流动性越小表示流动性越好。其计算公式为:

$$\text{ILL}_t = \frac{1}{N}\sum_{d=1}^{N}\frac{r_d}{\text{VOL}_d}\times 10^6 \qquad (3-3)$$

其中,$N$ 是当月交易日数量;$r_d$ 是 $d$ 日收益率;$\text{VOL}_d$ 是 $d$ 日交易量。

第二种采用基于高频数据的相对有效买卖价差($H\_Spread$)。其计算公式为:

$$H\_Spread = 2\times\frac{\text{Ask}-\text{Bid}}{\text{Ask}+\text{Bid}} \qquad (3-4)$$

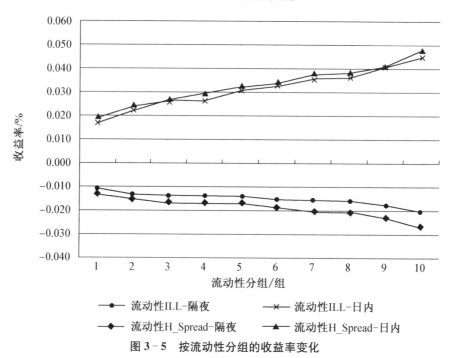

图 3-5　按流动性分组的收益率变化

表 3 - 6　单变量分组：流动性

面板 A:ILL 分组收益情况

| 变量 | 低 | 2 | 3 | 4 | 5 | 6 | 7 | 8 | 9 | 高 | 低—高 |
|---|---|---|---|---|---|---|---|---|---|---|---|
| NON | -1.11* (-3.83) | -1.32* (-4.52) | -1.40* (-4.79) | -1.41* (-4.85) | -1.44* (-4.97) | -1.54* (-5.38) | -1.58* (-5.76) | -1.59* (-5.65) | -1.80* (-6.48) | -2.07* (-7.03) | 0.97* (6.56) |
| TRA | 1.92* (4.24) | 2.39* (5.07) | 2.62* (5.40) | 2.67* (5.44) | 3.05* (6.22) | 3.23* (6.40) | 3.60* (6.86) | 3.61* (7.08) | 4.11* (8.12) | 4.46* (8.97) | -2.54* (-7.58) |
| RET | 0.82 (1.40) | 1.07*** (1.78) | 1.22** (2.04) | 1.26** (2.10) | 1.61** (2.69) | 1.70** (2.77) | 2.02* (3.24) | 2.02* (3.29) | 2.31* (3.76) | 2.39* (3.81) | -1.57* (-4.21) |

面板 B:ILL 分组 CAPM 模型截距项情况

| 变量 | 低 | 2 | 3 | 4 | 5 | 6 | 7 | 8 | 9 | 高 | 低—高 |
|---|---|---|---|---|---|---|---|---|---|---|---|
| NON | -0.44* (-4.18) | -0.67* (-5.45) | -0.74* (-6.12) | -0.77* (-5.99) | -0.79* (-6.60) | -0.90* (-7.27) | -0.98* (-7.90) | -0.97* (-7.95) | -1.20* (-9.20) | -1.48* (-8.69) | 1.03* (7.02) |
| TRA | 0.25 (1.13) | 0.76** (2.76) | 0.95* (3.32) | 1.06* (3.36) | 1.47* (4.54) | 1.62* (4.80) | 1.97* (5.43) | 2.01* (5.76) | 2.59* (7.12) | 3.00* (8.17) | -2.75* (-8.05) |
| RET | -0.36 (-1.48) | -0.09 (-0.29) | 0.08 (0.27) | 0.15 (0.45) | 0.53 (1.53) | 0.59*** (1.66) | 0.92** (2.45) | 0.94** (2.52) | 1.25* (3.22) | 1.35* (3.22) | -1.71* (-4.58) |

（续表）

面板 C:H_Spread 分组收益情况

| 变量 | 低 | 2 | 3 | 4 | 5 | 6 | 7 | 8 | 9 | 高 | 低—高 |
|---|---|---|---|---|---|---|---|---|---|---|---|
| NON | −1.36* (−4.62) | −1.54* (−5.24) | −1.72* (−5.88) | −1.70* (−5.85) | −1.73* (−6.11) | −1.90* (−6.71) | −2.07* (−7.24) | −2.06* (−7.29) | −2.33* (−8.11) | −2.75* (−9.12) | 1.39* (9.52) |
| TRA | 1.70* (3.15) | 2.21* (4.00) | 2.71* (4.82) | 2.94* (5.11) | 3.22* (5.64) | 3.38* (5.91) | 3.77* (6.56) | 3.84* (6.79) | 4.15* (7.36) | 4.80* (9.04) | −3.10* (−10.55) |
| RET | 0.33 (0.50) | 0.67 (1.01) | 0.99 (1.48) | 1.24 (1.81) | 1.49** (2.21) | 1.48** (2.17) | 1.69** (2.48) | 1.78** (2.59) | 1.82** (2.64) | 2.05* (2.99) | −1.71* (−5.17) |

面板 D:H_Spread 分组 CAPM 模型截距项情况

| 变量 | 低 | 2 | 3 | 4 | 5 | 6 | 7 | 8 | 9 | 高 | 低—高 |
|---|---|---|---|---|---|---|---|---|---|---|---|
| NON | −1.10* (−3.75) | −1.25* (−4.30) | −1.43* (−4.96) | −1.41* (−4.91) | −1.45* (−5.19) | −1.61* (−5.79) | −1.81* (−6.36) | −1.79* (−6.38) | −2.04* (−7.20) | −2.46* (−8.25) | 1.36* (9.07) |
| TRA | 1.47** (2.66) | 1.98* (3.48) | 2.43* (4.22) | 2.64* (4.49) | 2.88* (4.96) | 3.05* (5.23) | 3.40* (5.82) | 3.46* (6.03) | 3.72* (6.54) | 4.37* (8.18) | −2.90* (−9.73) |
| RET | 0.25 (0.38) | 0.59 (0.89) | 0.91 (1.35) | 1.14*** (1.66) | 1.38** (2.05) | 1.37** (2.01) | 1.57** (2.31) | 1.64** (2.40) | 1.66** (2.44) | 1.86** (2.77) | −1.61* (−4.98) |

注:括号内为 $t$ 值;*、**、*** 分别表示在 1%、5%、10%的显著性水平下显著。

　　Bid 为最高一档卖价,Ask 为最低一档卖价。先用日内高频数据计算出每个交易日的相对有效买卖价差,取日平均数值记为月度 H_Spread。价差越小,流动性越高。从图 3-5 和表 3-6 中可以看出,根据两种流动性分组(ILL 和 H_Spread),流动性越低,隔夜收益率呈现出越来越大的负值。这证明了我们的假设。

### 3.1.6　Fama-MacBeth 回归检验

　　为了精准刻画横截面上隔夜收益率的解释因素,采用 Fama-Macbeth 的横截面回归分析,使用个股隔夜收益率对公司特征属性进行回归检验。我们选择四因子模型研究隔夜收益率定价,即规模(lnSize 或者 lnPrice)、波动率(特质波动率)、流动性(Amihud 或者 Bid-ask Spread)和动量(前期收益或者前期隔夜收益),然后加入控制变量,构建如下回归方程:

$$NON_{i,t} = \alpha_t + \beta_1 NON_{i,t-1} + \beta_2 TRA_{i,t-1} + \beta_3 Size_{i,t-1} + \beta_4 BM_{i,t-1} + \beta_5 IVOL_{i,t-1} +$$
$$\beta_6 lnPrice_{i,t-1} + \beta_7 ILL_{i,t-1} + \beta_8 MOM_{i,t-1} + \gamma X_{i,t-1} + \varepsilon_{i,t} \qquad (3-5)$$

　　表 3-7 报告了 Fama-MacBeth 的回归结果,模型(1)是基本模型。模型(2)~(9)逐一加入其他变量,而模型(9)则包含了所有控制变量。可以看到,模型样本量都在 30 万以上,这能保证本文研究的准确性以及具有代表性。

　　在未加入任何控制变量的模型(1)中,前一个月隔夜收益的系数为 0.189,$t$ 值为 23.77,前一个月日内收益的系数为 $-0.080$,$t$ 值为 $-19.61$。也就是说,横截面中的前一个月隔夜收益每增加一个单位,会造成下期隔夜收益增加 18.9％,前一个月日内收益每增加一个单位,会造成下期隔夜收益下降 8％。逐一加入控制变量后,LNON(LTRA)的系数变化较小,维持在 0.187~0.212($-0.77$~$-0.83$)之间,均在 1％水平下显著。也就是说,在控制相关因素之后,预期隔夜收益与前一个月隔夜收益始终正相关,隔夜收益存在动量效应;前一个月日内收益始终与预期隔夜收益负相关。此外,在控制变量的结果中,Size、BM 与预期隔夜收益正相关,IVOL 与预期隔夜收益显著负相关,表明存在规模效应、价值股效应和特质波动率效应,ILL、Limit、$HB^1$、$HB^2$ 与预期隔夜收益显著负相关,这与前文所述单变量分组的结果一致。SENTI 的系数不显著,表明新闻情绪影响不显著。

表 3 - 7 隔夜收益率的 Fama-MacBeth 回归结果

被解释变量:隔夜收益率

| 解释变量 | (1) | (2) | (3) | (4) | (5) | (6) | (7) | (8) | (9) |
|---|---|---|---|---|---|---|---|---|---|
| LNON | 0.189* (23.77) | 0.188* (23.53) | 0.199* (18.72) | 0.205* (22.54) | 0.212* (24.94) | 0.187* (23.43) | 0.190* (24.08) | 0.187* (23.47) | 0.206* (17.76) |
| LTRA | −0.080* (−19.61) | −0.080* (−19.68) | −0.076* (−17.49) | −0.083* (−19.77) | −0.078* (−18.01) | −0.080* (−20.28) | −0.077* (−19.15) | −0.080* (−19.45) | −0.077* (−16.49) |
| Size | 0.003* (6.41) | 0.003* (5.70) | 0.003* (6.28) | 0.003* (5.29) | 0.002* (5.17) | 0.004* (7.45) | 0.003* (6.71) | 0.003* (6.45) | 0.003* (4.83) |
| BM | 0.009* (3.00) | 0.008** (2.66) | 0.003 (0.85) | 0.009** (2.68) | 0.009* (3.12) | 0.008* (3.05) | 0.010* (3.22) | 0.009* (3.01) | −0.002 (−0.40) |
| lnPrice | 0.001 (1.21) | 0.001 (1.31) | 0.000 (−0.39) | 0.000 (0.41) | −0.001 (−0.51) | 0.002 (1.51) | 0.001 (1.00) | 0.001 (1.09) | −0.001 (−0.40) |
| IVOL | −0.512* (−13.17) | −0.498* (−13.09) | −0.566* (−12.11) | −0.531* (−11.69) | −0.500* (−13.09) | −0.514* (−13.32) | −0.424* (−11.73) | −0.479* (−12.83) | −0.457* (−9.21) |
| ILL | −2.118* (−3.65) | −3.104* (−5.71) | −2.472* (−3.22) | −2.811* (−4.11) | −3.363* (−5.79) | −2.325* (−4.17) | −2.545* (−4.42) | −2.739* (−4.91) | −5.348* (−7.18) |
| MOM | −0.003* (−2.76) | −0.003** (−2.33) | 0.001 (0.48) | −0.002 (−1.47) | −0.001 (−1.17) | −0.003** (−2.71) | −0.003* (−3.00) | −0.003* (−2.76) | 0.001 (0.69) |
| Disp | | −0.001* (−4.63) | | | | | | | −0.002* (−4.31) |

（续表）

| 解释变量 | 被解释变量：隔夜收益率 | | | | | | | | |
| --- | --- | --- | --- | --- | --- | --- | --- | --- | --- |
|  | (1) | (2) | (3) | (4) | (5) | (6) | (7) | (8) | (9) |
| INS |  |  | −0.008* (−2.88) |  |  |  |  |  | 0.010* (−2.83) |
| SENTI |  |  |  | −0.001 (−1.05) |  |  |  |  | 0.001 (−0.56) |
| Limit |  |  |  |  | −0.027*** (−1.73) |  |  |  | −0.069* (−3.18) |
| Turn |  |  |  |  |  | 0.002 (1.02) |  |  | 0.001 (0.59) |
| HB¹ |  |  |  |  |  |  | −0.006* (−6.20) |  | −0.004** (−2.43) |
| HB² |  |  |  |  |  |  |  | −0.001* (−5.84) | −0.008 (−1.33) |
| 截距项 | −0.068* (−5.52) | −0.061* (−4.89) | −0.064* (−5.00) | −0.055* (−4.70) | −0.046* (−4.16) | −0.08* (−6.69) | −0.067* (−6.03) | −0.066* (−5.53) | −0.055* (−3.90) |
| 样本量 | 336 138 | 335 990 | 275 315 | 266 962 | 275 901 | 336 138 | 335 914 | 334 704 | 196 811 |
| $R^2$ | 0.168 | 0.171 | 0.188 | 0.19 | 0.172 | 0.174 | 0.171 | 0.17 | 0.226 |

注：括号内为 $t$ 值；*、**、*** 分别表示在 1%、5%、10%的显著性水平下显著。

### 3.1.7　稳健性分析

第一,隔夜收益率受到美国股市影响吗?

根据张兵等(2010)的发现,中国股市在 2008 年金融危机后受到美国股市影响逐渐增强,但是我们看到,从危机最严重的 2009 年 3 月算起,道·琼斯指数已上涨了 4 倍,从最低 6 000 多点到了 25 000 点,可上证指数同期才上涨 1.5 倍,所以这种联动消失了。

第二,只用换手率作为意见分歧代理变量合适吗?

我们还运用了分析师预测值、超额换手率(换手率减去同期市场换手率)等变量,结果非常类似,受限于篇幅,本文未列出结果。①

第三,指数隔夜收益率的负收益可能是分红引起的吗?

我国股票价格指数的编制规则是当指数成分股除息(分红派息)时,指数不予修正,任其自然回落。分红日价格指数自然回落之后导致指数隔夜收益出现一定负向偏离。但是,因国内指数分红率大部分较低,年红利率不到 3%,实际上影响幅度比较有限,根据本文对境外主要市场的价格指数的日内收益和隔夜收益的观察结果,并不支持这种分析,所以排除了这个解释。

## 3.2　隔夜收益率决定全天的涨跌吗

前文讨论了不同属性的股票有不同的隔夜收益率,在讨论中几次谈及隔夜收益率对全天收益率有重要影响。那么隔夜收益率(当日开盘收益率)是如何影响全天收益率的呢? 采用指数回归,我们会发现影响系数是显著的正值,也就是说,指数层面是开盘价决定了全天收益率。

为了更深入研究,本文采用单变量分组,将隔夜收益率从低到高分为 10 组,看看日内收益率和全天收益率,图 3-6 给出了结果。我们看到,全天收益率更像是隔夜

---

① 结果可以联系作者获取。

收益率的熨平图形,可见隔夜收益率对全天收益率起决定性作用,并具有不对称性质。当开盘过低时,全天收益率还是负值,只是会涨回来一些;如果开盘很高,收盘价就会低一些。同时,这个图也说明 T+1 制度传递下跌,因为隔夜收益率通常为负,中国股市的牛短熊长可以得到部分解释。

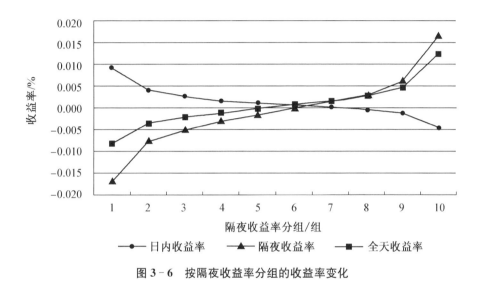

**图 3-6　按隔夜收益率分组的收益率变化**

本文采用线性回归进一步验证隔夜收益率和全天收益率之间的相关性,并加入控制变量市场风险因子($R_m - R_f$)、规模因子(SMB)、账面市值比因子(HML)。1993 年 4 月 1 日—1994 年 12 月 30 日,上证 A 股实行 T+0 交易制度,1993 年 4 月 1 日—1993 年 10 月 30 日,深证 A 股实行 T+1 交易制度,我们分 $D_t \times Treated = 0$ 和 $D_t \times Treated = 1$ 两种情况分别考察。在表 3-8 中,模型(3)和(5)是 $D_t \times Treated = 0$ 的情况,模型(4)~(6)是 $D_t \times Treated = 1$ 的情况。在模型(1)~(6)中,不论 $D_t \times Treated$ 为 0 还是 1,或者是否加入三因子,隔夜收益率的系数均显著为正,且在 1% 显著性水平下显著。这说明隔夜收益率和全天收益率之间有显著正相关关系;$D_t \times Treated$ 为 0 时隔夜收益率的系数(0.046)小于 $D_t \times Treated$ 为 1 时隔夜收益率的系数(0.404),验证了 T+1 交易制度加强了隔夜收益率和全天收益率之间的正相关关系。

表 3－8　全天收益率的影响因素

| 解释变量 | 被解释变量:总收益率 | | | | | |
|---|---|---|---|---|---|---|
| | (1) | (2) | (3) | (4) | (5) | (6) |
| Intercept | $-0.001^*$<br>$(-5.19)$ | $-0.001^*$<br>$(-4.26)$ | $-0.001^*$<br>$(-4.34)$ | $-0.003^*$<br>$(-4.57)$ | $-0.001^*$<br>$(-3.78)$ | $-0.001$<br>$(-1.62)$ |
| NON | $0.160^*$<br>$(25.24)$ | $0.189^*$<br>$(43.79)$ | $0.151^*$<br>$(23.23)$ | $0.507^*$<br>$(17.48)$ | $0.046^*$<br>$(6.67)$ | $0.404^*$<br>$(16.44)$ |
| $R_m - R_f$ | | $0.189^*$<br>$(43.79)$ | | | $0.178^*$<br>$(40.12)$ | $0.763^*$<br>$(40.55)$ |
| SMB | | $-0.023^{**}$<br>$(-2.73)$ | | | $-0.006$<br>$(-0.65)$ | $-0.126^*$<br>$(-7.10)$ |
| HML | | $-0.059^*$<br>$(-9.08)$ | | | $-0.052^*$<br>$(-7.63)$ | $-0.077^*$<br>$(-4.34)$ |

注:括号内为 $t$ 值;*、** 分别表示在 1％、5％的显著性水平下显著。

　　表 3－9 是 Fama-MacBeth 回归的结果,被解释变量是总收益率,加入的控制变量与模型(3)～(5)中的相同。模型(1)是基本模型,模型(2)～(9)逐一加入其他变量,而模型(9)则包含了所有控制变量。在模型(1)～(9)中,隔夜收益率(NON)的系数均为正,系数在 0.249～0.277 之间,$t$ 统计值均大于 14,在 1％显著性水平下显著,说明隔夜收益率(NON)与全天的总收益率(RET)存在显著的正相关关系。

表 3－9　全天收益率的 Fama-MacBeth 回归结果

被解释变量:总收益率/%

| 模　型 | (1) | (2) | (3) | (4) | (5) | (6) | (7) | (8) | (9) |
|---|---|---|---|---|---|---|---|---|---|
| NON | 0.271* (17.48) | 0.272* (17.55) | 0.249* (14.77) | 0.268* (17.25) | 0.277* (17.24) | 0.271* (17.55) | 0.269* (17.39) | 0.270* (17.45) | 0.259* (14.80) |
| LReturn | −0.008 (−0.97) | −0.009 (−1.11) | −0.022** (−2.17) | −0.021** (−2.61) | −0.019** (−2.36) | −0.004 (−0.55) | −0.004 (−0.48) | −0.009 (−1.07) | −0.017*** (−1.66) |
| Size | −0.005* (−3.55) | −0.007* (−5.59) | −0.009* (−6.05) | −0.005* (−3.59) | −0.005* (−3.69) | −0.005* (−3.88) | −0.005* (−3.94) | −0.005* (−3.73) | −0.011* (−7.16) |
| BM | 0.009** (2.14) | 0.014* (3.37) | 0.007 (1.22) | 0.002 (0.52) | 0.001 (0.30) | 0.009** (2.34) | 0.010** (2.42) | 0.009** (2.16) | 0.011 (1.52) |
| ILL | −0.002 (−0.73) | 0.000 (−0.12) | −0.009* (−4.13) | −0.001 (−0.30) | −0.001 (−0.62) | −0.002 (−0.74) | −0.002 (−0.92) | −0.002 (−0.89) | −0.008* (−3.14) |
| IVOL | −0.591* (−7.67) | −0.608* (−7.95) | −0.449* (−4.74) | −0.591* (−7.18) | −0.587* (−7.03) | −0.612* (−8.04) | −0.416* (−5.47) | −0.531* (−7.01) | −0.339* (−2.95) |
| lnPrice | 7.783* (5.08) | 4.967* (4.27) | 5.992* (3.65) | 8.166* (4.72) | 5.629* (5.48) | 7.562* (5.17) | 6.894* (4.36) | 6.982* (4.62) | 1.423 (1.30) |
| MOM | 0.010* (4.21) | 0.007* (3.24) | 0.003 (1.15) | 0.009* (3.59) | 0.010* (3.81) | 0.010* (4.24) | 0.009* (3.78) | 0.010* (4.29) | 0.002 (0.65) |
| Disp | | −0.533* (−8.89) | | | | | | | −0.322* (−4.23) |

（续表）

被解释变量:总收益率/%

| 模　型 | (1) | (2) | (3) | (4) | (5) | (6) | (7) | (8) | (9) |
|---|---|---|---|---|---|---|---|---|---|
| INS | | | 0.064*<br>(9.76) | | | | | | 0.057*<br>(7.82) |
| SENTI | | | | −0.008<br>(−0.50) | | | | | 0.013**<br>(2.66) |
| Limit | | | | | −0.025<br>(−0.58) | | | | −0.016<br>(−0.23) |
| Turn | | | | | | −0.003<br>(−0.78) | | | 0.003<br>(0.84) |
| HB$^1$ | | | | | | | −0.013*<br>(−5.99) | | −0.008**<br>(−1.99) |
| HB$^2$ | | | | | | | | −0.032*<br>(−8.29) | −0.008<br>(−1.14) |
| 截距项 | 0.125*<br>(3.87) | 0.192*<br>(5.85) | 0.220*<br>(6.10) | 0.124*<br>(3.84) | 0.134*<br>(4.04) | 0.135*<br>(4.29) | 0.128*<br>(3.98) | 0.131*<br>(4.04) | 0.265*<br>(7.10) |
| 样本量 | 330 587 | 330 441 | 270 454 | 262 649 | 271 666 | 330 587 | 330 565 | 329 178 | 193 731 |
| R-Squared | 0.169 | 0.178 | 0.181 | 0.176 | 0.170 | 0.178 | 0.175 | 0.172 | 0.222 |

注:括号内为 $t$ 值;*、**、*** 分别表示在 1%、5%和 10%的显著性水平下显著。

# 3.3　隔夜收益率的稳定性

至此,我们对隔夜收益率进行了全面的探究,但仍存在的一个重要问题是,隔夜收益率具有稳定性吗? 很多研究证实中国股市全天收益率的自相关性很弱,那么,隔夜收益率的情形如何呢? 本节将研究这个问题。我们首先检验个股的周隔夜收益率是否具有持续性。我们以除金融股以外的所有沪深 A 股作为研究对象,样本区间从1997 年 1 月至 2018 年 12 月。为避免新股及停牌的股票对于研究的干扰,我们删除了新股上市当月及之后两月的交易数据,并将整月没有交易数据的股票剔除出该月的研究样本。股票交易数据来自 Wind 数据库,开盘价和收盘价都根据公司的股利政策进行了调整。

## 3.3.1　周隔夜收益率的短期持续性

我们根据第 $W$ 周个股的隔夜收益率,将所有股票分为 10 组,计算各组合在 $W+$ 1 至 $W+5$ 周的平均周隔夜收益率,以考察周隔夜收益率的短期持续性。从表 3－10 中可以看出,周隔夜收益率保持了很强的持续性,第 $W$ 周周隔夜收益率最低的股票分组(第 1 组)在 $W+1$ 周依旧最低,平均周隔夜收益率为－1.080％,而第 $W$ 周周隔夜收益率最高的股票分组(第 10 组)在 $W+1$ 周也依旧最高,平均周隔夜收益率为0.045％,第 10 组与第 1 组的平均周隔夜收益率差异达到了 1.125％。$W+1$ 周的周隔夜收益率完全延续了之前一周的单调性。而在 $W+2$ 至 $W+5$ 周,这种单调性仍然比较明显,第 10 组与第 1 组的平均周隔夜收益率之差分别为 0.655％、0.519％、0.434％和 0.403％,虽然数值在逐渐减小,但是统计上均显著异于 0。表 3－10 的结果充分说明,隔夜收益率有着明显的短期持续性。

表 3 - 10　隔夜收益率的短期持续性

| 分　组 | 平均周隔夜收益率/% | | | | | |
|---|---|---|---|---|---|---|
| | W 周 | W+1 周 | W+2 周 | W+3 周 | W+4 周 | W+5 周 |
| 1(最低) | −4.680 | −1.080 | −0.868 | −0.793 | −0.744 | −0.716 |
| 2 | −2.322 | −0.602 | −0.556 | −0.523 | −0.507 | −0.487 |
| 3 | −1.542 | −0.441 | −0.429 | −0.431 | −0.414 | −0.409 |
| 4 | −1.010 | −0.363 | −0.363 | −0.355 | −0.350 | −0.349 |
| 5 | −0.571 | −0.297 | −0.297 | −0.306 | −0.311 | −0.311 |
| 6 | −0.167 | −0.228 | −0.253 | −0.271 | −0.280 | −0.284 |
| 7 | 0.253 | −0.195 | −0.218 | −0.235 | −0.246 | −0.252 |
| 8 | 0.749 | −0.157 | −0.189 | −0.220 | −0.231 | −0.232 |
| 9 | 1.476 | −0.151 | −0.205 | −0.207 | −0.213 | −0.231 |
| 10(最高) | 4.620 | 0.045 | −0.209 | −0.274 | −0.310 | −0.313 |
| 10−1 | 9.300* (87.34) | 1.125* (29.95) | 0.655* (25.89) | 0.519* (23.84) | 0.434* (21.51) | 0.403* (21.37) |

注:括号内为 $t$ 值;* 表示在 1% 的显著性水平下显著。

### 3.3.2　个股隔夜收益与总收益之间的关系

我们进一步考察个股隔夜收益与个股总收益(隔夜收益与日内收益之和)的关系,参照之前的方法,我们根据第 W 周个股的隔夜收益率,将所有股票分为 10 组,计算各组合在 W+1 至 W+5 周的平均等权周收益率,结果如表 3 - 11 所示。

表 3 - 11　周隔夜收益率对未来周收益率的影响

| 分　组 | 平均周收益率/% | | | | | |
|---|---|---|---|---|---|---|
| | W 周 | W+1 周 | W+2 周 | W+3 周 | W+4 周 | W+5 周 |
| 1(最低) | −1.866 | −0.132 | −0.050 | 0.006 | 0.034 | 0.075 |
| 2 | −0.728 | 0.146 | 0.079 | 0.116 | 0.105 | 0.110 |
| 3 | −0.515 | 0.182 | 0.114 | 0.130 | 0.119 | 0.110 |
| 4 | −0.347 | 0.193 | 0.144 | 0.121 | 0.139 | 0.133 |

（续表）

| 分　组 | 平均周收益率/% | | | | | |
| --- | --- | --- | --- | --- | --- | --- |
| | $W$ 周 | $W+1$ 周 | $W+2$ 周 | $W+3$ 周 | $W+4$ 周 | $W+5$ 周 |
| 5 | $-0.199$ | 0.209 | 0.153 | 0.133 | 0.126 | 0.138 |
| 6 | $-0.052$ | 0.191 | 0.169 | 0.139 | 0.113 | 0.128 |
| 7 | 0.179 | 0.160 | 0.144 | 0.130 | 0.128 | 0.115 |
| 8 | 0.474 | 0.144 | 0.165 | 0.129 | 0.122 | 0.097 |
| 9 | 0.940 | 0.082 | 0.117 | 0.107 | 0.113 | 0.074 |
| 10(最高) | 3.629 | 0.170 | 0.131 | 0.085 | 0.046 | 0.037 |
| 10−1 | 5.495* (48.91) | 0.302* (5.52) | 0.181* (4.52) | 0.079** (2.28) | 0.012 (0.34) | $-0.038$ (−1.20) |

注:括号内为 $t$ 值;*、** 分别表示在 1%、5%的显著性水平下显著。

从表 3-11 中我们可以看出,隔夜收益率与未来周收益率之间的关系与之前我们所看到的周隔夜收益率的持续性有所不同,在 $W+1$ 周,第 10 组与第 1 组间的平均周收益率差异为 0.302%,统计上也是显著为正,但是随着时间的推移,在 $W+2$ 至 $W+4$ 周,周收益率差异逐渐下降,分别为 0.181%、0.079%和 0.012%,而在 $W+5$ 周时,第 1 组的平均周收益率相较第 10 组高出 0.038%,说明随着滞后周数的增加,隔夜收益率与周收益率之间的关系发生了明显的反转,而高隔夜收益率所带来的收益反转现象更为显著。

在以周为周期考察了隔夜收益率所带来的反转现象后,我们再进一步考察以月为周期二者之间的关系,相对于以周而言的短期情形,结合我国股票市场波动率大、换手率高的特点,以月为周期进行研究也可以看作是对相对长期结果的研究。表 3-12 显示的是月隔夜收益率对未来月收益率的影响。可以看出,在把周期维度从周延伸至月时,隔夜收益率带来的收益反转现象也非常明显。在第 $T$ 月,按月隔夜收益率进行分组的投资组合收益呈明显的单调性,但是在 $T+1$ 月时,第 10 组的月收益率比第 1 组的月收益率平均低 0.29%。将第 10 组与其他几组进行对比,可以看出反转现象主要来自高隔夜收益率组合的收益反转,与表 3-11 的结果一致。

表 3 - 12　　月隔夜收益率对未来月收益率的影响

| 按月隔夜收益率分组 | 平均月收益率/% | |
|:---:|:---:|:---:|
| | $T$ 月 | $T+1$ 月 |
| 1(最低) | −1.450 | 1.153 |
| 2 | −0.022 | 1.518 |
| 3 | 0.221 | 1.594 |
| 4 | 0.425 | 1.469 |
| 5 | 0.607 | 1.535 |
| 6 | 0.940 | 1.526 |
| 7 | 1.162 | 1.400 |
| 8 | 1.685 | 1.351 |
| 9 | 2.764 | 1.231 |
| 10(最高) | 8.284 | 0.859 |
| 10−1 | 9.734*<br>(18.21) | −0.294<br>(−1.53) |

注:括号内为 $t$ 值;* 表示在 1% 的显著性水平下显著。

从表 3 - 11 和表 3 - 12 的研究中,我们主要考察的是投资组合的收益情况,为了更好地体现收益反转现象,我们进一步考察投资组合的异常收益。用如下的方程进行回归:

$$R_{pt}-R_{ft}=\alpha+\beta_1(R_{mt}-R_{ft})+\beta_2\mathrm{SMB}_t+\beta_3\mathrm{HML}_t+\beta_4\mathrm{MOM}_t+\varepsilon_t \qquad (3-6)$$

其中,$R_{pt}$ 代表投资组合在第 $T$ 月的收益;$R_{ft}$ 为第 $T$ 月的无风险收益率;$R_{mt}$ 为第 $T$ 月的市场组合收益;$\mathrm{SMB}_t$、$\mathrm{HML}_t$、$\mathrm{MOM}_t$ 分别为规模因子、账面市值比因子和动量因子,其中规模因子、账面市值比因子的计算方法与 Fama 和 French(1993)所使用的方法一致,动量因子的计算方法为 $T-12$ 月至 $T-2$ 月累计收益最高的 30% 股票的投资组合收益率减去最低的 30% 股票的投资组合收益率。通过回归,所得出的 $\alpha$ 即我们所要求的异常收益。Fong 和 Toh(2014)认为,投资者在情绪高涨时过度乐观的心态和赌博的态度会导致过度购买高收益的股票使其股价虚高,从而降低了未来的收益值。而从表 3 - 11 和表 3 - 12 的结果中同样可以看出,高隔夜收益率带来的收益反转现象更为明显,因此在本部分我们将主要研究这一现象。

　　表 3－13 反映的是按照隔夜收益率分组的第 10 组的回归结果。在第 $T$ 月,周隔夜收益率最高的投资组合的异常报酬率高达 6.63％,但在 $T＋1$ 月,异常报酬率降至 －0.50％,在统计上显著小于 0,体现了明显的反转现象。

**表 3－13　高隔夜收益率组的异常报酬**

| 按月隔夜收益率分组 | 第 10 组(最高) | |
| :---: | :---: | :---: |
| | $T$ 月 | $T＋1$ 月 |
| 截距项 | 0.066 3* (15.07) | －0.005 0* (－3.00) |
| $R_m － R_f$ | 1.273 0* (23.82) | 1.002 0* (49.57) |
| SMB | 1.003 0* (10.07) | 0.765 0* (20.33) |
| HML | －0.378 0** (－2.44) | －0.141 0** (－2.41) |
| MOM | 0.001 0 (0.01) | 0.017 0 (0.48) |

注:括号内为 $t$ 值; *、** 分别表示在 1％、5％的显著性水平下显著。

### 3.3.3　隔夜收益率与难于估值的企业

　　难于估值的企业是股票市场的晴雨表,当投资者情绪高涨时,乐观主义的投资者会非常偏好这类股票,因此在短期这类股票会保持热度,股价上升;而在长期,随着投资者逐渐回归理性,估值水平回落,泡沫挤破,相对于其他股票来说,这类股票的收益相对很低。如果隔夜收益率可以作为企业层面投资者情绪的代表,那么在难于估值的企业中,短期隔夜收益率的持续性应该更强。(Aboody,2018)在本文中,我们使用三种方法作为企业估值难度的代理变量,分别为收益波动性、市盈率和公司成立时间。第 $W$ 周股票的收益波动性即 $t－12$ 月至 $t－2$ 月该股票月收益的标准差,其中 $t$ 为第 $W$ 周所处的月份;第 $W$ 周的市盈率为第 $W$ 周前一季度末的公司市盈率。根据计算方法可以看出,收益波动性大的公司、市盈率低的公司、成立时间晚的公司,更难于对其进行估值。

在第 W 周,我们首先根据估值难度将所有股票样本分为 4 组,再在各组中按照周隔夜收益率分为 10 组,计算其中各组在 W+1 周的平均周隔夜收益率。计算结果如表 3-14 所示。可以看出,根据收益波动性、市盈率、公司成立时间对估值难度进行判断时,难于估值组平均 W+1 周的周隔夜收益率差值分别为 1.013%、1.219%、1.416%,在易于估值组中的差值分别为 0.830%、0.663% 和 1.058%,而且随着估值难度的变化,周隔夜收益率差值也表现出明显的单调性。将难于估值组和易于估值组进行对照可以看出,对于难于估值的公司,其周隔夜收益率的持续性表现得更加明显。

表 3-14　根据估值难度分组的短期隔夜收益率持续性

| 按估值难度分组 | 按周隔夜收益率分组 | W+1 周平均周隔夜收益率/% | | |
| --- | --- | --- | --- | --- |
| | | 收益波动性 | 市盈率 | 公司成立时间 |
| 1(难于估值组) | 1 | −1.330 | −1.468 | −1.093 |
| | 10 | −0.317 | −0.249 | 0.323 |
| | 10−1 | 1.013 | 1.219 | 1.416 |
| 2 | 1 | −1.073 | −1.112 | −1.138 |
| | 10 | −0.247 | −0.320 | −0.103 |
| | 10−1 | 0.826 | 0.792 | 1.035 |
| 3 | 1 | −0.937 | −0.906 | −1.098 |
| | 10 | −0.169 | −0.194 | −0.046 |
| | 10−1 | 0.768 | 0.712 | 1.052 |
| 4(易于估值组) | 1 | −0.903 | −0.733 | −1.198 |
| | 10 | −0.073 | −0.070 | −0.140 |
| | 10−1 | 0.830 | 0.663 | 1.058 |
| 4−1 | | −0.183* (−4.16) | −0.556* (−12.03) | −0.358* (−5.15) |

注:括号内为 t 值;* 表示在 1% 的显著性水平下显著。

对于难于估值的公司来说,如果隔夜收益率可以作为公司层面投资者情绪的衡量指标,由于投资者情绪对于难于估值公司股票推波助澜的作用,那么这类股票短期周隔夜收益率的持续性更强,而在长期的收益反转现象也应该更加明显。我们重点关注高隔夜收益率所带来的收益反转情况,与之前类似,我们也将构造 3 个月度层面的估值难度衡量指标,即收益波动性、市盈率和公司成立时间。第 $T$ 月股票的收益波动性即 $T-12$ 月至 $T-2$ 月该股票月收益的标准差,第 $T$ 月的市盈率为第 $T$ 月前一季度末的公司市盈率,收益波动性大的公司、市盈率低的公司、成立时间晚的公司相对而言更难于对其进行估值。通过采用与表 3 - 14 相类似的方法,我们根据估值难度将所有股票分为 4 组,来探究难于估值组的公司其收益反转现象是否更加显著。结果如表 3 - 15 所示,在使用收益波动性和市盈率作为估值难度的代理变量时,难于估值公司中月隔夜收益率最高的投资组合,下月的异常收益率分别为 $-0.99\%$ 和 $-1.08\%$,均在 1% 的显著性水平下异于 0,体现了非常明显的反转;而使用公司成立时间作为代理变量时,虽然下月的异常收益率并不显著为 0,但在符号上也依旧为负。这说明在难于估值的公司中,尤其是使用收益波动性和市盈率作为估值难度的代理变量时,收益反转现象更加明显。

表 3 - 15　难于估值组的长期收益反转

| 按月隔夜收益率分组 | 第 10 组(最高) | | |
| --- | --- | --- | --- |
| | 收益波动性 | 市盈率 | 公司成立时间 |
| 截距项 | $-0.0099^*$ <br> $(-4.59)$ | $-0.0108^*$ <br> $(-5.15)$ | $-0.0031$ <br> $(-1.30)$ |
| $R_m-R_f$ | $1.020^*$ <br> $(38.92)$ | $0.975^*$ <br> $(38.41)$ | $0.983^*$ <br> $(34.41)$ |
| SMB | $0.906^*$ <br> $(18.56)$ | $1.053^*$ <br> $(22.26)$ | $0.723^*$ <br> $(13.59)$ |
| HML | $-0.115$ <br> $(-1.52)$ | $-0.079$ <br> $(-1.07)$ | $-0.21^*$ <br> $(-3.88)$ |
| MOM | $0.104^{**}$ <br> $(2.32)$ | $-0.000$ <br> $(-0.00)$ | $0.034^{***}$ <br> $(1.91)$ |

注:括号内为 $t$ 值;$^*$、$^{**}$、$^{***}$ 分别表示在 1%、5%和 10%的显著性水平下显著。

# 3.4　本章小结

    通过本章的研究发现,T＋1 交易制度对不同属性股票的影响也不同,对投资者意见分歧更大,风险更高,个体投资者占比更高、套利限制高和流动性低的股票的影响更大,即这些属性的股票会有更大负值的开盘收益。本章还发现,T＋1 交易制度下隔夜收益率与全天收益率存在着显著的正向关系,全天收益率的走势在很大程度上受隔夜收益率影响。对隔夜收益率稳定性的研究发现,个股的隔夜收益率具有短期持续性和长期收益反转现象,而且对于难于估值的公司,这两种特性都表现得更为明显。

# 第 4 章　T＋1 交易制度下的资产定价模型

前面几章通过对 T＋1 交易制度下交易行为的理论分析以及对 A 股市场收益的实证检验发现,隔夜收益率现象与 T＋1 交易制度之间有着密切的联系。在 T＋1 交易制度下,中国沪深 A 股市场整体隔夜收益率为负的现象十分稳定、显著,并且低隔夜收益率的股票在未来往往会带来更高的收益。因此,本章将构造隔夜收益率因子用以反映 T＋1 交易制度对资产定价的影响。本章的行文结构如下:4.1 小节是 T＋1 交易制度、隔夜收益与整体收益,4.2 小节是 T＋1 交易制度下的定价模型构建,4.3 小节是因子模型解释能力的检验,4.4 小节是本章小结。

## 4.1　T＋1 交易制度、隔夜收益与整体收益

本章的目的是基于 A 股市场所实行的 T＋1 交易制度构建更适用于 A 股市场的资产定价模型。CAPM 模型、Fama-French 三因子模型、五因子模型在不同时期较好地解释了美国股票市场收益状况。但是中国 A 股市场交易制度与之并不相同,所以本章借助 T＋1 交易制度与收益之间的关系,构建新的 T＋1 交易制度下的资产定价模型,以期更好地反映 A 股市场的收益情况。

隔夜收益率现象在沪深 A 股市场整体上体现为隔夜收益率为负且在统计上显著,但是对于不同的股票而言,其隔夜收益率大小也是不甚相同。本章选取了 1997年 1 月至 2017 年 12 月剔除金融股后的沪深 A 股股票作为研究样本,同时为避免新股及停牌的股票对于研究的干扰,我们删除了新股上市当月的数据,并将整月没有交

易数据的股票剔除出该月的研究样本。①

Aboody 等(2018)提出了个股周隔夜收益率的计算方法,我们在 Aboody 等(2018)所使用方法的基础上,通过个股当月所有交易日的日隔夜收益率之和来计算个股的月隔夜收益率,用公式表示为:

$$R_{i,m}^{\text{Overnight}} = \sum_{t=1}^{n} R_{i,t}^{\text{Overnight}} \tag{4-1}$$

其中,$R_{i,t}^{\text{Overnight}}$ 代表股票 $i$ 在本月第 $t$ 个交易日的隔夜收益率;$n$ 代表该股票本月所有交易日的总天数。

由于本章使用对数方法计算各项收益率指标,因此我们通过对月内所有交易日的隔夜收益率直接加总,以充分反映个股在本月的总体开盘情况。此外,我们使用加总而没有使用均值进行计算,主要原因在于减小由股票短期停牌等事件造成的极端隔夜收益率值所带来的影响。

表 4-1 是中国沪深 A 股个股月隔夜收益率描述性统计,该描述性统计覆盖了从 1997 年 1 月至 2017 年 12 月的所有样本,其中每一指标显示的是每个横截面指标的时间序列均值。

表 4-1　沪深 A 股个股月隔夜收益率描述性统计

| 观测值 | 平均值 | 标准差 | 25％分位数 | 中位数 | 75％分位数 | 偏度 | 峰度 |
|---|---|---|---|---|---|---|---|
| 1 571 | −1.641％ | 0.054 | −4.562％ | −1.420％ | 1.427％ | −0.138 | 5.247 |

注:个股月隔夜收益率代表个股在该月所有交易日的日隔夜收益率之和。

虽然 A 股市场个股的平均月隔夜收益率为负,但是从表 4-1 中可以看出,月隔夜收益率在个股间仍有着较大的偏差,同时也具有负偏、"厚尾"现象。

不同股票之间隔夜收益率的不同,也应当反映在其整体收益中。例如,某只股票在一段时期内处于低隔夜收益率状态,说明其隔夜折价很大,在每个交易日的非交易时段投资者会承受更大的风险。因此我们猜想:隔夜收益率低的股票,说明其具有更高的非交易时段风险,而投资者对于高风险股票往往需要一定的风险补偿,因此投资

① 股票价格、月收益率等数据均来源于 Wind 数据库。

者对这类股票会寻求更高的收益率。

我们进一步考察使用隔夜收益率作为投资决策的标准是否是一个有效的投资策略。表 4-2 显示的是根据隔夜收益率所构建的投资组合的超额收益率。从表 4-2 中可以看出,如果我们根据上月个股的月隔夜收益率将所有股票分为 10 组,我们在月初买入隔夜收益率低的股票组合,卖出隔夜收益率高的股票组合,平均每月可以获得约 0.4％的收益,在经济上和统计上都比较显著;但是随着投资组合更新周期的加长,这种投资策略的有效性也将逐步下降。

表 4-2　根据隔夜收益率所构建的投资组合超额收益率

%

| 隔夜收益率 | 低 | 高 | 低—高 | $t$ 统计量 |
| --- | --- | --- | --- | --- |
| 每月构建投资组合 | 1.258 | 0.871 | 0.387 | 2.141[**] |
| 每两月构建投资组合 | 2.780 | 1.989 | 0.791 | 1.817[***] |
| 每季度构建投资组合 | 4.227 | 3.389 | 0.838 | 1.543 |

　　注:根据隔夜收益率所构建的投资组合收益情况,根据不同的时间周期计算个股的总体隔夜收益率,并根据指标将所有股票分为 10 组,计算下一周期中各投资组合的超额收益率以及买入低隔夜收益率组合、卖出高隔夜收益率组合的收益情况。[**]、[***] 分别代表在 5％、10％的显著性水平下显著。

表 4-2 体现了基于隔夜收益率的投资策略所带来的显著的超额收益,而为了进一步验证隔夜收益率现象在中国股票市场的存在性,我们参考 Fama 和 French(1993、2015)的研究方法,对隔夜收益率进行更深一步的探索。本章将所有的股票样本以其第 $t-1$ 年 12 月月末的权益账面价值与市场价值的比值和第 $t$ 年 6 月月末的流通市值规模作为划分账面市值比和规模的划分依据,对第 $t$ 年 7 月至第 $t+1$ 年 6 月期间的所有股票进行分组。同时,根据表 4-2 中所体现的基于隔夜收益率的投资组合收益特征,每月我们也将所有股票按照之前月度的月隔夜收益率进行分组,这样我们便得到了一个独立的 2×4×4 三维分组,各个组合的收益根据每只股票的流通市值进行加权,所得到的结果如表 4-3 所示。

**表 4-3　按规模、账面市值比和隔夜收益率进行分组的组合平均月度超额收益率**

%

| 账面币值比分组 | 隔夜收益率 | | | | | t 统计量 |
|---|---|---|---|---|---|---|
| | 低 | 2 | 3 | 高 | 低—高 | |
| 面板 A:基于小规模上市公司的分组 | | | | | | |
| 低 BM | 2.518 | 2.489 | 2.585 | 1.990 | 0.618 | 1.969** |
| 2 | 2.672 | 2.818 | 2.486 | 2.468 | 0.204 | 0.752 |
| 3 | 2.660 | 3.027 | 2.876 | 2.656 | 0.004 | 0.016 |
| 高 BM | 2.700 | 2.895 | 2.988 | 2.359 | 0.341 | 0.735 |
| 面板 B:基于大规模上市公司的分组 | | | | | | |
| 低 BM | 1.773 | 1.720 | 1.566 | 1.110 | 0.673 | 1.778*** |
| 2 | 1.555 | 1.470 | 1.682 | 1.227 | 0.279 | 1.074 |
| 3 | 2.046 | 2.101 | 1.973 | 1.123 | 0.923 | 2.812* |
| 高 BM | 2.126 | 1.728 | 1.625 | 1.389 | 0.737 | 2.185** |

注：*、**、*** 分别代表在 1%、5%、10%的显著性水平下显著。

从表 4-3 中可以看出,构建了规模、账面价值—市场价值比和隔夜收益率的 2×4×4 组合后,在相近的市值规模和账面市值比下,所有的低隔夜收益率的股票组合都会比高隔夜收益率的股票组合带来更高的收益,而且这种现象在大规模、高账面市值比的情况下尤为显著。例如,在大规模、账面市值比在中位数至 75% 分位数之间的组合中,低隔夜收益率组合的月收益比高隔夜收益率组合的月收益平均高出近 1%,年化收益超过了 11%,这说明 A 股市场个股间的隔夜收益率现象显著存在。

通过以上的分析我们可以看到,低隔夜收益率的股票往往在未来可以带来更高的收益,而这种现象的产生也与 A 股市场所实行的 T+1 交易制度密切相关。由于 T+1 交易制度影响了交易行为和股价的形成机制,隔夜收益率现象在 A 股市场显著存在,我们考虑将隔夜收益率也作为一个定价因子,进一步完善中国 A 股市场的资产定价模型。本章先以 Fama 和 French 所构造的三因子模型作为构建基础,再考虑隔夜收益率现象,以期得到更完善、准确的中国 A 股市场的资产定价模型。

## 4.2　T＋1 交易制度下的定价模型构建

在定价模型构建方面,最早由 Sharpe 在均值—方差分析框架下提出资本资产定价模型(CAPM)。Banz(1981)研究发现,美国股票市场的股票收益与企业规模之间存在显著的负相关性;Basu(1983)发现,股票收益与市盈率的倒数正向相关;Fama 和 French(1993)将企业规模和账面市值比加入因子定价模型中,正式形成了 Fama-French 三因子模型。之后其他学者也发现,股票收益与企业盈利能力(Novy-Marx,2013)和投资水平(Abaroni et al. , 2013)也有很强的关联,Fama 和 French(2015)在三因子模型的基础上加入盈利能力和投资水平,形成了五因子模型。

本章在 Fama-French 三因子模型的基础上构建 T＋1 交易制度下的资产定价模型。原有的三因子模型由 3 个与股票市场资产定价有关的因子组成,分别为市场风险因子、规模因子和账面市值比因子,分别用 MKT、SMB 和 HML 表示。市场风险因子主要衡量个股所面临的市场系统性风险,由市场投资组合风险溢价计算可得,在本章中使用上证指数月收益率减去无风险利率(1 年期定期存款利率)来衡量;规模因子和账面市值比因子分别表示小规模股票收益率减去大规模股票收益率和高账面市值比股票收益率减去低账面市值比股票收益率的差值。

根据之前所提出的 T＋1 交易制度下的隔夜收益率现象,沪深 A 股整体上隔夜收益率显著为负,但是个股之间的隔夜收益率有着很大的差异,而且低隔夜收益率的股票在未来往往会带来更高的收益,因此隔夜收益率因子可以提供显著的、独特的信息,对于解释股票收益有着重要的作用。我们将在原有三因子模型的基础上再增加隔夜收益率因子作为隔夜收益率现象的替代,由低隔夜收益率的股票收益率减去高隔夜收益率的股票收益率来衡量,新加入的隔夜收益率因子用 OR 来表示。

参照 Fama 和 French(1993、2015)、李志冰(2017)所使用的因子构造和计算方法,我们采用如表 4 - 4 所示的方法来构造规模(Size)因子、账面市值比(BM)因子和隔夜收益率(OR)因子。

表 4-4    因子计算方法的说明

| 分组 | 断点选择 | 因子计算方法 |
|---|---|---|
| 2×3<br>Size-BM<br>Size-OR | Size:中位点<br>BM:三等分点<br>OR:三等分点 | SMB=(SH+SM+SL+SHOR+SMOR+SLOR)÷6-<br>(BH+BM+BL+BHOR+BMOR+BLOR)÷6 |
|  |  | HML=(SH+BH)÷2-(SL+BL)÷2 |
|  |  | OR=(SLOR+BLOR)÷2-(SHOR+BHOR)÷2 |
| 2×2<br>Size-BM<br>Size-OR | Size:中位点<br>BM:中位点<br>OR:中位点 | SMB=(SH+SL+SHOR+SLOR)÷4-(BH+BL+<br>BHOR+BLOR)÷4 |
|  |  | HML=(SH+BH)÷2-(SL+BL)÷2 |
|  |  | OR=(SLOR+BLOR)÷2-(SHOR+BHOR)÷2 |
| 2×2×2<br>Size-BM-OR | Size:中位点<br>BM:中位点<br>OR:中位点 | SMB=(SHHOR+SHLOR+SLHOR+SLLOR)÷4-<br>(BHHOR+BHLOR+BLHOR+BLLOR)÷4<br>HML=(SHHOR+SHLOR+BHHOR+BHLOR)÷4-<br>(SLHOR+SLLOR+BLHOR+BLLOR)÷4<br>OR=(SHLOR+SLLOR+BHLOR+BLLOR)÷4-<br>(SHHOR+SLHOR+BHHOR+BLHOR)÷4 |

参照 Fama 和 French(1993、2015)所使用的方法,以第 $t-1$ 年第 12 月月末的账面市值比以及第 $t$ 年 6 月月末的流通市值为依据,作为账面市值比和规模的分组指标,对第 $t$ 年 7 月至第 $t+1$ 年 6 月期间的所有股票进行分组,同时每月根据上月股票的隔夜收益率的高低进行分组。以 2×3 因子构造为例,我们根据流通市值规模的中位数将所有股票分为两组,分别为大规模企业(B 组)和小规模企业(S 组),根据账面价值—市场价值比的三等分点将所有股票分为 3 组,分别为高账面市值比(H 组)、中账面市值比(M 组)和低账面市值比(L 组),同样根据上月隔夜收益率的三等分点将所有股票分为 3 组,分别为高隔夜收益率(HOR 组)、中隔夜收益率(MOR 组)和低隔夜收益率(LOR 组)。在每个投资组合中,先计算其流通市值加权收益率,再根据这些投资组合的收益率计算各因子的数值。其他两种因子构造方法与 2×3 因子构造方法的区别在于,2×2 因子构造方法按照二维分法(规模—账面市值比、规模—隔夜收益率)共分成 8 个组合,而 2×2×2 方法按照三个维度进行分组,所得到的组合数也是 8 个。

表 4－5 显示的是各因子的计算结果。在规模、账面市值比和隔夜收益率这 3 个因子中,账面市值比因子相对并不显著差异于 0,与李志冰(2017)的计算结果基本一致,而其他两个因子在统计上都显著差异于 0。

**表 4－5　各因子的计算结果**

| 因　子 | 平均值/% | 标准差 | $t$　值 |
|---|---|---|---|
| 面板 A: 2×3 分组 | | | |
| MKT | 0.640 7 | 0.079 2 | 1.268 3 |
| SMB | 0.663 6 | 0.032 4 | 3.211 7* |
| HML | 0.197 5 | 0.028 0 | 1.106 3 |
| OR | 0.334 0 | 0.019 6 | 2.670 0* |
| 面板 B: 2×2 分组 | | | |
| MKT | 0.640 7 | 0.079 2 | 1.268 3 |
| SMB | 0.664 4 | 0.032 6 | 3.200 4* |
| HML | 0.216 9 | 0.020 0 | 1.629 8 |
| OR | 0.225 8 | 0.014 9 | 2.376 1** |
| 面板 C: 2×2×2 分组 | | | |
| MKT | 0.640 7 | 0.079 2 | 1.268 3 |
| SMB | 0.656 0 | 0.032 0 | 3.210 9* |
| HML | 0.234 7 | 0.020 7 | 1.775 1*** |
| OR | 0.230 8 | 0.014 7 | 2.454 0** |

注:*、**和***分别代表在 1%、5%和 10%的显著性水平下显著。

## 4.3　因子模型解释能力的检验

论及因子模型的解释能力,关键之处就在于考察收益中未能被因子模型解释的部分,即回归中截距项的大小和显著性。在本章中,我们分别以两种异象所组成的投资组合收益作为被解释变量,其一是经典的由企业规模和账面市值比构成的 5×5 收益矩阵,其二则是我们在之前所构造的规模、账面市值比和隔夜收益率组成的三重收益矩阵。由于账面市值比因子的计算结果相对并不显著异于 0,因此我们主要考察三种因子模型,即传统的 Fama-French 三因子模型、使用隔夜收益率因子替代账面市值比因子的三因子模型以及在三因子模型基础上加入隔夜收益率因子的四因子模型。检验过程可以表示为以下三个回归模型:

$$R_{pt} - R_{ft} = a + b\mathrm{MKT}_t + c\mathrm{SMB}_t + d\mathrm{HML}_t + \varepsilon_t \qquad (4-2)$$

$$R_{pt} - R_{ft} = a + b\mathrm{MKT}_t + c\mathrm{SMB}_t + d\mathrm{OR}_t + \varepsilon_t \qquad (4-3)$$

$$R_{pt} - R_{ft} = a + b\mathrm{MKT}_t + c\mathrm{SMB}_t + d\mathrm{HML}_t + e\mathrm{OR}_t + \varepsilon_t \qquad (4-4)$$

其中,$a$ 为截距项;$b,c,d,e$ 为模型中各定价因子的影响系数;$\varepsilon_t$ 为随机扰动项。

为检验因子模型对这些投资组合的联合解释能力,采用 GRS 统计量(Gibbons et al. , 1989)来衡量各因子模型的解释能力。GRS 统计量的计算公式如下:

$$\mathrm{GRS} = \frac{T-J-K}{J}(1+\mu'_K\Omega^{-1}\mu_K)^{-1}\hat{a}'\hat{\sum}^{-1}\hat{a} \qquad (4-5)$$

其中,$T$ 代表观测期数;$J$ 代表作为被解释变量的投资组合的个数;$K$ 代表因子个数;$a=(a^1,a^2,\cdots,a^J)'$;$\varepsilon_t=(\varepsilon_t^1,\varepsilon_t^2,\cdots,\varepsilon_t^J)'$;$\sum=(\varepsilon_t\varepsilon'_t)$;$\mu$ 代表由各因子的均值组成的一维向量。该统计量在原假设$(a^1=a^2=\cdots=a^J=0)$下服从自由度为$(J,T-J-K)$的 $F$ 分布。因此,GRS 统计量的值可以衡量因子定价模型的拟合程度,GRS 统计量的值越小,则无法拒绝原假设,即在该组回归中截距项为 0,因子定价模型的拟合程度更好。针对各因子模型计算的 GRS 统计量结果如表 4-6 所示。

表 4-6　因子模型的检验结果比较(1)

| 因子模型 | | 2×3 因子 | 2×2 因子 | 2×2×2 因子 |
|---|---|---|---|---|
| | | GRS | GRS | GRS |
| Size-BM 组合 | MKT SMB HML | 2.860 | 2.465 | 2.357 |
| | MKT SMB OR | 2.436 | 2.449 | 2.337 |
| | MKT SMB HML OR | 2.872 | 2.480 | 2.325 |
| Size-BM-OR 组合 | MKT SMB HML | 1.982 | 1.840 | 1.793 |
| | MKT SMB OR | 1.764 | 1.793 | 1.743 |
| | MKT SMB HML OR | 1.947 | 1.802 | 1.743 |

通过观察表 4－6 中的计算结果,我们可以看到,2×2×2 因子构建方法下所构建的因子定价模型的解释能力比其他两种方法更好,而使用由市场风险溢价、规模和隔夜收益率所组成的三因子模型,相对于其他两种模型计算出的 GRS 统计量往往更低,说明该模型对于这些投资组合的解释能力最强。

为了进一步检验使用 2×2×2 因子构建方法所构建的因子定价模型的解释能力,我们继续考察其他几个衡量模型解释能力的指标(Fama 和 French, 2015)。

(1) $A|a_i|$,代表回归模型中截距项绝对值的均值;

(2) $A|a_i|/A|\bar{r}_i|$,其中 $\bar{r}_i$ 代表投资组合 $i$ 的收益率减去所有投资组合的平均收益率,$A|\bar{r}_i|$ 代表其绝对值的均值;

(3) $A|(a_i)^2|/A|(\bar{r}_i)^2|$,其中 $a_i$ 和 $\bar{r}_i$ 的意义同上。结果如表 4－7 所示。

表 4－7　因子模型的检验结果比较(2)

| 因子模型 | | $A|a_i|$ | $A|a_i|/A|\bar{r}_i|$ | $A|(a_i)^2|/A|(\bar{r}_i)^2|$ |
|---|---|---|---|---|
| Size-BM 组合 | MKT SMB HML | 0.009 2 | 1.863 | 2.677 |
| | MKT SMB OR | 0.008 4 | 1.701 | 2.302 |
| | MKT SMB HML OR | 0.008 7 | 1.762 | 2.407 |
| Size-BM-OR 组合 | MKT SMB HML | 0.008 9 | 1.740 | 2.568 |
| | MKT SMB OR | 0.008 1 | 1.591 | 2.182 |
| | MKT SMB HML OR | 0.008 4 | 1.642 | 2.285 |

注:本表中所检验的因子模型均通过 2×2×2 因子构建方法所构建。

从表 4－7 中可以看出,这三种衡量标准都证明,使用隔夜收益率因子代替账面市值比因子,由 2×2×2 因子构建方法所构建的三因子模型相比于原有的 Fama-French 三因子模型,对中国 A 股市场股票收益的解释能力更强。

而自 Fama 和 French(2015)提出五因子模型以来,学者们对五因子模型在中国股票市场的适用性进行了探究,但没有得出一致的结论。赵胜民等(2016)认为,盈利能力因子和投资风格因子在中国股票市场是冗余变量,三因子模型好于五因子模型;而李志冰等(2017)检验发现,五因子模型在 A 股市场的解释能力优于三因子模型。

本章进一步比较了隔夜收益率因子的三因子模型与五因子模型的解释能力。参照李志冰等(2017)以及本章表 4－4 中所使用的因子计算方法,以第 $t-1$ 年 12 月月末的账面市值比、第 $t$ 年 6 月月末的流通市值、第 $t-1$ 年 12 月月末的营业利润/股东权益合计、第 $t-1$ 年年末相对于第 $t-2$ 年年末的总资产增长率为依据,作为账面市值比、规模、盈利能力、投资风格的分组指标,对第 $t$ 年 7 月至第 $t+1$ 年 6 月期间的所有股票进行分组,采用 2×3、2×2、2×2×2×2 三种方法计算各因子,而市场风险溢价的计算方法与 4.2 节中的计算方法相同。检验结果如表 4－8 所示。

表 4－8　Fama-French 五因子模型解释能力的检验结果

| 五因子模型 | | GRS | $A\lvert a_i\rvert$ | $A\lvert a_i\rvert/A\lvert\bar{r}_i\rvert$ | $A\lvert(a_i)^2\rvert/A\lvert(\bar{r}_i)^2\rvert$ |
|---|---|---|---|---|---|
| Size-BM 组合 | 2×3 分组 | 2.698 | 0.009 7 | 1.971 | 2.945 |
| | 2×2 分组 | 2.749 | 0.010 2 | 2.078 | 3.242 |
| | 2×2×2×2 分组 | 2.629 | 0.010 6 | 2.160 | 3.489 |
| Size-BM-OR 组合 | 2×3 分组 | 2.019 | 0.009 4 | 1.837 | 2.816 |
| | 2×2 分组 | 1.986 | 0.009 9 | 1.928 | 3.102 |
| | 2×2×2×2 分组 | 2.127 | 0.010 2 | 1.987 | 3.285 |

将表 4－8 中的结果与表 4－6、表 4－7 相对照可以看出,由 2×2×2 因子构建方法所构建的由市场风险溢价、规模和隔夜收益率所组成的三因子模型相比于 Fama-French 五因子模型,对 A 股市场收益有着更强的解释能力。

## 4.4　本章小结

通过本章的研究发现,隔夜收益率现象与 T＋1 交易制度之间有着密切的联系。在 T＋1 交易制度下,沪深 A 股市场整体隔夜收益率为负的现象十分稳定和显著,并且低隔夜收益率的股票在未来往往带来更高的收益。

Fama-French 三因子模型以美国股票市场的异象为起点,但是由于中美交易制度、市场环境等多方面的巨大差别,使得该模型在 A 股市场的表现并不完美,例如,独特的 T＋1 交易制度和隔夜收益率现象中所蕴含的信息就并未考虑在其中。在充分考虑 T＋1 交易制度的条件下,我们在 Fama-French 三因子模型的基础之上,使用隔夜收益率因子代替账面市值比因子,新得到的三因子模型相对于原有的三因子模型对中国沪深 A 股市场有着更强的解释能力,经过进一步检验发现,其相对于 Fama-French 五因子模型也有着更强的解释能力。通过将隔夜收益率因子纳入定价模型中,本章提出的 T＋1 交易制度下的三因子模型对 A 股市场的解释能力更强,也更符合 A 股市场的实际情况。

# 第 5 章　T+1 交易制度的再认识：卖出期权视角

前文证实了 T+1 交易机制正是隔夜收益率为负的直接原因。本章将论证 T+1 交易制度实质上是卖出期权的制度安排。通俗解释如下：假设隔夜新消息对于隔夜收益率贡献的期望为 0，尽管在昨天收盘和今天开盘时买入的成本相同，但是由于 T+1 交易机制，昨天收盘买入较今天开盘买入多了一个今天可以卖出的权利（对于昨天收盘的买入来说，今天已经是 T+1 日；而对于今天开盘的买入，今天是 T+0 日）。如果昨天的收盘价和今天的开盘价相同，那么投资者便毫无风险地得到今天卖出的权利。投资者为了得到这个权利就必须付出成本，因此昨天的收盘价也就必须高于今天的开盘价（昨收和今开的价差就是我们获得今天能够卖出这个权力所付出的成本），这就造成了隔夜的负收益率。换而言之，在隔夜新消息对于隔夜收益率贡献的期望为 0 的假设下，昨收盘和今开盘之间的价差就是为了获得今天能够卖出的权利所付出的成本。由于为了获得这个权利所付出成本的期望为正，因此隔夜收益率的期望必然为负。本章的行文结构如下：5.1 小节是 T+1 交易制度下股价中的隐含期权价值，5.2 小节是一个例子说明：AH 股隔夜溢价问题，5.3 小节是本章小结。

## 5.1　T+1 交易制度下股价中的隐含期权价值

在采用 T+1 交易制度的股票市场，投资者当日买入的股票最快要到次日开盘时刻才能出售。T+1 的交易机制相当于给股市交易加了一个锁，这个锁直到第二天开盘时才打开。在买卖不对称以及持仓风险时变的情况下，要使得投资者在当日更早些时候买入股票则应当给予其适当的激励，折价买入以提高交易的积极性。在这种情况下，T+1 交易机制实际上是迫使投资者放弃当日卖出的权利而获得次日卖出的机会。投资者放弃当日卖出的权利而获得次日卖出的机会,有两重含义:其一,投资者放弃当日卖出的权利意味着需要给予投资者补偿。其二,由于投资者买入资产担心的便是未来资产价格下跌造成损失,而看跌期权可以将资产未来出售的价格锁定以减小损失。在 T＋1 交易机制下,投资者第二天的卖出机会等价于投资者获得了一个期权费为 $c$ 单位的看跌期权。在这种情况下,期权费 $c$ 就相当于证券资产出售方让渡的价值,也是给予证券资产买入方的折扣,所以要从股价中减去。

那么股价中这一部分隐含期权价值在日内不同交易时点上是一致的吗? 答案显然是否定的。可以想象由于 T＋1 交易制度的限制卖出约束,想要买入证券资产的投资者在一天的不同时点上面临着不同的风险,开盘时刻买入证券资产所面临的风险最大,而收盘时刻所面临的风险最小。这一风险的时变特征和期权价值随着时间衰减的特征完全一致。为了直观地展示股价中的隐含期权价值的时变特征,我们利用 2005—2019 年上证指数日内高频数据绘制了不同日内不同时点上大盘指数的平均水平。从图 5－1 中可以看出,平均而言在开盘 9:30 时刻,大盘指数处于一天中的最低点,而随着交易时间的推移和指数价格的逐渐上升,直到下午 15:00 收盘时刻达到最大值。

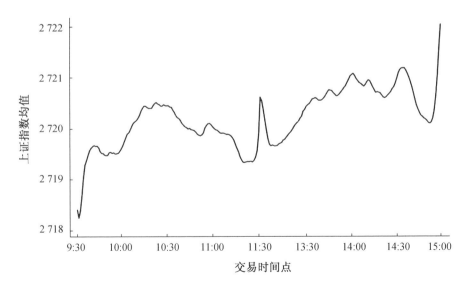

**图 5－1　2005—2019 年日内不同交易时点的平均上证指数点位水平**

为什么指数呈现出这样的日内走势特征呢？这就是因为 T＋1 交易制度将股票资产转换成了一个区间为 1 天的看跌期权，而这个期权的价值会随着到期时间的来临逐渐趋于 0。这也就是我们提出的 T＋1 交易制度下股价中包含隐含期权价值的理论。

## 5.2　一个例子说明：AH 股隔夜溢价问题

为了更加客观地验证 T＋1 交易制度下股价中的隐含期权价值，我们将通过一个具体的例子进行实证检验。我们都知道由于历史政策遗留问题，中国大陆和香港分别采用不同的政治制度。香港的股市和大陆的股市也对应地实行不同的交易制度，香港股市自成立以来采用的便是 T＋0 交易制度，而大陆股市目前采用的则是 T＋1 交易制度。笔者所提出的股价中的隐含期权价值仅存在于 T＋1 交易制度下的股票市场。那么我们是否可以用同时在 A 股市场和港股市场上市的公司进行比较分析来检验 T＋1 交易制度下证券资产价格中的隐含期权价值呢？特别是比较两种不同交易制度下相同上市主体的隔夜收益率差异，第 2 章中利用 AH 股交叉上市的股票的对照分析，得到 T＋1 交易制度造成负隔夜收益率，就 AH 股溢价问题，发现了一个与日内收益溢价现象相异的有趣现象，A 股相较于 H 股的隔夜收益存在折价，隔夜与日内呈现出完全反转的特征。从期权的视角来看，受 T＋1 交易制度影响的股票因为其隐含期权价值随着日内时间的推移而呈现出衰减性，其开盘价低于收盘价便会导致负隔夜收益率；而 T＋0 交易的股票则不存在这一典型的负隔夜收益率特征。基于这一点考虑，我们选择了 AH 交叉上市的股票来验证这一问题。下面将通过严谨的分析来论证笔者提出的这一观点。

### 5.2.1　理论推导与分析

借鉴 Scheinkman 和 Xiong(2003)的基本思想，笔者将通过价格分解从股票资产价格形成的角度考察相同标的两地上市的 AH 股隔夜收益率溢价问题。同时在 A 股和 H 股上市的企业的本体是相同的，但在两个不同交易市场中，上市公司股票的交易方式存在差异。例如，A 股主要采用 T＋1 的交易机制，而 H 股则实施 T＋0 的交易机制。T＋1 交易机制相当于给股市交易加了一个锁，这个锁直到第二天开盘时才打开。在投资者没有仓位的情况下，$t$ 日买入的股票最快只能在 $t＋1$ 日开盘卖出。Qiao et al. (2018)指出，在买卖不对称以及持仓风险时变的情况下，要使得投资者在当日更早些时候买入股票则应当给予其适当的激励，折价买入以提高交易的积极性。在这种情况下，T＋1 交易机制实际上是迫使投资者放弃当日卖出的权利而获得次日卖出的机会。在 T＋1 交易机制下，投资者第二天的卖出机会等价于投资者获得了一个期权费为 $c$ 单位的看跌期权。在这种情况下，期权费 $c$ 就相当于证券资产出售方让渡的价值，也是给予证券资产买入方的折扣，所以要从股价中减去。而在 T＋0 交易机制下的港股市场，投资者的买卖权利是完全对称的，投资者 $t$ 日的买入和卖出行为完全取决于投资者自身的决策而不受制度的约束。因此，港股市场的投资者在买入 H 股时并不会因为买卖权利的不对称性而获得市场的激励，其购入股票的价格更多是资产基本面价值的反映。基于这一分析，本章将股票对数价格分解为下述两个部分：

$$P_t^A = \tilde{f}_t^A - c_t + \varepsilon_t^A \tag{5-1}$$

$$P_t^H = \tilde{f}_t^H + \varepsilon_t^H \tag{5-2}$$

其中，$\tilde{f}_t$ 反映了股票资产的对数基本面价值，根据 Campbell 和 Shiller(1988)的研究，股票资产基本面的价值等价于上市企业未来股利(或产生现金流)的贴现。由于相同质地的企业在不同地区上市并不改变企业未来现金流的产生情况，那么 $\tilde{f}_t^A$ 与 $\tilde{f}_t^H$ 的差异主要体现在贴现的无风险利率上，香港市场的无风险利率要远远低于中国大陆，于是 $\tilde{f}_t^H \geq \tilde{f}_t^A$。$\varepsilon_t$ 反映了不同市场的噪音交易情况，假定服从对数标准正态分布。$c_t$ 则代表了 $t$ 时刻看跌期权的权利金，由布莱克-斯科尔斯-莫顿期权定价公式可知，$c_t$ 满足下述等式：

$$c_t = Ke^{-rT}N(-d_2) - S_0 N(-d_1) \tag{5-3}$$

$$d_1 = \frac{\ln(S_0/K) + (r + \sigma^2/2)T}{\sigma\sqrt{T}} \tag{5-4}$$

$$d_2 = \frac{\ln(S_0/K) + (r - \sigma^2/2)T}{\sigma\sqrt{T}} = d_1 - \sigma\sqrt{T} \qquad (5-5)$$

其中,$S_0$ 反映了 $t_0$ 时刻投资者购入的股票资产价格;$r$ 为连续复利的无风险利率;$T$ 为期权的期限;$\sigma^2$ 反映了该股票资产的波动率;$K$ 为该期权的执行价格。

在上述五类影响期权价值的因素中,$S_0$、$r$ 和 $T$ 均是客观给定的条件;$\sigma^2$ 取决于股票资产未来的波动情况,但实物及研究中通常以历史波动率近似代替;而 $K$ 则与投资者的预期判断有直接关联,不失一般性。$K$ 可以表示成如下函数形式:

$$K = E^i(P|\xi) = \eta^i \times S_0 \qquad (5-6)$$

其中,$E^i(P|\xi)$ 表示投资者在拥有的信息集下对标的资产未来的价格作出预期判断,而这一预期又可以表示成 $t_0$ 时刻投资者购入股票资产价格 $S_0$ 的比例倍数。$\eta^i \in R^+$ 反映了投资者在合约签订时心理的预期因子。$\eta^i > 1$ 表明投资者 $i$ 所要求的执行价格要高出初始价格;反之,$\eta^i < 1$ 则代表投资者 $i$ 所要求的执行价格要低于初始价格。将式(5-3)至(5-5)带入式(5-1)可得:

$$\begin{aligned} P_t^A &= \widetilde{f}_t^A + S_0\left(N\left(\frac{\ln(\eta^i) - (r + \sigma^2/2)T}{\sigma\sqrt{T}}\right) - \eta^i e^{-rT}N\left(\frac{\ln(\eta^i) - (r - \sigma^2/2)T}{\sigma\sqrt{T}}\right)\right) + \varepsilon_t^A \\ &= \widetilde{f}_t^A + S_0 \times \theta_t + \varepsilon_t^A \end{aligned} \qquad (5-7)$$

此时,由式(5-7)和式(5-2)做差可得 AH 股价格的差异如下:

$$P_t^A - P_t^H = \widetilde{f}_t^A - \widetilde{f}_t^H + S_0 \times \theta_t + \varepsilon_t^A - \varepsilon_t^H = (\widetilde{f}_t^A - \widetilde{f}_t^H) + (S_0 \times \theta_t) + \varepsilon_t \qquad (5-8)$$

其中,$\varepsilon_t$ 服从对数标准正态分布。

更进一步结合隔夜收益率计算公式,本章将 AH 股隔夜收益率的差异表示成如下等式:

$$\begin{aligned} \text{OvrtReturn}_t^{A-H} &= \ln\left(\frac{p_t^{A,\text{Open}}}{p_{t-1}^{A,\text{Close}}}\right) - \ln\left(\frac{p_t^{H,\text{Open}}}{p_{t-1}^{H,\text{Close}}}\right) \\ &\overset{P_t = \ln p_t}{=} (P_t^{A,\text{Open}} - P_{t-1}^{A,\text{Close}}) - (P_t^{H,\text{Open}} - P_{t-1}^{H,\text{Close}}) \\ &= (P_t^{A,\text{Open}} - P_t^{H,\text{Open}}) - (P_{t-1}^{A,\text{Close}} - P_{t-1}^{H,\text{Close}}) \end{aligned} \qquad (5-9)$$

将式(5-8)带入式(5-10)并整理可得:

$$\text{OvrtReturn}_t^{A-H} = (\widetilde{f}_t^{A,\text{Open}} - \widetilde{f}_t^{H,\text{Open}}) - (\widetilde{f}_t^{A,\text{Close}} - \widetilde{f}_t^{H,\text{Close}}) +$$

$$(S_0 \times \theta_t)^{\text{Open}} - (S_0 \times \theta_{t-1})^{\text{Close}} + \zeta_t \qquad (5-10)$$

其中，$\zeta_t = \varepsilon_t^{\text{Open}} - \varepsilon_{t-1}^{\text{Close}}$。鉴于相同的上市企业在日内的基本价值以及影响基本面价值大小的无风险利率近似相等，那么 AH 股基本面价值差异在开盘和收盘时近乎一致，即 $(\widetilde{f}_t^{A,\text{Open}} - \widetilde{f}_t^{H,\text{Open}}) - (\widetilde{f}_t^{A,\text{Close}} - \widetilde{f}_t^{H,\text{Close}}) \approx 0$。又在其他条件给定时，$S_0 \times \theta_t$ 在日内开盘时达到最大值，而随着收盘时间点的到来逐渐趋近于 0，因此，$c_t^{\text{open}} \equiv (S_0 \times \theta_t)^{\text{Open}} = \max\{S_0 \times \theta_t\}$，$c_t^{\text{Close}} \equiv S_0 \times \theta_t^{\text{Close}} \approx 0$，故可将式(5-10)简化为：

$$\text{OvrtReturn}_t^{A-H} = (S_0 \times \theta_t)^{\text{Open}} + \zeta_t \qquad (5-11)$$

其中，$\zeta_t$ 服从对数标准正态分布，可见 AH 股隔夜收益率的差异主要受标的资产的初始价格 $S_0$ 和 $\theta_t$ 的影响，而 $\theta_t$ 又是 $r$、$\sigma^2$、$T$ 以及 $\eta^i$ 的函数，因此可得如下形式：

$$\theta_t = N\left( \frac{\ln(\eta^i) - (r+\sigma^2/2)T}{\sigma\sqrt{T}} \right) - \eta^i e^{-rT} N\left( \frac{\ln(\eta^i) - (r-\sigma^2/2)T}{\sigma\sqrt{T}} \right) \qquad (5-12)$$

其中，开盘时的 $T$ 在期限比例化下等于 1。那么 AH 股隔夜收益的价差主要受到中国大陆市场的无风险利率 $r$、A 股资产的波动率 $\sigma^2$ 以及投资者的心理预期因子 $\eta^i$ 的影响，这些因素主要通过影响期权权利金从而对价差产生影响。

式(5-12)中，$\theta_t \leq 0$ 受到多种因素的影响，本章将通过数值模拟的方式观察 $\theta_t$ 随 $r$、$\sigma^2$ 以及 $\eta^i$ 变化而产生的变化情况。为了便于直观地观察 $\theta_t$ 与 $r$、$\sigma^2$ 以及 $\eta^i$ 三者间的关系，本章假定无风险利率 $r \in [0.01, 0.10]$，$\eta^i \in [0.90, 1.10]$ 限制了期权执行价在初始价格上下 10% 的幅度内浮动，这也符合中国涨跌停板制度下的特征。图 5-2 给出了 $r$、$\sigma^2$ 以及 $\eta^i$ 变动对 $\theta_t$ 影响的数值模拟情况。

由式(5-11)及模拟结果可以看出，在 $\theta_t \leq 0$ 的情况下，股票资产的初始价格 $S_0$ 越大，看跌期权的价值就越大，则 AH 股的隔夜收益价差 $\text{OvrtReturn}_t^{A-H}$ 就越小，A 股相较于 H 股的折价程度也就越大。因此，这里提出本章的推断 1：AH 股隔夜收益的价差与股票资产的初始价格有着反向关联性，初始价格越大的 A 股标的，其隔夜收益率相较于 H 股的折价(溢价)程度就越大(越小)。

此外，不论 $\eta^i$ 的取值如何变动，在给定 $r$ 的情况下，$\theta_t$ 与个股历史收益率的波动 $\sigma^2$ 成反比例关系，即历史波动越大的股票，其当期价格中的欧式看跌期权价值越大，市场为激励投资者购买所需要支付的权利金就越高,股价折价的程度也就越大。而由式(5-11)则可以看出,$\theta_t$ 与 OvrtReturn$_t^{A-H}$ 成正比例关系,在 $S_0$ 给定的时候,$\theta_t$ 越大 OvrtReturn$_t^{A-H}$ 越大。因此,股票资产的收益波动 $\sigma^2$ 的变化直接影响 AH 股隔夜收益率溢价的大小,在函数单调性的传递下,两者间呈现出反比例关系。据此,这里提出本章的推断 2:AH 股隔夜收益的价差与股票资产历史价格的波动间有着反向关联性,波动率越大的 A 股标的,其隔夜收益率相较于 H 股隔夜收益的折价(溢价)程度就越大(越小)。

此外,由式(5-12)和图 5-2 的数值模拟可见,在个股历史收益率波动 $\sigma^2$ 给定的情况下,$\theta_t$ 与市场中的无风险利率 $r$ 呈现出直观的正向关联性,无风险利率 $r$ 越大 $\theta_t$ 越大。由函数单调关系的传递性,也意味着中国 A 股市场的无风险利率 $r$ 对 AH 股的隔夜收益价差具有正向影响。但需要注意的是,图 5-2 中的数值模拟也显示出不同无风险利率 $r$ 下的 $\theta_t$ 的差异也会随着个股历史收益率波动 $\sigma^2$ 的增大而逐渐扩大,这意味着无风险利率与 AH 股隔夜收益价差间的关联性对股票资产的波动性较为敏感。基于上述分析,本章提出推断 3:AH 股隔夜收益价差与大陆资本市场无风险利率间具有正向关联性,市场无风险利率越高的时候,A 股隔夜收益相较于 H 股隔夜收益的溢价(折价)程度就越大(越小)。

进一步,式(5-12)和图 5-2 的数值模拟也揭示出,在股票资产的历史波动率 $\sigma^2$ 和无风险利率 $r$ 给定时,反映标的资产未来执行价格高低的 $\eta'$ 因子与 $\theta_t$ 之间具有反向关联性,$\eta'$ 越大 $\theta_t$ 越小。鉴于 $\theta_t$ 与 OvrtReturn$_t^{A-H}$ 间的正向关联性,在函数单调性传递的性质下,于是有 $\eta'$ 越大 OvrtReturn$_t^{A-H}$ 越小的结论。由于 $\eta'$ 因子越大表明投资者对股票资产的看涨信心越高,抱有更高的执行价格预期,期权合约中标的资产的执行价格正向偏离初始价格就越远。相反,$\eta'$ 越小则说明投资者对未来行情走势比较悲观,愿意接受更低的执行价格,期权合约中标的资产的执行价格就离初始价格越接近。因此,$\eta'$ 的大小直接反映了执行价格与签约时标的资产初始价格的偏离程度。基于上述分析,本章提出推断 4:AH 股隔夜收益价差与执行价格偏离度间具有反向关联性,执行价格偏离度越大时,A 股隔夜收益相较于 H 股隔夜收益的折价(溢价)程度就越大(越小)。

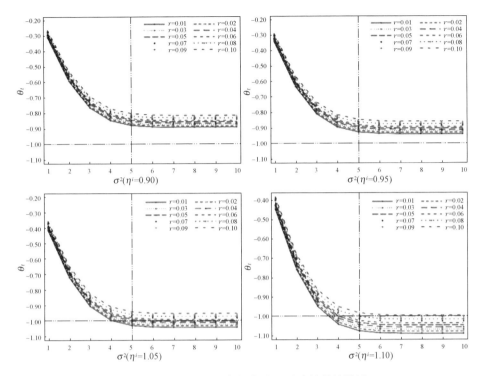

图 5-2  $r$、$\sigma^2$ 以及 $\eta^i$ 变动对 $\theta_t$ 影响的数值模拟

### 5.2.2  变量与数据

本章的研究对象主要为 2001 年 1 月至 2019 年 6 月在中国 A 股市场和香港股票市场同时上市的企业,在剔除 ST(PT)类企业后共计 98 家。实证研究中所使用到的行情数据、公司财务数据等主要来源于万德(Wind)金融数据库,投资者情绪数据来源于国泰安数据库,因子数据则来源于锐思数据库。本章的数据频率为周度,在删除无效数值和缺失严重的样本后,共计 46 155 行观测。此外,为了尽可能减轻异常值造成的影响,本章对数值型变量进行了首尾 1% 的缩尾处理。

1. 被解释变量

本章以 AH 股的隔夜收益率差作为被解释变量,反映了 A 股隔夜收益相较于 H 股溢价(折价)程度的大小。并且,隔夜收益的差值可以剔除相同因素的影响以重点突出两地市场交易制度的影响。Premium 数值正值越大,说明相同的上市公司在 A 股的隔夜收益溢价程度越高;反之,Premium 数值负值越大,则说明相同的上市公司在 A 股的隔夜收益折价程度越高。其具体计算如下:

$$\text{Premium}_{i,t} = \text{OvrtReturn}_{i,t}^{A} - \text{OvrtReturn}_{i,t}^{H} \qquad (5-13)$$

其中,两地市场隔夜收益率的计算与本书前述章节相同。

2. 解释变量

本章的核心解释变量主要有 A 股市场的个股开盘价格(Price)、个股收益率的历史波动率($\sigma^2$)、中国大陆资本市场的无风险利率($r$)以及 A 股类期权化后执行价格的偏离度($\eta$)等。其中,波动率指标以个股周内的日度收益率方差表示,大陆资本市场的无风险利率则以银行间短期(7 天)同业拆借利率作为代表,执行价格偏离度则以标的资产 $t+1$ 日开盘价与 $t$ 日开盘价的比值作为度量。执行价格偏离度的度量思想主要是考虑到投资者在大陆 A 股市场 $t$ 日开盘买入的股票资产,最早只能在 $t+1$ 日卖出(行权),因此 $t+1$ 日的开盘价与投资者买入时的初始价格的比值正是执行价格偏离度的反映。

3. 控制变量

为了尽可能保证前文推断检验的稳健性,本章参考已有的文献研究,并加入其他可能影响 AH 股隔夜收益率溢价的因素以控制 AH 股在需求弹性、信息获取、市场风险、流动性供给以及市场风格等情形下的差异,主要包括价值规模因素、风险和流动性因素、股东因素以及市场风格因素等(宋军和吴冲锋,2008;宋顺林等,2015;谭小芬等,2017)。其中,价值规模因素有 AH 股两地上市企业流通市值总和的对数(MV)和 A 股相对于 H 股的相对账面市值比(BM);风险和流动性因素有 A 股相对于 H 股的相对换手率(TO)、相对系统性风险(Beta)以及 Amihud(2002)的相对非流动性指标(ILL)等;股东因素主要为第一大股东的持股比例(Holdpct1);市场风格因素则主要考虑到两地市场的价值投资效应,以 Jegadeesh 和 Titman(1993)定义的动量因子(MOM)为代表,采用个股 $t$ 时刻前 11 个月的累计收益率计算,这里依然采用了 A 股相对于 H 股的动量风格指标。

表 5－1 给出了主要变量数值特征的描述性统计结果,可以看出,整个样本区间

内 AH 股隔夜收益率的平均价差达到了—0.91％,中位数为—0.84％,说明至少有一半样本企业在 A 股的隔夜收益率要低于 H 股隔夜收益率,长期以来 AH 股两地上市企业在隔夜收益率表现上均是 A 股较差。另外,以银行间 7 天同业拆借利率为代表的无风险利率在样本区间最低下行至 0.082 5％,最高则上行到了 0.581 8％,平均值与中位数相差较小分别为 0.253 6％、0.265 2％。个股价格在样本区间内的平均对数水平则维持在 2.717 3,中位数为 2.418 8,低于平均值 12.34％。更进一步可以看出,本章计算的控制指标中仅相对换手率的均值(中位数)大于 1,而其他相对指标的均值(中位数)均接近或低于 1 以下,说明相较于 H 股市场,A 股市场的换手率要更高、长期趋势(动量)投资收益更低,投机氛围更浓厚,但 A 股在市场流动性的充裕程度上则要优于 H 股市场,两市在系统性风险(Beta)表现上则较为接近。整体而言,控制因素所表现出的数值特征与两地市场基本特征较为一致。

表 5 - 1　变量的描述性统计结果(1)

| 变　量 | 平均值 | 标准差 | 最小值 | 中位数 | 最大值 |
|---|---|---|---|---|---|
| Premium | —0.009 1 | 0.036 8 | —0.510 6 | —0.008 4 | 0.499 8 |
| RF($\times 10^2$) | 0.253 6 | 0.078 7 | 0.082 5 | 0.265 2 | 0.581 8 |
| ETA | 1.001 7 | 0.048 8 | 0.635 4 | 1.000 0 | 1.574 8 |
| SIGMA | 0.021 3 | 0.014 4 | 0.000 1 | 0.017 6 | 0.198 3 |
| Price(Log) | 2.717 3 | 1.216 6 | 0.465 9 | 2.418 8 | 8.612 0 |
| HshareRatio | 0.209 2 | 0.114 6 | 0.046 6 | 0.187 0 | 0.633 6 |
| TO | 2.719 2 | 3.669 2 | 0.049 8 | 1.437 1 | 21.419 6 |
| ILL | 0.695 9 | 1.074 7 | 0.009 2 | 0.306 6 | 6.411 2 |
| MV(Log) | 3.170 9 | 2.357 9 | 0.186 9 | 2.673 3 | 10.397 1 |
| Beta | 0.989 6 | 1.543 2 | —6.112 4 | 0.797 6 | 8.721 9 |
| Holdpct1 | 1.109 0 | 0.389 3 | 0.922 0 | 1.000 0 | 3.538 6 |
| MOM | 0.427 5 | 4.457 6 | —22.002 5 | 0.448 7 | 19.493 3 |
| BM | 0.766 0 | 0.327 1 | 0.142 8 | 0.749 8 | 1.533 1 |

### 5.2.3　实证结果与分析

#### 1. 相关性分析

表 5-2 给出了样本变量的线性相关系数的估计结果,可以看出,就 AH 股的隔夜收益率价差而言,本章考察的大陆资本市场的无风险利率、A 股类期权化后执行价格的偏离度以及个股波动率、价格等因素均与其呈现出显著的线性相关性,其相关系数分别为 0.056 3($p<0.01$)、-0.077 3($p<0.01$)、-0.072 7($p<0.01$)和 -0.034 0($p<0.01$),这与本章前述的推断基本一致。考虑到其他控制因素间的关联性,本章发现大多数控制变量两两间也表现出不同程度的线性关联性,但其相关系数的绝对值均在 0.50 以下,说明后续的回归研究中同时纳入此类因素并不会产生严重的共线性问题进而导致结果的偏误。

表 5-2　相关性分析

| | 1 | 2 | 3 | 4 | 5 | 6 |
|---|---|---|---|---|---|---|
| 1. Premium | 1.000 0 | | | | | |
| 2. Price | -0.034 0* | 1.000 0 | | | | |
| 3. SIGMA | -0.072 7* | 0.092 3* | 1.000 0 | | | |
| 4. RF | 0.056 3* | 0.051 3* | -0.100 6* | 1.000 0 | | |
| 5. ETA | -0.077 3* | 0.041 7* | 0.036 8* | -0.035 8* | 1.000 0 | |
| 6. HshareRatio | 0.012 3* | 0.151 9* | -0.141 3* | 0.167 8* | 0.001 6 | 1.000 0 |
| 7. TO | 0.040 6* | 0.015 3* | 0.223 3* | -0.110 9* | 0.106 9* | -0.064 6* |
| 8. ILL | 0.008 8*** | -0.150 5* | -0.097 7* | 0.019 0* | -0.032 7* | 0.316 1* |
| 9. MarketValue | 0.016 9* | 0.033 4* | -0.001 5 | 0.146 5* | -0.004 6 | -0.412 8* |
| 10. Beta | 0.020 3* | -0.003 9 | 0.034 2* | 0.005 8 | -0.005 2 | -0.063 6* |
| 11. Holdpct1 | 0.003 5 | 0.343 0* | -0.020 3* | 0.032 4* | 0.002 2 | 0.099 5* |
| 12. MOM | 0.000 4 | 0.021 9* | 0.009 5** | -0.017 8* | -0.004 2 | 0.015 1* |
| 13. BM | 0.021 8* | 0.239 7* | -0.224 3* | 0.272 5* | -0.000 5 | 0.404 0* |

(续表)

| | 7 | 8 | 9 | 10 | 11 | 12 |
|---|---|---|---|---|---|---|
| 7. TO | 1.000 0 | | | | | |
| 8. ILL | −0.213 7* | 1.000 0 | | | | |
| 9. MarketValue | −0.059 8* | −0.321 3* | 1.000 0 | | | |
| 10. Beta | 0.077 3* | −0.070 7* | 0.029 1* | 1.000 0 | | |
| 11. Holdpct1 | 0.056 7* | −0.095 9* | 0.003 7 | −0.021 7* | 1.000 0 | |
| 12. MOM | 0.001 4 | −0.012 7* | 0.007 2 | 0.005 1 | 0.016 9* | 1.000 0 |
| 13. BM | −0.272 1* | 0.251 1* | −0.201 8* | −0.085 5* | 0.078 2* | 0.020 0* |

注：*、** 和 *** 分别代表相关系数估计值在 1％、5％和 10％的显著性水平下显著。

### 2. AH 股隔夜收益率差异性检验

本章分别从已实现历史收益率以及 Fama-French 五因子风险调整后的超额收益率的角度考察了不同年度 AH 股隔夜收益率差值及其显著性的分布情况，表 5−3 给出了相应的检验结果。由表 5−3 中的数值可以看出，样本中的 98 家两地上市的企业自 2001 年 1 月到 2019 年 6 月平均 AH 股的隔夜收益率差值为负值的比例高达 94.74％，其中在 1％或 5％的显著性水平下显著的比例更是高达 89.47％，仅 2006 年为正值但未能通过给定水平下的 t 检验。平均而言，样本期间内 98 家 AH 股同时上市企业的隔夜收益率差值在 1％的显著性水平下显著地维持在 −0.852 2％，且这一隔夜收益率差值在 A 股危机时期表现出更大的差异，2008 年、2015 年两者的差值分别达到了 −1.103 5％ 和 −1.659 4％，由危机年前后衍生各一年的平均差值也分别达到了 −1.147 5％ 和 −1.129 3％。

考虑到历史收益率包含了系统性风险成分，本章进一步计算了 Fama-French 五因子风险调整后的 AH 股隔夜超额收益率以检验前述结论的稳健性。同理可以看出，经过风险因子调整后的 AH 股隔夜超额收益率也长期保持着负值水平，样本期间内平均强度达到了 −0.906 1％，且显著性比例也高达 89.47％。风险调整后的超额收益率与历史收益率呈现出完全一致的结果，说明 A 股相较于 H 股而言，长期以来有着更低的隔夜收益率，这在排除因子风险后仍成立。

表 5‒3　AH 股隔夜收益率差值及其显著性检验　　　　　　　　　%

| 年　度 | 已实现收益率<br>（Return） | t 统计量 | FF5 风险调整后<br>收益率（Alpha） | t 统计量 |
|---|---|---|---|---|
| 2001 | −1.074 7* | −3.206 8 | −1.445 1* | −4.775 6 |
| 2002 | −0.252 3 | −0.524 0 | −0.252 0 | −0.976 0 |
| 2003 | −1.341 5* | −7.267 0 | −1.382 5* | −10.415 9 |
| 2004 | −1.239 8* | −8.555 0 | −1.329 1* | −10.727 3 |
| 2005 | −0.447 1** | −2.395 0 | −0.650 6* | −5.398 4 |
| 2006 | 0.143 9 | 0.634 8 | 0.228 2 | 1.495 2 |
| 2007 | −0.782 5* | −4.490 8 | −1.046 4* | −5.370 9 |
| 2008 | −1.103 5* | −5.374 5 | −0.621 7* | −3.612 6 |
| 2009 | −1.556 4* | −16.945 2 | −1.585 2* | −17.710 5 |
| 2010 | −1.001 4* | −13.404 3 | −1.070 8* | −18.608 9 |
| 2011 | −0.325 5* | −4.045 8 | −0.633 5* | −9.849 7 |
| 2012 | −0.504 8* | −6.322 0 | −0.697 1* | −12.849 0 |
| 2013 | −0.454 9* | −6.265 7 | −0.612 7* | −10.712 6 |
| 2014 | −0.581 5* | −9.274 3 | −0.520 2* | −9.790 2 |
| 2015 | −1.659 4* | −16.183 0 | −1.913 1* | −25.626 3 |
| 2016 | −1.148 9* | −18.853 4 | −1.087 7* | −19.056 1 |
| 2017 | −1.021 4* | −19.607 7 | −1.060 9* | −28.110 5 |
| 2018 | −1.067 5* | −17.319 0 | −1.043 2* | −25.355 6 |
| 2019 | −0.772 6* | −6.304 8 | −0.492 4*** | −1.737 3 |
| 平均值 | −0.852 2* | −32.970 8 | −0.906 1* | −53.778 3 |

注：为避免潜在的异方差和自相关影响，表中 t 统计量经过 Newey-West 调整；*、** 和 *** 分别代表在 1％、5％和 10％的显著性水平下显著。

3. AH 股隔夜收益率价差影响因素的资产组合检验

（1）单变量分组下的资产组合检验。本章首先采用单变量分组的资产组合检验考察了个股价格、波动率、无风险利率以及执行价格偏离度等因素对 AH 股隔夜收

益率差值的影响,表 5－4 给出了检验结果。由表 5－4 可见,随着股票价格、历史波
动率以及执行价格偏离度等分位数大小的上升,AH 股隔夜收益率差值呈现出较强
的下降趋势,即股票价格越高,波动率越大,执行价格偏离度越大。AH 股隔夜收益
率的差值负的程度越大,A 股相较于 H 股隔夜收益的折价程度越大,这与本章提出
的推断 1、推断 2 和推断 3 完全一致。通过投资策略组合,买入低价格(低波动率或
低执行价格偏离度)并同时卖出高价格(高波动率或高执行价格偏离度)的组合可实
现周均 0.26％、0.63％和 0.39％的收益率,在不考虑交易费用的情况下,年化收益率
分别达到了 13.52％、32.76％和 20.28％。但是,随着无风险利率分位组等级的上
升,AH 股隔夜收益率的差值则表现出完全相反的上升趋势,由无风险利率最低组的
－0.010 4 上升到－0.005 1,无风险利率分位组越大,AH 股隔夜收益率差值负的程
度越小,这一数值结果佐证了本章的推断 3。需要注意的是,在考虑五因子风险后,
上述结论推断依然成立,AH 股隔夜收益率差值仍然与股票价格、历史波动率、执行
价格偏离度之间呈现出显著的负向关联性,而与无风险利率呈现出显著的正向关
联性。

　　(2) 双变量分组下的资产组合检验。

　　① 个股价格与 AH 股隔夜收益差。本章更进一步控制了影响 AH 股隔夜收益
率差值的价值规模因素、风险和流动性因素、股东因素以及市场风格因素,采用双变
量分组下的资产组合检验考察了股票价格、历史波动率、无风险利率以及执行价格偏
离度四者对 AH 股隔夜收益价差影响的稳健性。表 5－5 给出了价格分组下的双变
量资产组合检验结果。由表 5－5 可见,在控制多种隔夜收益的影响因素后,AH 股
隔夜收益率差值仍然随着个股价格分位组的上升而逐渐扩大,价格分位组每上升一
个等级 AH 股隔夜收益率差值就下降 0.000 6 个单位①,A 股相对于 H 股隔夜收益
率折价的程度越大,多空策略组合下的收益率均在 1％的水平下显著,这一结果与表
5－4 中的第 1 和第 5 列呈现出的特征完全一致,凸显出价格影响的稳健性。

---

　　① 这里的下降幅度等于表中全部控制因素下 AH 股隔夜收益率差值降幅的平均水平。

表 5 - 4　影响因素分组下 AH 股隔夜收益率差值的资产组合检验

| 组别 | 已实现收益率(Return) | | | | FF5 风险调整后收益(Alpha) | | | |
|---|---|---|---|---|---|---|---|---|
| | Price | SIGMA | RF | ETA | Price | SIGMA | RF | ETA |
| 1(低) | -0.007 1 | -0.006 7 | -0.010 4 | -0.008 3 | -0.007 5 | -0.007 3 | -0.011 8 | -0.008 7 |
| 2 | -0.008 3 | -0.007 2 | -0.012 6 | -0.007 7 | -0.008 8 | -0.007 7 | -0.013 5 | -0.008 1 |
| 3 | -0.008 9 | -0.008 2 | -0.008 3 | -0.007 6 | -0.009 4 | -0.008 7 | -0.009 1 | -0.008 0 |
| 4 | -0.010 4 | -0.009 5 | -0.007 8 | -0.008 7 | -0.010 9 | -0.010 0 | -0.008 8 | -0.009 2 |
| 5(高) | -0.009 7 | -0.013 0 | -0.005 1 | -0.012 2 | -0.010 3 | -0.013 4 | -0.005 6 | -0.013 0 |
| 5-1<br>(高-低) | -0.002 6*<br>(-3.926 9) | -0.006 3*<br>(-10.869 9) | 0.005 3*<br>(9.009 9) | -0.003 9*<br>(-6.996 7) | -0.002 8*<br>(-5.228 4) | -0.006 1*<br>(-11.065 0) | 0.006 2*<br>(9.526 1) | -0.004 3*<br>(-7.490 5) |

注:括号内数值为参数估计值经 Newey-West 调整后的 t 统计量;* 代表在 1%的显著性水平下显著。

表 5 - 5　双变量分组下的资产组合检验:价格对 AH 股隔夜收益率差的影响

| 价格分组 | Holdpct1 | HshareRatio | TO | ILL | MV | Beta | MOM | BM |
|---|---|---|---|---|---|---|---|---|
| 1(低) | -0.007 5 | -0.007 0 | -0.007 4 | -0.007 8 | -0.007 3 | -0.007 3 | -0.007 4 | -0.007 4 |
| 2 | -0.008 1 | -0.009 4 | -0.009 4 | -0.008 8 | -0.008 9 | -0.009 2 | -0.009 3 | -0.009 1 |
| 3 | -0.009 2 | -0.009 5 | -0.009 0 | -0.008 9 | -0.009 6 | -0.009 1 | -0.008 7 | -0.008 6 |
| 4 | -0.010 0 | -0.010 1 | -0.009 9 | -0.010 2 | -0.010 0 | -0.010 1 | -0.010 3 | -0.010 1 |
| 5(高) | -0.010 0 | -0.009 8 | -0.009 7 | -0.009 5 | -0.009 5 | -0.009 6 | -0.009 7 | -0.010 5 |
| Return:5-1<br>(高-低) | -0.002 5*<br>(-3.833 9) | -0.002 8*<br>(-4.275 5) | -0.002 3*<br>(-3.463 2) | -0.001 8*<br>(-2.697 6) | -0.002 2*<br>(-3.362 4) | -0.002 3*<br>(-3.577 4) | -0.002 3*<br>(-3.689 3) | -0.003 0*<br>(-4.462 2) |
| FF5-Alpha:5-1<br>(高-低) | -0.002 7*<br>(-4.273 6) | -0.002 9*<br>(-4.581 4) | -0.002 5*<br>(-4.077 9) | -0.002 1*<br>(-3.222 3) | -0.002 4*<br>(-3.828 1) | -0.002 6*<br>(-4.125 0) | -0.002 7*<br>(-4.285 1) | -0.003 2*<br>(-4.811 6) |

注:括号内数值为参数估计值经 Newey-West 调整后的 t 统计量;* 代表在 1%的显著性水平下显著。

②波动率与 AH 股隔夜收益差。表 5-6 给出了波动率分组下的双变量资产组合检验结果，可以看出，在不同控制因素下，波动率分位组等级的上升伴随着 AH 股隔夜收益价差的下降。平均而言，波动率第一分位组下的 AH 股隔夜收益价差维持在−0.006 7 左右，而波动率第五分位组对应的这一数值却高达−0.013 5，在绝对数值上后者高出前者 101.88%。这一数值特征表明，波动率对 AH 股隔夜收益差的负向影响并不会影响其他因素的存在而发生改变。整体而言，与表 5-4 中的第 2、第 6 列呈现出的特征完全一致。

③无风险利率与 AH 股隔夜收益差。表 5-7 考察了中国大陆资本市场无风险利率与 AH 股隔夜收益率差值间的关联性，可以看出，表中第 2 至第 8 列在控制不同风险因素后，AH 股隔夜收益率差值与无风险利率呈现出不同程度的正向关联性。平均而言，按分位数五等分的无风险利率每上升一个等级，AH 股隔夜收益率差值就增加 0.000 4 个单位，多空策略组合的收益也均在 5% 和 1% 的水平下显著，这说明考虑风险因素的影响，中国大陆资本市场的无风险利率依然对 AH 股隔夜收益率价差有着显著的正向影响关系，无风险利率越高 A 股相较于 H 股的隔夜收益率折价程度越小，与表 5-4 中第 3、第 7 列的结果完全一致。

④执行价格偏离度与 AH 股隔夜收益差。同理，表 5-8 采用上述一致的检验方法检验了执行价格偏离度与 AH 股隔夜收益率价差间的关联性，结果显示出，同单变量资产组合中的结论一致。表 5-8 中在控制价值规模因素、风险和流动性因素、股东因素以及市场风格因素后，AH 股隔夜收益率差值与执行价格偏离度之间仍然呈现出显著的负向关联性，按分位数五等分的执行价格偏离度每增加一个等级，AH 股隔夜收益率的平均差值就下降 0.001 1 个单位，多空策略组合的收益也在较大的显著性水平下显著。整体而言，表 5-8 中的数值结果进一步验证了本章所提出的推断 4。

表 5－6　双变量分组下的资产组合检验：波动率对 AH 股隔夜收益差的影响

| 波动率分组 | Holdpct1 | HshareRatio | TO | ILL | MV | Beta | MOM | BM |
|---|---|---|---|---|---|---|---|---|
| 1(低) | −0.007 1 | −0.006 5 | −0.006 5 | −0.006 6 | −0.006 5 | −0.006 6 | −0.006 6 | −0.006 9 |
| 2 | −0.007 0 | −0.008 1 | −0.008 4 | −0.008 4 | −0.008 2 | −0.007 8 | −0.008 3 | −0.007 5 |
| 3 | −0.008 8 | −0.008 5 | −0.007 8 | −0.008 3 | −0.008 4 | −0.008 5 | −0.007 8 | −0.008 5 |
| 4 | −0.009 6 | −0.010 7 | −0.011 0 | −0.010 4 | −0.010 8 | −0.011 1 | −0.010 7 | −0.011 1 |
| 5(高) | −0.012 8 | −0.013 5 | −0.013 7 | −0.013 8 | −0.013 5 | −0.013 3 | −0.014 0 | −0.013 0 |
| Return:5−1<br>(高−低) | −0.005 7*<br>(−9.443 9) | −0.007 0*<br>(−11.168 7) | −0.007 2*<br>(−11.597 6) | −0.007 2*<br>(−11.306 3) | −0.007 0*<br>(−11.179 7) | −0.006 7*<br>(−10.823 3) | −0.007 4*<br>(−11.439 1) | −0.006 2*<br>(−9.964 9) |
| FF5-Alpha:5−1<br>(高−低) | −0.005 6*<br>(−9.123 8) | −0.007 0*<br>(−11.102 3) | −0.007 4*<br>(−11.863 2) | −0.007 2*<br>(−11.224 0) | −0.007 1*<br>(−11.197 4) | −0.006 9*<br>(−11.234 9) | −0.007 3*<br>(−11.325 5) | −0.006 3*<br>(−9.884 0) |

注:括号内数值为参数估计值经 Newey-West 调整后的 t 统计量；* 代表在 1%的显著性水平下显著。

表 5－7　双变量分组下的资产组合检验：无风险利率对 AH 股隔夜收益差的影响

| 无风险利率分组 | Holdpct1 | HshareRatio | TO | ILL | MV | Beta | MOM | BM |
|---|---|---|---|---|---|---|---|---|
| 1(低) | −0.009 2 | −0.009 5 | −0.008 8 | −0.009 1 | −0.009 3 | −0.008 7 | −0.008 8 | −0.009 5 |
| 2 | −0.007 4 | −0.007 2 | −0.008 4 | −0.007 9 | −0.007 6 | −0.008 5 | −0.008 2 | −0.007 0 |
| 3 | −0.010 9 | −0.010 4 | −0.010 1 | −0.010 6 | −0.010 4 | −0.009 8 | −0.010 0 | −0.010 7 |
| 4 | −0.008 9 | −0.009 2 | −0.009 1 | −0.008 8 | −0.009 1 | −0.009 5 | −0.009 0 | −0.009 2 |
| 5(高) | −0.007 4 | −0.007 7 | −0.007 5 | −0.007 6 | −0.007 6 | −0.007 6 | −0.008 0 | −0.007 5 |
| Return:5−1<br>(高−低) | 0.001 8*<br>(3.011 2) | 0.001 8*<br>(3.138 1) | 0.001 3**<br>(2.145 1) | 0.001 5**<br>(2.507 9) | 0.001 7*<br>(2.850 0) | 0.001 1*<br>(2.812 8) | 0.000 8**<br>(2.406 0) | 0.001 9*<br>(3.307 7) |
| FF5-Alpha:5−1<br>(高−低) | 0.002 0*<br>(3.450 1) | 0.002 1*<br>(3.630 9) | 0.001 9*<br>(3.154 1) | 0.001 6*<br>(2.662 3) | 0.001 9*<br>(3.281 9) | 0.001 3**<br>(2.156 1) | 0.000 9***<br>(1.981 7) | 0.002 3*<br>(3.823 3) |

注:括号内数值为参数估计值经 Newey-West 调整后的 t 统计量；*、**、*** 分别代表在 1%、5%、10%的显著性水平下显著。

表 5－8　双变量分组下的资产组合检验：执行价格偏离度对 AH 股收益差的影响

| 执行价格偏离度分组 | Holdpct1 | HshareRatio | TO | ILL | MV | beta | MOM | BM |
|---|---|---|---|---|---|---|---|---|
| 1(低) | −0.008 4 | −0.007 5 | −0.007 8 | −0.008 0 | −0.007 8 | −0.007 8 | −0.007 8 | −0.007 6 |
| 2 | −0.007 4 | −0.008 3 | −0.008 3 | −0.008 3 | −0.008 3 | −0.008 4 | −0.008 2 | −0.008 3 |
| 3 | −0.008 1 | −0.008 3 | −0.008 0 | −0.007 9 | −0.008 1 | −0.008 0 | −0.007 6 | −0.008 3 |
| 4 | −0.008 9 | −0.010 0 | −0.009 8 | −0.009 7 | −0.009 6 | −0.009 8 | −0.010 1 | −0.010 0 |
| 5(高) | −0.012 2 | −0.012 3 | −0.012 2 | −0.012 3 | −0.012 5 | −0.012 4 | −0.012 6 | −0.012 2 |
| Return 5−1 (高−低) | −0.003 9* (−6.910 5) | −0.004 8* (−8.292 7) | −0.004 4* (−7.677 7) | −0.004 3* (−7.491 0) | −0.004 7* (−8.110 6) | −0.004 6* (−7.896 1) | −0.004 7* (−8.211 9) | −0.004 5* (−7.936 3) |
| FF5-Alpha 5−1 (高−低) | −0.004 3* (−7.332 9) | −0.005 3* (−8.644 2) | −0.004 9* (−8.070 8) | −0.004 8* (−7.832 2) | −0.005 4* (−8.780 9) | −0.005 1* (−8.223 9) | −0.005 3* (−8.495 7) | −0.005 1* (−8.191 7) |

注：括号内数值为参数估计值经 Newey-West 调整后的 $t$ 统计量；*代表在 1%的显著性水平下显著。

4. AH 隔夜收益率价差影响因素的回归分析

考虑到前述资产组合检验只能控制一种或两种影响隔夜收益的风险因素,本章继续采用回归分析方法,在同时控制 AH 股的价值规模因素、风险和流动性因素、股东因素及市场风格等因素后,考察了股票价格、历史波动率、无风险利率及执行价格偏离度四大因素对 AH 股隔夜收益率价差的影响。其检验模型设定如下:

$$Premium_{i,t+1} = \alpha + \gamma_1 Price_{i,t} + \gamma_2 SIGMA_{i,t} + \gamma_3 RF_{i,t} + \gamma_4 ETA_{i,t} +$$

$$\beta_1 HshareRatio_{i,t} + \beta_2 TO_{i,t} + \beta_3 ILL_{i,t} + \beta_4 MV_{i,t} + \beta_5 Beta_{i,t} +$$

$$\beta_6 Holdpct1_{i,t} + \beta_7 MOM_{i,t} + \beta_8 BM_{i,t} + \mu_i + \varepsilon_{i,t} \qquad (5-14)$$

其中,$\mu_i$ 代表个股层面的异质性;$\varepsilon_{i,t}$ 为随机扰动项。由于上述模型中的参数 $\gamma$ 反映了核心解释变量对 AH 股隔夜收益率价差的影响,$\gamma_1$、$\gamma_2$ 和 $\gamma_4$ 显著为负的同时 $\gamma_3$ 显著为正则完全验证了本章提出的推断 1 至推断 4。表 5-9 给出了回归分析结果:表中的第 2 至第 4 列逐一考察了股票价格、历史波动率、无风险利率以及执行价格偏离度对 AH 股隔夜收益率价差的影响,其中股票价格、波动率和执行价格偏离度的系数估计值分别显著为 -0.569 6、-0.283 9 和 -1.314 5,三者均对 AH 股隔夜收益率价差表现出显著的负向影响,这与本章提出的推断 1、推断 2 和推断 4 完全一致。此外,无风险利率的系数估计值则在 1% 的显著性水平下显为 1.928 6,即无风险利率越高 A 股相较于 H 股隔夜收益率的折价程度越小,这一结论则较好的佐证了前文中的推断 3。

表 5-9　AH 股隔夜收益率价差影响因素的回归估计

| 解释变量 | (1) | (2) | (3) | (4) | (5) |
|---|---|---|---|---|---|
| Price | -0.569 6*<br>(0.037 1) | | | | -0.429 5*<br>(0.037 7) |
| SIGMA | | -0.283 9*<br>(0.012 3) | | | -0.254 4*<br>(0.012 6) |
| RF | | | 1.928 6*<br>(0.239 7) | | 1.959 2*<br>(0.238 4) |
| ETA | | | | -1.314 5*<br>(0.343 9) | -0.882 6*<br>(0.342 2) |

（续表）

| 解释变量 | (1) | (2) | (3) | (4) | (5) |
|---|---|---|---|---|---|
| HshareRatio | 1.784 8* (0.603 8) | 1.476 7** (0.601 0) | 1.092 3*** (0.604 3) | 1.269 6** (0.604 3) | 1.694 5* (0.600 9) |
| TO | 0.026 2* (0.005 7) | 0.050 8* (0.005 8) | 0.027 0* (0.005 7) | 0.027 3* (0.005 7) | 0.053 4* (0.005 8) |
| ILL | 0.041 1*** (0.023 6) | 0.114 8* (0.023 3) | 0.092 0* (0.023 4) | 0.098 3* (0.023 4) | 0.058 7** (0.023 6) |
| MV | 0.042 3* (0.011 0) | 0.005 6 (0.010 7) | −0.014 7 (0.011 0) | 0.006 1 (0.010 7) | 0.013 0 (0.011 2) |
| Beta | 0.037 3* (0.011 0) | 0.039 2* (0.011 0) | 0.037 6* (0.011 0) | 0.038 4* (0.011 1) | 0.036 7* (0.011 0) |
| Holdpct1 | 0.042 3 (0.072 1) | −0.127 8*** (0.071 3) | −0.087 3 (0.071 7) | −0.089 1 (0.071 7) | −0.024 6 (0.071 8) |
| MOM | −0.000 4 (0.003 7) | −0.000 3 (0.003 7) | −0.000 2 (0.003 8) | −0.001 1 (0.003 8) | 0.000 8 (0.003 7) |
| BM | 0.739 6* (0.174 3) | 0.525 3* (0.174 2) | 0.605 9* (0.177 3) | 0.857 8* (0.174 6) | 0.213 0 (0.176 7) |
| Constant | −0.597 6* (0.146 2) | −1.126 3* (0.123 4) | −2.100 9* (0.121 8) | −0.594 6 (0.362 5) | 0.454 9 (0.366 7) |
| 样本观测 | 46 074 | 46 074 | 46 074 | 46 074 | 46 074 |
| Adj - $R^2$ | 0.021 1 | 0.027 2 | 0.017 4 | 0.016 3 | 0.031 4 |
| F 统计量 | 54.206 2 | 86.954 1 | 35.062 9 | 29.465 2 | 82.276 7 |

注：表中被解释变量为 AH 股隔夜收益价差；括号内的数值为参数估计值的稳健型标准误差；*、**和*** 分别代表在 1%、5%和 10%的显著性水平下显著。

## 5.2.4   时间因素与 AH 股隔夜收益差

前文的理论推导部分显示股票资产的价格由基本面价值和看跌期权的权利金所组成，在公式(5-9)~(5-12)的基础上，本章对 AH 股隔夜收益价差进行进一步的拓展,将研究对象从隔夜收益率拓展至第 $t-1$ 交易日收盘至第 $t$ 交易日交易时间为 $D$ 期间的收益率,此时收益率之差可以写为:

$$\text{Return}_t^{D,A-H} = (\tilde{f}_t^{A,D} - \tilde{f}_t^{H,D}) - (\tilde{f}_t^{A,\text{Close}} - \tilde{f}_t^{H,\text{Close}} +$$

$$(S_0 \times \theta_t)^D - (S_0 \times \theta_{t-1})^{\text{Close}} + \zeta_t \qquad (5-15)$$

其中,$D$ 为时间索引,反映了日内不同的时点,自开盘 9:30 至收盘 15:00;$\zeta_t$ 服从对数标准正态分布;$\theta_t$ 有如下形式:

$$\theta_t = N\left(\frac{\ln(\eta^i) - (r+\sigma^2/2)T}{\sigma\sqrt{T}}\right) - \eta^i e^{-rT} N\left(\frac{\ln(\eta^i) - (r-\sigma^2/2)T}{\sigma\sqrt{T}}\right) \qquad (5-16)$$

上述等式表明,AH 股从 $t-1$ 日收盘至 $t$ 日任意时刻的收益差是随着时间的变化而改变的。由于 $\theta_t$ 随着交易时间的推移逐渐趋近于 0,在开盘时达到最大值而在收盘时近似等于 0,所以上式(5-16)对应的 AH 股收益差值也在开盘时达到最大值,而在收盘时接近最小值。基于这一分析,本章将进一步选用恒生指数有限公司发布的恒生沪深港通 AH 股 A 指数和恒生沪深港通 AH 股 H 指数考察 AH 股收益差随着时间的变化而呈现出的特征。这两个指数分别衡量了 A、H 股交叉上市公司在 A 股市场和 H 股市场的综合表现,可以对成分股在 A 股市场和 H 股市场的不同走势进行比较。由于高频数据的可得性,本章使用恒生沪深港通 AH 股 A 指数和恒生沪深港通 AH 股 H 指数 2017 年 12 月 1 日至 2019 年 6 月 30 日的交易数据进行分析。在该区间段中,A 股市场交易天数共计为 374 天,H 股市场交易天数共计为 380 天(剔除半日市),两地市场在交易天数上基本相同。

在实证检验前,本章需要对 A 股市场和 H 股市场的交易规则进行比较。A 股市场与 H 股市场的交易时间并不完全相同,A 股市场于 9:30 正式开盘,11:30 开始午间休市,13:00 整开始继续交易直至 15:00 整收市。H 股市场虽然同样于 9:30 开盘,但上午的交易时段直至 12:00 整才结束,午后交易时间从 13:00 整开始,16:08 至 16:10 之间随机收市。由于 A 股市场和 H 股市场交易时段的不同,本章根据其时间特征选取五个时段的收益情况进行对比:前日收盘至本日开盘、前日收盘至本日 9:40、前日收盘至本日 10:30、前日收盘至本日午间休市、前日收盘至本日收盘,这 5 个时段在交易持续时间上逐渐延长,同时也尽可能选择两地市场的关键交易时点,以避免两市交易时间不完全重合以及其他因素的干扰,最终检验结果如表 5‑10 所示。

　　表 5‑10 中的结果显示,恒生沪深港通 AH 股 A 指数和恒生沪深港通 AH 股 H 指数的平均隔夜收益率差值为－0.171%,H 指数的收益显著高于 A 指数。随着交易时间的推移,A 指数与 H 指数从前日收盘起的累积收益差值逐渐趋于 0,至收盘时 A 指数收益率比 H 指数略高 0.016%,但是这一数值在经济意义层面和统计意义层面都不显著异于 0。这说明实证检验的结果与本章的理论模型推导完全相符:在其他因素相同时,AH 股收益率的差值在两市开盘时达到最大值,而随着交易时间的推进二者差值逐步减小,最后至收盘时趋近于 0。

表 5‑10　不同交易时段 AH 股 A 指数、H 指数的收益对比

%

| 时　　段 | A 指数收益 | H 指数收益 | AH 收益差值 | 秩和检验结果 |
|---|---|---|---|---|
| 前日收盘至<br>当日开盘 | －0.108 0 | 0.063 0 | －0.171 0* | －4.151 3<br>(0.000 0) |
| 前日收盘至<br>当日 9 点 40 分 | －0.056 9 | 0.013 1 | －0.070 0*** | －1.719 4<br>(0.085 5) |
| 前日收盘至<br>当日 10 点 30 分 | －0.068 2 | －0.015 0 | －0.053 2 | －0.989 4<br>(0.322 5) |
| 前日收盘至<br>当日午间休市 | －0.061 5 | －0.016 4 | －0.045 1 | －0.593 4<br>(0.552 9) |
| 前日收盘至<br>当日收盘 | －0.006 0 | －0.021 8 | 0.015 8 | 0.072 7<br>(0.942 0) |

　　注:本章采用威尔克森秩和检验比较了 AH 股指数收益率的差异;括号内数值为检验统计量对应的 $p$ 值;*、*** 分别代表在 1%、10% 的显著性水平下显著。

# 5.3　本章小结

　　本章从隐含期权价值的角度分析了 T＋1 交易制度造成股票价格中存在一部分期权价值,并且借助相同主体异地上市的 AH 交叉上市股从实证的角度严谨地验证

了这一观点。AH 股交叉上市的主体作为同一家公司分别在 A 股市场和 H 股市场上市交易,但隔夜收益表现却大相径庭——两地交叉上市企业在 A 股的隔夜收益要显著低出 H 股 197.04％。这是为什么呢? 本章借鉴 Scheinkman 和 Xiong(2003)的研究思想从期权的视角下构建理论模型,探讨了中国 A 股市场独特的 T＋1 交易机制对 AH 股隔夜收益差异的影响。首先,从理论模型出发在股票资产的价格形成中引入期权思想,将股票资产的价格拆分成基本面价值与权利金价值,并通过理论推导证明了 T＋1 交易机制会降低股票的隔夜收益。之后利用 2001 年 1 月至 2019 年 6 月的 A、H 股市场交叉上市企业的数据,进一步将实证检验与理论模型相结合,通过投资组合分析、回归分析等方法研究发现,A 股的价格、历史波动率、大陆资本市场的无风险利率以及股价中类期权的执行价格等影响期权权利金的因素均会对 AH 股隔夜收益差异程度产生显著性影响。具体来看,AH 股中 A 股的价格越高、波动率越大、类期权的执行价格越高,其隔夜收益率相较于 H 股的折价程度就越大;相反地,当大陆资本市场的无风险利率越高的时候,A 股隔夜收益相较于 H 股隔夜收益的折价程度就越小。通过构造不同时间区间内的收益率指标,本章还发现随着日内交易时间的推移,AH 股的收益差异逐渐缩小,说明时间因素也是 AH 股收益差异的重要影响因素之一。这些因素是期权定价模型中的重要变量,本章的实证研究结果印证了理论模型的推断。

本章的研究对于 T＋1 交易机制下资产价格的形成建立了坚实的微观基础,是对 T＋1 交易机制下资产定价问题研究的突破。T＋1 交易机制扭曲了日内收益和隔夜收益之间的正常分配,A 股市场长期的隔夜低开集聚了大量的风险,更易促成"牛短熊长"。

# 第 3 部分　T＋1 交易制度与市场异象

　　自从有效市场理论提出以来,对市场是否具有有效性的争论持续不断。其中比较重要的一部分便是对市场异象的研究。市场异象是对市场有效性和传统风险溢价理论的挑战。然而目前关于市场异象的研究大多是基于国外 T＋0 交易制度下的市场。T＋1 交易制度对于市场有着独特的影响,在此制度下市场异象呈现出一些新的特点和表现方式。本部分将对 T＋1 交易制度下的市场异象进行讨论。第 6 和第 7 章分别以换手率效应和超短期动量效应为代表研究 T＋1 交易制度对这些市场异象的影响,以及这些市场异象在 T＋1 交易制度下表现出的新特点;第 8 章从隔夜日内分解的角度,研究 T＋1 交易制度下"拔河赛效应"的存在性和特点。

# 第 6 章　T＋1 交易制度下的日频率换手率研究

　　换手率研究在投资实务操作中扮演着重要的角色,但目前学术界的研究显得不足,特别是针对 T＋1 交易制度下的换手率研究更为缺乏。本书研究发现,由于 T＋1 交易制度对当日卖出行为的限制,使得换手率的作用非常突出,呈现出一些鲜明的特点。受 T＋1 交易制度和卖空约束的影响,当日买入股票的投资者无法进行卖出交易,同时认为股票价格被高估的悲观投资者也无法通过卖空交易参与股票交易。因此,在 A 股市场中,换手率不仅衡量了当日交易中乐观投资者的交易活跃程度,同样也衡量了在当日受交易制度限制无法卖出的股票比例,换手率在 T＋1 交易制度下被赋予了新的含义。根据换手率的这一性质,研究发现高换手率股票在当日有着更高的收益率,但是在下一交易日,其收益立即发生反转:高换手率股票在下一交易日的隔夜收益率更低。并且由于低隔夜收益率在收益率形成过程中的主导作用,产生了 A 股市场日度层面的换手率效应:换手率与下一交易日预期收益具有负向关系。本章的行文结构如下:6.1 小节是引言,6.2 小节是理论基础与研究假设,6.3 小节是变量定义与描述性统计,6.4 小节是实证结果,6.5 小节是本章小结。

## 6.1　引　言

　　换手率是股票市场中的重要指标,其衡量了股票累计交易量占总流通股数的比重,反映了股票交易的活跃程度。国内外学者将换手率广泛地应用于资产定价领域的研究。Blume 等(1994)研究发现了股票价格与交易量之间存在显著的相关关系,在此之后,Datar 等(1998)、Chordia 等(2001)、李一红和吴世农(2003)、苏东蔚和麦元勋(2004)、张峥和刘力(2006)等学者进一步发现在周度和月度层面,换手率具有显著的定价能力：低换手率的股票相比于高换手率股票在未来往往能获得更高的预期收益。Barinov(2014)将换手率与预期收益之间的负向关系称为"换手率效应"(Turnover Effect)。

换手率效应作为在国内外股票市场中普遍存在的市场异象，引起了学者们的广泛关注，国内外学者对换手率效应的产生原因进行了深入的研究。基于传统金融理论的解释，它主要包括两种视角，其一是认为换手率反映了股票流动性，换手率低的股票流动性较差、风险较高，需要更高的收益补偿，因此换手率效应是流动性溢价的反映(Acharya 和 Pedersen，2005；黄峰和杨朝军，2007；Johnson，2008)；其二则从企业的不确定性入手，高换手率代表着企业的特质性风险，高特质风险会提高公司的期权价值、降低总体风险，资产的风险回报降低使得收益率降低(Barinov，2014)。邢红卫和刘维奇(2018)认为，换手率效应同时受流动性和不确定性两方面影响，较低水平的换手率更多包含了由于股票交易频率匮乏、可见度低的不确定性风险，而较高水平的换手率更多包含了股票的流动性信息。

另一种对换手率效应的解读是基于行为金融的视角，从投资者异质信念这一角度进行分析。异质信念代表了异质性投资者对股票所持有意见的分歧。卖空约束的存在使得预计股价将会下跌的投资者无法通过卖空交易来反映对股价的判断，因此卖空约束限制了悲观投资者在股票价格形成中的参与，股票价格更可能反映乐观投资者的意见，导致股票价格被高估(Miller,1977)。卖空约束使得具有异质性信念的投资者对股票进行投机性交易，乐观投资者意见分歧的高波动导致了高换手率，也使得股价中的投机性泡沫部分占比更大(Scheinkman 和 Xiong，2003；张峥和刘力，2006)。因此在国内外的相关实证研究中，换手率作为异质信念的代理变量被广泛使用，异质信念与股票当期收益之间的显著正向关系也被进一步证实(陈国进等，2009；包锋和徐建国，2015；孟庆斌和黄清华，2018)。受卖空约束的影响，股票价格在当期主要由乐观投资者所决定，悲观投资者的私人信息因无法及时进入市场而慢慢累积，并随着时间的推移逐渐释放，使得投机性泡沫破裂，股票价格之后出现下跌(张峥和刘力，2006；陈国进和张贻军，2009；陈慰等，2018)。股价被高估后的修正过程形成了换手率效应。

　　较强的卖空约束正是 A 股市场的特征之一。自 2010 年 3 月 31 日起,融资融券开始试点,起初仅包含几十家券商类股票,而后标的逐渐扩容,至 2019 年年底 A 股市场已有近半数股票为融资融券标的个股。值得注意的是,虽然这一业务被称为融资融券,但实际上融资业务和融券业务表现出"冰火两重天"的趋势。一方面,融资业务一直以来都倍受投资者青睐,相关数据显示,2019 年融资买入额最大的股票为中国平安,买入额达 1 800 亿元;而另一方面,融券交易在刚刚推出时采用 T＋0 交易制度,在 2015 年 8 月 4 日变更为 T＋1 交易制度,加之融券交易成本相对较高,融券交易表现出冷清的态势。自融券交易实施 T＋1 交易制度以来,对于 A 股市场科创板以外的所有融资融券标的股票,日均融券卖空量占当日成交量的比例仅为 0.057％,因此卖空机制在 A 股市场所发挥的功能相对有限。

　　由于卖空约束的存在,认为股价被高估的投资者无法通过卖空交易直接参与股票的交易过程,其所拥有的私人信息需要时间积累才能逐步释放,因此学者们基于异质信念角度对换手率效应的研究主要在于月度层面。而本章则在此基础上,将 A 股市场换手率效应拓展到日度层面,原因即在于 A 股市场交易所实行的独特的基础制度——T＋1 交易制度。

　　T＋1 交易制度和卖空约束二者的合力作用,进一步突出了换手率在当日交易中的异质信念的衡量属性。虽然预期股价将会下跌且未持有股票的悲观投资者无法通过卖空进行交易,但是在 T＋0 交易制度下,当日买入股票的投资者如果认为股价已经超过了自己的预期,也可以在当日选择卖出。而在 T＋1 交易制度下,不仅未持有股票的悲观投资者无法进行卖空交易,而且当日买入股票的投资者在购买股票后,也无法在当日卖出,因此随着交易的推进,空方力量被再次削弱,交易进一步被持乐观态度的投资者所主导。在 T＋1 交易制度和卖空约束的作用下,当日股价在更大程度上由乐观投资者所决定,高换手率也进一步反映了乐观投资者的交易活跃程度,使得当日股价被高估。

　　T＋1 交易制度与卖空约束的双重作用,不仅显著提高了高换手率股票当日股价被高估的程度,同样也加快了次日收益发生反转的速度。在 T＋1 交易制度的约束下,买卖双方的交易行为并不均衡,股票卖方在卖出股票后可以在同一交易日再次买入,而买方购买股票之后最快只能在次日开盘时卖出,买方买入的股票实质上成为当日的"限售"股;加之 A 股市场较强的卖空约束,还券交易进行的股票买入交易占比极小,因此换手率便成为当日流通股中卖出受限比例的衡量指标。在下一交易日开盘时,前一交易日购买股票的投资者对被高估的股价重新拥有了表达态度的机会,因此高换手率转变成了下一交易日开盘时的抛售压力,使得其隔夜收益率更低。由于换手率与下一交易日隔夜收益率之间的负向关系在收益率形成过程中的主导作用,最终产生了 A 股市场的日度换手率效应:换手率高的股票,在下一交易日的收益率更低。这是本章对 A 股市场日度换手率效应的理解。以同花顺公司推出的昨日换手前十指数为例,该指数于 2016 年 6 月 3 日正式推出,基点为 1 000 点,而在 2019 年 12 月 31 日,这一指数仅为 0.190 点,区间跌幅达到了 99.981％。昨日换手前十指数正是 A 股市场日度层面换手率效应的缩影。

## 6.2　理论基础与研究假设

投资者在同一时点对同一资产产生了不同的预期,形成了投资者的异质信念。在股票交易的过程中,对未来持乐观态度的投资者会买入并持有股票,但由于卖空约束的存在,对于认为股票价格被高估的投资者却无法通过卖空交易来反映对股价的判断,因此卖空约束限制了悲观投资者在股票价格形成过程中的参与,股票价格更可能反映乐观投资者的意见,导致股票价格被高估。

实际上在 T＋0 交易制度下,股票市场的看涨投资者选择买入股票,虽然没有持有股票的悲观投资者无法进行卖空交易,但是在当日买入股票的投资者认为股票价格达到自己的预期时,他们可以选择将股票进行出售。而在 T＋1 交易制度和卖空约束的双重作用下,不仅未持有股票的悲观投资者无法进行卖空交易,而且当日买入股票的投资者也无法在当日卖出,因此随着交易的推进,空方力量会被进一步削弱,股票价格进一步被乐观的投资者所主导,因此股价也被不断推高。换手率作为对股票交易量占总流通股数比重的衡量,直观地体现了投资者异质信念的程度,在 T＋1 交易制度和卖空约束的双重影响下,高换手率进一步反映了异质信念投资者中乐观投资者的参与程度,高换手率的股票在当日的收益也会较高。

　　之后我们考察高换手率如何影响下一交易日的隔夜收益率。根据 Barber 和 Odean(2008)、Berkman 等(2012)的研究结果,由于股票数量众多且中小投资者的精力有限,他们往往会在每个交易日开始交易前下单买入前一交易日吸引注意力的股票,使得这些股票的隔夜收益率较高。而换手率代表了日内的交易活跃程度,高换手率往往就是日内交易最活跃的"明星股票",自然也就是最吸引个人投资者注意力的股票,中小投资者在下一交易日开盘前的下单买入行为提高了这些股票的隔夜收益率。因此,从投资者注意力这一角度进行分析,换手率越高的股票在下一交易日的隔夜收益率同样应当越高。

　　但是在 T＋1 交易制度和卖空约束的作用下,注意力配置就无法成为高换手率股票隔夜收益率的主导因素。作为异质信念衡量指标的换手率被赋予了新的含义:换手率衡量了由于 T＋1 交易制度限制在当日买入无法卖出的比例。换手率越高,代表在第 $t$ 日交易中被 T＋1 交易制度限制卖出的股票所占流通股的份额越大,因此换手率代表了下一交易日的股票供给强度。结合第 $t$ 日交易中高换手率造成的股价高估,第 $t$ 日高换手率的股票将在下一交易日带来更高的抛售压力。而受 T＋1 交易制度的影响,第 $t$ 日购入股票无法卖出的投资者,最早只能在第 $t＋1$ 日开盘时进行卖出交易,因此在开盘时,对于第 $t$ 日购入股票受限无法卖出的投资者,再次拥有卖出股票、表达自己对股价看空态度的机会,从而第 $t＋1$ 日开盘时高换手率股票的抛售压力将会更高,对股价的负向影响也会超过投资者关注度对于隔夜收益率带来的正向影响。

　　另一方面,对于可以进行融券卖空交易的股票,卖空机制的存在使得换手率无法无偏差地衡量由于 T＋1 交易制度限制在当日买入无法卖出的股票份额,原因在于当日的股票成交除了普通股票交易外,还包括还券买入量,还券交易因为无须后续的卖出操作,因此并不像普通的买入交易一样受 T＋1 交易制度的卖出限制。因此,在较强卖空约束的条件下,换手率可以准确衡量由于 T＋1 交易制度限制在当日买入无法卖出的股票份额。

　　为了进一步直观地体现 T＋1 交易制度和卖空约束作用下换手率与收益率之间

的关系,我们将 Miller(1977)、Hong 和 Stein(2003)以及陈国进和张贻军(2009)的模型进行拓展,通过数理模型分析进行探究。为了便于本章的研究分析,我们提出如下假设:

(1) 市场中只有一只股票可以进行投资,共有数量为 $n$ 的流通股,$n$ 为一个充分大的正整数,其在第 $t+1$ 日收盘时会发放永久性股利 $D$。该股票实行 T+1 交易制度,且不存在卖空机制。除该股票外,市场中没有其他可进行投资的资产。

(2) 所有投资者的效用函数均为常数绝对风险厌恶效用函数(CARA)形式,假定风险系数常数为 1。每个投资者只能购买 1 单位股票,因此每个投资者 $i$ 对于该股票的需求可以表示为:

$$Q_i(p_t) = I\{E_i(D) \geqslant p_t\} \tag{6-1}$$

其中,小写的 $p$ 代表任意价格,而之后我们使用大写的 $P$ 代表均衡价格;$I\{\}$ 为示性函数,当投资者对股利的期望不小于当期股票价格时,投资者会购买 1 单位股票,反之则不会购买。

(3) 股价由一个外部的拍卖者通过拍卖价由高到低的荷兰式拍卖方法决定。

(4) 在第 $t-1$ 日临近收盘时,股票进行发售,市场中存在 $2n$ 名潜在投资者,为了方便标注,我们将其设定为第 1 组投资者。该组投资者对 $D$ 的预期服从在区间 $[K, K+2V]$ 上的均匀分布,其中,$V$ 可以对投资者所获取信息的方差进行衡量;则 $K+V$ 为所有投资者对其预期的均值。这些投资者中在第 $t-1$ 日没有进行交易的部分,在第 $t$ 日和 $t+1$ 日仍然是市场中的潜在投资者。

(5) 在第 $t$ 日共有 4 个时点可以进行交易。其中第 1 个时点为开盘,第 4 个时点为临近收盘,其他两个时点在开盘和收盘之间。在第 $t$ 日市场中出现了两组数量为 $2n$ 的投资者,我们将其分别标注为第 2 组和第 3 组投资者。这些投资者对股利的预期分别服从在区间 $[K+H, K+H+2V]$ 和区间 $[K-H, K-H+2V]$ 上的均匀分布,$H$ 代表了新的潜在投资者对股利预期的异质信念程度。可以看出,第 2 组投资者对股利的预期更加乐观,第 3 组则相对悲观。不失一般性,我们不考虑市场极端情形,只考虑在每个交易日中 3 组投资者均会进行交易的情形,因此设定 $0 \leqslant \dfrac{H}{V} < \dfrac{1}{3}$。我

们还设定第 2 组和第 3 组投资者中各有 $\frac{1}{2}n$ 位投资者将分别在第 $t$ 日的 4 个时点决定是否买入。所有在第 $t$ 日没有持有股票的第 2 组和第 3 组投资者,在第 $t+1$ 日开盘时仍然是市场中的潜在投资者。

(6) 所有投资者对股利的预期都不会随时间发生变化。

根据 $\frac{H}{V}$ 的取值不同,即异质信念的程度不同,股票的均衡价格和成交量也会发生变化。在此我们以 $\frac{8}{27}\leqslant\frac{H}{V}<\frac{1}{3}$ 为例,探讨这一情形下的股票交易情况。

根据股价决定机制可知,在第 $t-1$ 日的交易中,股价由第 1 组投资者中对股价预期最乐观的 $n$ 名投资者所决定,因此股价可以看作从高到低第 $n$ 名投资者的出价。根据次序统计量的定义,这一价格即样本的次序统计量 $X_{(n+1)}$。根据均匀分布次序统计量的性质,$\frac{X_{(n+1)}}{2V}-K$ 服从参数为 $(n+1,n)$ 的 $\beta$ 分布。由于 $n$ 为充分大的正整数,因此,此时的预期均衡收盘价为:

$$P_{t-1}^{\text{Close}}=E(X_{(n+1)})=K+V \qquad (6-2)$$

在第 $t$ 日开盘时,股价由所有第 1 组投资者、$\frac{1}{2}n$ 位第 2 组和 $\frac{1}{2}n$ 位第 3 组投资者共同决定,此时将所有 $3n$ 位投资者对股利的预期进行排序,最终排名在前 $n$ 位的投资者持有股票。由于第 2 组投资者对股利的预期程度更高,因此对股利预期大于 $K+2V$ 的投资者一定会买入股票。这一部分投资者的期望数量为 $\text{Prob}[E_2(D)>K+2V]\times\frac{1}{2}n$,即 $\frac{H_n}{4V}$ 位。

接下来计算在股利预期大于 $K+2V$ 的第 2 组投资者以外,第 1 组和第 2 组投资者中对股利预期大于 $K-H+2V$,即大于第 3 组投资者对股利预期上限的投资者数量。这一部分投资者的期望数量为 $\text{Prob}[E_1(D)>K-H+2V]\times 2n+\text{Prob}[K-H+2V<E_2(D)\leqslant K+2V]\times\frac{1}{2}n$,即 $\frac{5H_n}{4V}$ 位,$\frac{H_n}{4V}+\frac{5H_n}{4V}<n$,因此,此时股价将由所有股利预期不高于 $K-H+2V$ 的投资者中出价从高到低第 $n-\frac{3H_n}{2V}$ 位所决定。从股价

决定机制可以看出,任何对股利预期低于 $K-H+V$ 的投资者都不会买入股票。因此可以将股价看作由 $\frac{3}{2}n$ 位对股利的预期服从在区间 $[K-H+V,K-H+2V]$ 上的均匀分布,并且对股利预期从高到低第 $n-\frac{3H_n}{2V}$ 位投资者所决定,即这一样本的次序统计量 $X_{\left(\frac{n}{2}+\frac{3H_n}{2V}+1\right)}$ 的期望值。因此,股票的均衡开盘价为:

$$P_t^{\text{Open}}=E[X_{\left(\frac{n}{2}+\frac{3H_n}{2V}+1\right)}]=K+\frac{4}{3}V \tag{6-3}$$

可以看出,开盘阶段的交易量实际就相当于第 $t-1$ 日成交者中预期股利低于开盘价的投资者数量。因此,开盘阶段的预期成交量为:

$$\text{Volume}_t^{\text{Open}}=\text{Prob}\left[K+V\leqslant E_1(D)<K+\frac{4}{3}V\right]\times 2n=\frac{1}{3}n \tag{6-4}$$

而在第 $t$ 日第 2 个时点时,受 T＋1 交易制度的限制,开盘时买入的股票在当日不能卖出,因此开盘时买入的股票无法进行卖出,此时就相当于有数量为 $n-\frac{1}{3}n$ 的流通股,我们沿用之前的分析思路,第 $t$ 日第 2 个时点的均衡价格为:

$$P_t^2=K+\frac{14}{9}V \tag{6-5}$$

第 2 个时点的预期成交量为:

$$\text{Volume}_t^2=\text{Prob}\left(K+\frac{4}{3}V\leqslant E_1(D)<K+\frac{14}{9}V\right)\times 2n=\frac{2}{9}n \tag{6-6}$$

从该结果可得 $P_t^2>P_t^{\text{Open}}$,说明股票在第 2 个时点的价格已经超过了部分在第 $t$ 日开盘时进行交易的第 2 组投资者对股利的预期程度。但是受 T＋1 交易制度和卖空约束的限制,这部分投资者无法卖出股票,因此股价被进一步推高。

在第 $t$ 日第 3 个时点时,受 T＋1 交易制度的限制,此时相当于有数量为 $n-\frac{1}{3}n-\frac{2}{9}n$ 的流通股。从之前的分析中可以看出,对股利预期大于 $K+2V$ 的投资者数量为 $\frac{H_n}{4V}$ 位,除这些投资者以外,对股利预期大于 $K-H+2V$ 的投资者数量为 $\frac{5H_n}{4V}$ 位。在 $\frac{8}{27}\leqslant\frac{H}{V}<\frac{1}{3}$ 的情形下,$\frac{H_n}{4V}+\frac{5H_n}{4V}\leqslant n-\frac{1}{3}n-\frac{2}{9}n$,这一结果说明在第 $t$ 日的第

3 个时点时,受交易制度的约束,对股利预期相对悲观的第 3 组投资者已经不会再买入股票,市场进一步被乐观投资者所主导。第 $t$ 日第 3 个时点的均衡价格和预期成交量分别为:

$$P_t^3 = K + \frac{74}{45}V + \frac{1}{5}H \tag{6-7}$$

$$\text{Volume}_t^3 = \text{Prob}\left(K + \frac{14}{9}V \leqslant E_1(D) < K + \frac{74}{45}V + \frac{1}{5}H\right) \times 2n = \frac{4}{45}n + \frac{H}{5V}n \tag{6-8}$$

在第 $t$ 日临近收盘时,沿用之前的分析思路,第 3 组投资者依旧不会参与股票交易,收盘时的均衡价格为:

$$P_t^{\text{Close}} = K + \frac{386}{225}V + \frac{9}{25}H \tag{6-9}$$

从以上的股价走势可看出,虽然每个时点出现的投资者数量相同且他们的异质信念程度相同,但是受 T＋1 交易制度和卖空约束的限制,在 $\frac{8}{27} \leqslant \frac{H}{V} < \frac{1}{3}$ 这一情形下,随着交易的推进,对股利预期相对悲观的投资者逐渐退出市场的交易,股价由于受乐观投资者所主导而被进一步推高。

第 $t$ 日该股票的交易量和换手率分别为:

$$\text{Volume}_t = \frac{161}{225}n + \frac{9H}{25V}n \tag{6-10}$$

$$\text{Turn}_t = \frac{161}{225} + \frac{9H}{25V} \tag{6-11}$$

从式(6-11)中可以看出,异质信念程度更高时,交易更加活跃,股票换手率也更高。

而第 $t$ 日的收盘价和收益率可以表示为:

$$P_t^{\text{Close}} = K + \frac{386}{225}V + \frac{9}{25}H = K + V \times Turn_t \tag{6-12}$$

$$\text{Return}_t = \ln(P_t^{\text{Close}}) - \ln(P_{t-1}^{\text{Close}}) = \ln\left(\frac{K + V \times \text{Turn}_t}{K + V}\right) \tag{6-13}$$

可以看出,在 T＋1 交易制度和卖空约束的影响下,当日的收益率随着换手率的提高而升高。

在第 $t+1$ 日开盘时,第 $t$ 日所有进行买入交易的股票都可以卖出,因此对于第 2 组投资者中在第 $t$ 日买入股票且对股利预期低于第 $t$ 日收盘价的投资者,结合 T+1 交易制度下投资者在开盘时拥有更高的卖出意愿,这些投资者便会倾向于在开盘时卖出股票。在这种情况下,第 $t+1$ 日开盘时的均衡价格相当于对所有的数量为 $n$ 的流通股重新进行拍卖,所有投资者中对股利预期最高的 $n$ 位投资者可以购入股票。第 $t+1$ 日开盘时的均衡价格为:

$$P_{t+1}^{\text{Open}} = K + \frac{5}{3}V \qquad (6-14)$$

股票在第 $t+1$ 日的隔夜收益率可以表示为:

$$\text{Overnight}_{t+1} = \ln(P_{t+1}^{\text{Open}}) - \ln(P_t^{\text{Close}}) = \ln\left(K + \frac{5}{3}V\right) - \ln\left(K + \frac{386}{225}V + \frac{9}{25}H\right) < 0$$

$$(6-15)$$

因此,由于股票"限售解禁"后认为股价达到自己预期的投资者会出售股票,使得隔夜收益率为负。且易得 $\frac{\text{dOvernight}_{t+1}}{\text{dTurn}_t} < 0$,说明第 $t$ 日的换手率越高,下一交易日的隔夜收益率就越低。

表 6-1 和表 6-2 分别列示了在 $\frac{H}{V}$ 不同取值的情形下股票的均衡价格以及收益率与换手率之间的关系。

**表 6-1　$\dfrac{H}{V}$ 不同取值情形下股票的均衡价格**

| 取值范围 | $P_{t-1}^{\text{Close}}$ | $P_t^{\text{Open}}$ | $P_t^2$ | $P_t^3$ | $P_t^{\text{Close}}$ | $P_{t+1}^{\text{Open}}$ |
|---|---|---|---|---|---|---|
| $0 \leq \dfrac{H}{V} < \dfrac{16}{81}$ | $K+V$ | $K+\dfrac{4}{3}V$ | $K+\dfrac{14}{9}V$ | $K+\dfrac{46}{27}V$ | $K+\dfrac{146}{81}V$ | $K+\dfrac{5}{3}V$ |
| $\dfrac{16}{81} \leq \dfrac{H}{V} < \dfrac{8}{27}$ | $K+V$ | $K+\dfrac{4}{3}V$ | $K+\dfrac{14}{9}V$ | $K+\dfrac{46}{27}V$ | $K+\dfrac{238}{135}V+\dfrac{1}{5}H$ | $K+\dfrac{5}{3}V$ |
| $\dfrac{8}{27} \leq \dfrac{H}{V} < \dfrac{1}{3}$ | $K+V$ | $K+\dfrac{4}{3}V$ | $K+\dfrac{14}{9}V$ | $K+\dfrac{74}{45}+\dfrac{1}{5}H$ | $K+\dfrac{386}{225}V+\dfrac{9}{25}H$ | $K+\dfrac{5}{3}V$ |

表 6 - 2　$\dfrac{H}{V}$ 不同取值情形下收益率与换手率之间的关系

| 取值范围 | $Return_t$ | $\dfrac{dReturn_t}{dTurn_t}$ | $Overnight_{t+1}$ | $\dfrac{dOvernight_{t+1}}{dTurn_t}$ |
|---|---|---|---|---|
| $0 \leqslant \dfrac{H}{V} < \dfrac{16}{81}$ | $>0$ | $Return_t$、$Turn_t$ 为常数 | $<0$ | $Overnight_{t+1}$、$Turn_t$ 为常数 |
| $\dfrac{16}{81} \leqslant \dfrac{H}{V} < \dfrac{8}{27}$ | $>0$ | $>0$ | $<0$ | $<0$ |
| $\dfrac{8}{27} \leqslant \dfrac{H}{V} < \dfrac{1}{3}$ | $>0$ | $>0$ | $<0$ | $<0$ |

本章的理论分析假设第 $t$ 日存在 4 个可交易时点。在实际交易中,交易时间具有连续性,当日换手率与本交易日收益率之间的正向关系、与下一交易日隔夜收益率之间的负向关系都会更加显著。基于以上的理论分析,我们提出如下假设:

H1:在 A 股市场,当日换手率越高的股票,下一交易日的隔夜收益率越低。

换手率与下一交易日隔夜收益率之间的负向关系作为 A 股市场的独特现象,对于下一交易日整体收益的形成也有着重要的作用。为了进一步检验换手率与隔夜收益率之间的负向影响是由 T＋1 交易制度和卖空约束所引起,本章将通过实证检验的方法进行验证。由于换手率衡量了 T＋1 交易制度约束下受限无法卖出股票的比例,如果当日交易股票的每股卖出压力越大,那么在换手率越高的情况下,第 $t$ 日卖出受限的比例越高,第 $t＋1$ 日开盘时也应当会有更高的抛售压力。

当卖空约束减弱时,认为股价被高估的交易者也将有机会通过进行卖空交易参与到市场的交易活动中,减弱股票当日交易中的潜在被高估程度。此外,由于卖空交易进行的还券交易无须后续的卖出操作,并不像普通的买入交易一样受 T＋1 交易制度的卖出限制,此时换手率也将高于实际受 T＋1 交易制度影响的"限售股"比例。结合以上分析,本章提出如下待检验假设:

H2a:对于第 $t$ 日每股卖出压力大的股票,换手率与下一交易日隔夜收益率之间的负向关系更为明显。

H2b:对于卖空约束强的股票,换手率与下一交易日隔夜收益率之间的负向关系更为明显。

在 T+1 交易制度的影响下,买卖双方权利存在不对等,高换手率与下一交易日隔夜收益率之间的负向关系一方面直观地反映了 T+1 交易制度下开盘时的更强抛售压力,同样也可以让第 $t$ 日存在高估的股价在第 $t+1$ 日开盘时进一步回归正常水平,使投资者的交易行为趋于理性。因此受高换手率与下一交易日隔夜收益率之间的负向关系影响,本章提出如下待检验假设:

H3:A 股市场存在日度换手率效应,即当日换手率越高的股票,下一交易日的收益率越低。

# 6.3　变量定义与描述性统计

## 6.3.1　变量定义

### 1. 被解释变量

本章的被解释变量包括隔夜收益率(NON)和日收益率(RET),收益率的相关计算均是经过股利调整后的数据。本章使用股票价格的对数形式计算日收益率、隔夜收益率和日内收益率,具体计算方式与本书前述章节一致。

### 2. 解释变量

本章的主要解释变量为股票换手率(Turn),即股票日累计交易量占总流通股数的比重。

### 3. 主要控制变量

由于换手率可能包含了流动性和企业不确定性的相关信息,因此本章对股票日度层面的流动性和不确定性加以控制。

在流动性衡量方面,张峥等(2014)研究发现,Amihud 非流动性指标从市场冲击的角度度量了股票的流动性,是日度层面流动性衡量的最优指标之一,因此本章使用该指标(ILLiq)衡量股票的日度流动性,计算方法为日收益率的绝对值除以当日的成交金额,其中成交额以亿元为单位。

在不确定性衡量方面,之前学者主要从股票收益波动和企业经营情况波动这两个角度进行衡量。由于本章是对日度层面的不确定性加以控制,因此我们从股票收益波动的角度,使用日振幅(*Vol*)指标作为不确定性的衡量指标,计算方法为股票日最高价与最低价的对数差值。

此外,在 H2a 假设的实证检验中,我们需要衡量第 $t$ 日所有被买入股票的每股卖出压力,本章将采用两种方法对其进行测度。

本章参照 Grinbratt 和 Han(2005)的思路,基于处置效应理论,计算这些股票的平均参考点和潜在资本利得。由于只考虑第 $t$ 日受交易制度限制卖出的股票份额,我们只关注第 $t$ 日的交易情况。在这种短期交易中,最合理的参考点选择即盈亏平衡点,而对于第 $t$ 日的交易而言,股票 $i$ 的所有交易者在该日的平均成本为该股票在当日的成交均价,所以对于第 $t$ 日股票 $i$ 的全部交易,其平均盈亏平衡点即其在当日的成交均价。因此股票 $i$ 在第 $t$ 日收盘时,在该交易日所有被交易股票的平均潜在资本利得可以表示为:

$$\text{MeanCGO}_{i,t} = \ln(\text{Close}_{i,t}) - \ln\left(\frac{\text{Amount}_{i,t}}{\text{Volume}_{i,t}}\right) \tag{6-16}$$

其中,$\text{Close}_{i,t}$、$\text{Amount}_{i,t}$ 和 $\text{Volume}_{i,t}$ 分别代表股票 $i$ 在第 $t$ 日的收盘价、成交金额和成交量。$\text{MeanCGO}_{i,t}$ 的直观解释是在第 $t$ 日收盘时当日所有交易股票的每股平均收益率,它衡量了在第 $t$ 日收盘时当日所交易所有股票的平均收益情况,即当日受 T＋1 交易制度限制无法卖出股票的每股收益情况。当平均潜在资本利得为负时,考虑到处置效应的影响,投资者很有可能选择继续持有而不会在下一交易日开盘时立即卖出;但另一方面,部分短线投资者可能又出于止损等投资规则的要求选择立即卖出,因此 $\text{MeanCGO}_{i,t}$ 为负时,我们无法简单推断投资者的抛售倾向。为避免这些情形的影响,我们只保留计算出的 $\text{MeanCGO}_{i,t}$ 非负值部分,将负值部分剔除出样本。

本章对第 $t$ 日购买股票的每股卖出压力的另一种考量是从第 $t$ 日当日投资者购买的股票所能获得的最高潜在资本利得进行衡量,用公式可以表示为:

$$\text{MaxCGO}_{i,t} = \ln(\text{Close}_{i,t}) - \ln(\text{Min}_{i,t}) \tag{6-17}$$

其中,$\text{Close}_{i,t}$ 和 $\text{Min}_{i,t}$ 分别代表股票 $i$ 在第 $t$ 日的收盘价和最低价。$\text{MaxCGO}_{i,t}$ 的直观解释是在第 $t$ 日收盘时当日所有交易股票的每股最高收益率。这种思路在于

使用某只个股在第 $t$ 日所能获得的最高潜在资本利得来衡量在第 $t$ 日收盘时当日受 T+1 交易制度限制无法卖出股票的最高潜在收益。这一指标越高，说明该日进行交易的股票在收盘时拥有更广的收益区间，根据处置效应，在下一交易日开盘时也就有更强的动机进行出售。

4. 其他控制变量

本章在研究中也将其他在日度层面对股票横截面收益产生影响的因素加以控制，包括日度层面的流通市值对数值（Size）、账面市值比（BM）和收盘价对数值（ClosePrice）。

本章所有变量的具体定义如表 6-3 所示。

表 6-3　变量的名称、定义及计算方法

| 变量名称 | 变量定义 | 计算方法 |
| --- | --- | --- |
| Turn | 换手率 | 成交量除以流通股本 |
| RET | 日收益率 | 本交易日收盘价与前一交易日收盘价的对数差值 |
| NON | 隔夜收益率 | 本交易日开盘价与前一交易日收盘价的对数差值 |
| TRA | 日内收益率 | 本交易日收盘价与本交易日开盘价的对数差值 |
| ILLiq | 非流动性 | 日收益率的绝对值除以当日的成交金额 |
| VOL | 振幅 | 本交易日最高价与本交易日最低价的对数差值 |
| Size | 流通市值 | 流通市值（单位:亿元）的对数值 |
| ClosePrice | 收盘价 | 收盘价的对数值 |
| BM | 账面市值比 | 市净率的倒数 |
| MeanCGO | 平均潜在资本利得 | 本交易日收盘价与成交均价的对数差值(仅保留非负值) |
| MaxCGO | 日内最高潜在资本利得 | 本交易日收盘价与最低价的对数差值 |
| Margin | 融资融券标的虚拟变量 | 当个股为科创板以外融资融券标的时设置为 1，否则为 0 |
| STAR | 科创板股票虚拟变量 | 当个股为科创板上市公司时设置为 1，否则为 0 |

## 6.3.2　描述性统计

　　本章选取 2011 年 1 月 1 日至 2019 年 12 月 31 日期间共计 2 189 个交易日的 A 股市场科创板以外的个股交易数据作为研究对象。由于风险警示板块(ST、*ST 和 PT)股票在交易规则、信息披露等方面与其他上市公司股票有很大的不同,因此本章在样本选择中剔除退市风险警示板块。此外,为避免新股上市对实证研究结果的影响,本章剔除新股上市 50 个交易日内的数据。本章所使用的开盘价(Open)、收盘价 (Close)均是经过股利调整后的数据。本章所使用的股票交易数据来自 Wind 数据库,无风险收益率、因子数据均来自 CSMAR 数据库。

　　由于本章探究日频度层面的换手率效应,而 A 股市场采取涨跌停板制度,个股在收盘时触及涨跌停板时,当天的换手率和收益率数据并不能对公开信息进行全面、充分的反映。因此在实证研究中,本章剔除收盘时触及涨跌停板的个股数据。由于收盘时触及涨跌停板数量的股票往往很少[①],所以剔除在第 $t$ 日收盘时触及涨跌停板的股票与不剔除相比,其结果并没有显著差异。表 6-4 显示的是在样本区间中所有非虚拟变量的描述性统计结果。

表 6-4　变量的描述性统计结果(2)

| 变　量 | 平均值 | 标准差 | 25％分位数 | 中位数 | 75％分位数 | 观测值 |
|---|---|---|---|---|---|---|
| Turn | 2.520％ | 0.035 | 0.674％ | 1.397％ | 2.967％ | 5 259 439 |
| RET | −0.411‰ | 0.026 | −13.501‰ | 0％ | 13.164‰ | 5 259 439 |
| NON | −1.468‰ | 0.011 | −5.249‰ | 0％ | 2.454‰ | 5 259 439 |
| TRA | 1.057‰ | 0.025 | −11.947‰ | 1.245‰ | 13.938‰ | 5 259 439 |
| ILLiq | 47.032 | 86.323 | 7.064 | 20.322 | 51.921 | 5 253 987 |
| VOL | 37.375‰ | 0.023 | 21.375‰ | 31.118‰ | 46.385‰ | 5 253 987 |

---

　　①　在样本区间中,平均每日收盘时触及涨跌停板的股票占比为 2.05％,其中触及涨停板的股票占比为 1.28％,触及跌停板的股票占比为 0.77％。

| 变　　量 | 平均值 | 标准差 | 25％分位数 | 中位数 | 75％分位数 | 观测值 |
|---|---|---|---|---|---|---|
| Size | 3.771 | 1.161 | 3.004 | 3.679 | 4.413 | 5 253 987 |
| ClosePrice | 0.387 | 0.262 | 0.198 | 0.327 | 0.509 | 5 253 987 |
| BM | 3.705 | 0.986 | 3.065 | 3.631 | 4.245 | 5 253 987 |
| MeanCGO | 8.495‰ | 0.009 | 2.699‰ | 5.860‰ | 11.037‰ | 2 888 739 |
| MaxCGO | 19.039‰ | 0.018 | 6.462‰ | 13.742‰ | 25.672‰ | 5 253 987 |

从表 6－4 中的结果可以看出，A 股市场个股的平均日换手率为 2.52％，而中位数为 1.40％，小于均值，说明换手率存在明显的右偏现象。此外，A 股市场个股的平均日隔夜收益率为－1.47‰，日内收益率为 1.06‰，二者的符号相反，这一结果也与张兵和薛冰（2019）、Qiao 和 Dam（2020）的结果相符。在隔夜收益率和日内收益率的共同作用下，A 股市场个股的平均日收益率为－0.41‰，约负的 4 基点。

# 6.4　实证结果

## 6.4.1　高换手率与股价当期高估

在探究本章的研究假设前，我们首先通过 Fama-MacBeth 回归方法，探究换手率对当日股票收益的影响。回归方程如下：

$$\text{RET}_{i,t} = \alpha + \beta \text{Turn}_{i,t} + \gamma \text{Controls}_{i,t-1} + \varepsilon_{i,t} \qquad (6-18)$$

在不影响回归结果的前提下，为使回归系数更加直观，在本章所有回归方程中，日收益率、隔夜收益率、日内收益率、日振幅、平均潜在资本利得、日内最高潜在资本利得等基于股票收益的变量均以‰为单位，换手率水平值以％为单位。Fama-MacBeth 回归结果如表 6－5 所示。从表 6－5 中可以看出，在加入控制变量后，换手率水平值的回归系数为 1.369，在 1％的显著性水平下显著，说明如果控制其他变量不变，个股换手率提高 1％将会使本交易日的收益率平均提高 1.369‰。这一结果也说明，换手率高的股票在当日的收益率也更高。

表 6-5　换手率与当日收益率的 Fama-MacBeth 回归结果

| 被解释变量：$RET_{i,t}$ | (1) | (2) |
| :---: | :---: | :---: |
| $Turn_{i,t}$ | 0.615* | 1.369* |
| | (0.050) | (0.090) |
| $ILLiq_{i,t-1}$ | | 0.073* |
| | | (0.007) |
| $VOL_{i,t-1}$ | | −0.156* |
| | | (0.010) |
| $Size_{i,t-1}$ | | 1.548* |
| | | (0.115) |
| $BM_{i,t-1}$ | | 1.246* |
| | | (0.267) |
| $ClosePrice_{i,t-1}$ | | 0.184* |
| | | (0.027) |
| Constant | −2.360* | −7.095* |
| | (0.401) | (0.751) |
| 样本观测值 | 5 259 439 | 5 140 471 |
| $R^2$ | 0.033 | 0.098 |

注：括号内为 Newey-West 标准差；* 代表在 1%的显著性水平下显著。

## 6.4.2　高换手率与下一交易日隔夜收益率

为探究换手率与下一交易日隔夜收益率之间的关系，我们首先构建投资组合的方法进行分析。在每个交易日收盘时，按照个股当日的换手率，将有效样本分为 10 组，对比不同组合在下一交易日的等权隔夜收益率是否存在差异。结果如表 6-6 和图 6-1 所示。

表 6‑6　换手率与下一交易日隔夜收益率的单分组检验结果

| 按第 $t$ 日换手率分组 | $t+1$ 日隔夜收益率/‰ |
|---|---|
| 1(最低) | −0.536 |
| 2 | −0.628 |
| 3 | −0.723 |
| 4 | −0.903 |
| 5 | −1.064 |
| 6 | −1.254 |
| 7 | −1.586 |
| 8 | −2.028 |
| 9 | −2.894 |
| 10(最高) | −6.019 |
| 1—10 | 5.483*<br>(56.02) |

注:括号内的为 $t$ 值;* 代表在 1% 的显著性水平下显著。

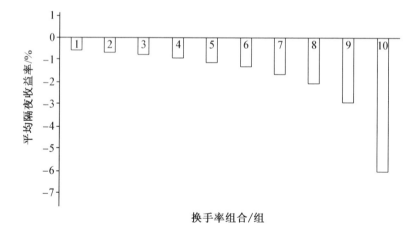

图 6‑1　不同换手率组合的下一交易日平均隔夜收益率

单变量分组结果表明,根据换手率将所有股票分为 10 组,换手率最高的投资组合在下一交易日的隔夜收益率在所有投资组合中最低,为 −6.019‰,而换手率最低的投资组合在下一交易日的隔夜收益率最高,为－0.536‰,换手率与下一交易日隔夜收益率之间具有显著的单调性。

我们进一步采用 Fama-MacBeth 回归方法,探究换手率对下一交易日股票收益的影响。回归方程如下:

$$\text{NON}_{i,t+1}=\alpha+\beta\text{Turn}_{i,t}+\gamma\text{Controls}_{i,t}+\varepsilon_{i,t+1} \tag{6-19}$$

回归结果如表 6－7 所示。

表 6－7　换手率与下一交易日隔夜收益率的 Fama-MacBeth 回归结果

| 被解释变量:$\text{NON}_{i,t+1}$ | (1) | (2) |
|---|---|---|
| $\text{Turn}_{i,t}$ | $-0.589^*$ (0.037) | $-0.363^*$ (0.024) |
| $\text{ILLiq}_{i,t}$ | | $-0.068$ (0.015) |
| $\text{VOL}_{i,t}$ | | $-0.075^*$ (0.005) |
| $\text{Size}_{i,t}$ | | $-0.089^*$ (0.020) |
| $\text{BM}_{i,t}$ | | $-0.527^*$ (0.075) |
| $\text{ClosePrice}_{i,t}$ | | $0.223^*$ (0.016) |
| Constant | $-0.297^{**}$ (0.129) | $1.499^*$ (0.186) |
| 样本观测值 | 5 145 698 | 5 140 471 |
| $R^2$ | 0.060 | 0.097 |

注:括号内为 Newey-West 标准差;$^*$、$^{**}$ 分别代表在 1%、5% 的显著性水平下显著。

从表 6－7 中可以看出,在加入控制变量后,换手率水平值的回归系数为－0.363,在 1% 的显著性水平下显著,说明如果控制其他变量不变,个股换手率提高 1% 将会使下一交易日的隔夜收益率平均降低－0.363‰。这一结果与表 6－6 中的单分组检验结果都验证了本章的假设 2。

Barber 和 Odean(2008)、Berkman 等(2012)通过对美国股票市场的研究发现,吸引投资者注意力的股票在下一交易日往往有很高的隔夜收益率,因此开盘时买入将会带来较大的成本。但是在 A 股市场,对于高换手率的"明星股票",其在下一交易日的隔夜收益率却显现出与之截然相反的规律。在本章的理论分析部分,我们将其归因于 T+1 交易制度与卖空约束的作用。本章也将通过实证研究对假设 H2a 和H2b 加以验证。

为探究 T+1 交易制度对换手率与隔夜收益率之间负向关系的影响,即对假设H3a 进行实证研究,本章构建如下的回归模型进行分析:

$$NON_{i,t+1} = \alpha + \beta_1 Turn_{i,t} + \beta_2 MeanCGO_{i,t} + \beta_3 Turn_{i,t} \times$$
$$MeanCGO_{i,t} + \gamma Controls_{i,t} + \varepsilon_{i,t+1} \tag{6-20}$$
$$NON_{i,t+1} = \alpha + \beta_1 Turn_{i,t} + \beta_2 MaxCGO_{i,t} + \beta_3 Turn_{i,t} \times$$
$$MaxCGO_{i,t} + \gamma Controls_{i,t} + \varepsilon_{i,t+1} \tag{6-21}$$

由于 A 股市场存在着隔夜收益率与换手率之间的显著负向关系,因此在两个回归方程中,$\beta_1$ 的负号均显著为负。而 $MeanCGO_{i,t}$、$MaxCGO_{i,t}$ 分别衡量了单位比例股票的收益情况,反映了第 $t$ 日所有被买入股票的每股卖出压力,因此 $\beta_2$ 的系数也应显著为负。如果由于 T+1 交易制度导致了换手率与隔夜收益率之间的负向关系,当第 $t$ 日购买的股票的每股卖出压力相同时(即在控制 $MeanCGO_{i,t}$ 或 $MaxCGO_{i,t}$ 相同时),如果该股票在第 $t$ 日有着更高的换手率,即在单位比例股票卖出压力相同的情况下,被限制的数量比例更高,那么隔夜收益率也应更低。因此换手率与潜在资本利得的交乘项是回归方程中的关键变量,如果 $\beta_3$ 系数显著为负,说明 T+1 交易制度造成了 A 股市场换手率与隔夜收益率之间的负向关系。虽然 A 股市场除科创板以外的融资融券标的股票的融券卖空量占比极小,但为使检验结果更加稳健,除全样本回归外,我们也在非融资融券标的的样本中进行回归加以验证,以进一步考察不存在卖空机制时 T+1 交易制度是否影响换手率效应。表 6-8 报告了上述方程的 Fama-MacBeth 回归结果。

表 6-8　隔夜收益率与换手率、每股卖出压力的 Fama-MacBeth 回归结果

| 被解释变量：$NON_{i,t+1}$ | 全样本 | | 非融资融券标的 | |
|---|---|---|---|---|
| | （1） | （2） | （3） | （4） |
| $Turn_{i,t}$ | $-0.210^{*}$ (0.021) | $-0.302^{*}$ (0.022) | $-0.229^{*}$ (0.026) | $-0.346^{*}$ (0.042) |
| $MeanCGO_{i,t}$ | $-0.103^{*}$ (0.008) | | $-0.103^{*}$ (0.011) | |
| $Turn_{i,t} * MeanCGO_{i,t}$ | $-0.006^{*}$ (0.001) | | $-0.005^{*}$ (0.001) | |
| $MaxCGO_{i,t}$ | | $-0.321^{*}$ (0.003) | | $-0.031^{*}$ (0.003) |
| $Turn_{i,t} * MaxCGO_{i,t}$ | | $-0.0016^{*}$ $(-0.0002)$ | | $-0.0013^{*}$ (0.0002) |
| $ILLiq_{i,t}$ | $0.011^{*}$ (0.003) | $-0.003$ (0.010) | $0.010$ (0.007) | $-0.006$ (0.013) |
| $VOL_{i,t}$ | $-0.066^{*}$ (0.004) | $-0.059^{*}$ (0.004) | $-0.063^{*}$ (0.005) | $-0.060^{*}$ (0.004) |
| $Size_{i,t}$ | $-0.041$ (0.031) | $-0.079^{*}$ (0.018) | $-0.195^{*}$ (0.062) | $-0.371^{*}$ (0.096) |
| $BM_{i,t}$ | $-0.982^{*}$ (0.160) | $-0.517^{*}$ (0.074) | $-2.153^{*}$ (0.931) | $-0.404$ (0.260) |
| $ClosePrice_{i,t}$ | $0.164^{*}$ (0.040) | $0.210^{*}$ (0.015) | $-0.013$ (0.188) | $0.221^{*}$ (0.035) |
| Constant | $0.990^{*}$ (0.210) | $1.288^{*}$ (0.167) | $2.130^{*}$ (0.923) | $2.655^{*}$ (0.791) |
| 样本观测值 | 2 662 254 | 5 140 471 | 1 948 757 | 3 727 223 |
| $R^2$ | 0.138 | 0.111 | 0.144 | 0.113 |

注：括号内为 Newey-West 标准差；* 代表在 1％的显著性水平下显著。

从表 6-8 中的回归结果可以看出，无论在全样本还是非融资融券标的子样本中，换手率、每股卖出压力以及二者的交乘项均显著为负，说明第 $t$ 日购买的股票在

第 $t$ 日收盘时的每股卖出压力越高,第 $t＋1$ 交易日的隔夜收益率越低。而当所购股票的单位比例股票的卖出压力相同时,如果第 $t$ 日的换手率越高,即被 T＋1 交易制度所限制的数量比例越高,隔夜收益率也会更低。这一实证结果证明了 T＋1 交易制度造成了换手率与隔夜收益率之间的负向关系。

之后我们继续探究卖空约束对换手率与隔夜收益率之间负向关系的影响。由于融券交易费用高等原因,对于 A 股市场科创板以外的融资融券标的股票,其融券卖出量占比极少,因此与非融资融券标的股票相比,融资融券标的股票也面临着极大的卖空约束。科创板的开通为我们对卖空机制与 A 股市场换手率和隔夜收益率的负向关系这一问题的研究提供了新的研究思路。

科创板自 2019 年 7 月 22 日起正式开始交易,所有科创板股票均可进行融券交易,并且融券业务全部采用 T＋0 交易制度,相对于其他科创板以外的融资融券标的股票,科创板所面临的卖空约束相对更低。

为进一步探究卖空机制与 A 股市场换手率和隔夜收益率的负向关系,我们选取包括科创板在内的 A 股市场 2019 年 7 月 22 日至 2019 年 12 月 31 日的交易数据进行研究。其中对科创板以外的股票,我们采取与之前同样的筛除策略:剔除风险警示板块(ST、*ST 和 PT)股票,剔除新股上市 50 个交易日内的数据,在进行回归分析时剔除该交易日收盘时触及涨跌停板的股票数据。而对于科创板股票而言,由于其在交易规则方面与其他股票有一定不同,因此对科创板股票数据的处理稍作调整。科创板个股在新股上市前五个交易日没有涨跌幅限制,股价可以充分反映投资者对新股的判断,因此我们仅删除科创板上市 5 个交易日内的数据。此外,我们也同样在进行回归分析时剔除该交易日收盘时触及涨跌停板的股票数据,以避免由于信息未充分反映等原因影响实证结果。

正如之前所分析的,根据卖空约束的强度,A 股市场的所有股票可以划分为三类,即非融资融券标的个股、除科创板以外的融资融券标的个股以及科创板股票。非融资融券标的个股没有卖空机制;除科创板以外的融资融券标的个股的融券交易采用 T＋1 交易制度,且融券成本较高、融券难度较大;科创板股票的融券交易采用 T＋0 交易制度,且融券成本较低。

　　我们将进一步通过回归分析的方法探究不同卖空约束下股票的换手率和隔夜收益率之间的负向关系是否存在差异。本章构建如下的回归方程：

$$\text{NON}_{i,t+1} = \alpha + \beta_1 \text{Turn}_{i,t} + \beta_2 \text{Margin}_{i,t} + \beta_3 \text{Turn}_{i,t} \times \text{Margin}_{i,t} + \beta_4 \text{Star}_{i,t} +$$
$$\beta_5 \text{Turn}_{i,t} \times \text{Star}_{i,t} + \gamma \text{Controls}_{i,t} + \varepsilon_{i,t+1} \qquad (6-22)$$

　　其中，$\text{Margin}_{i,t}$、$\text{Star}_{i,t}$ 均是虚拟变量，分别在股票 $i$ 在第 $t$ 日为除科创板以外的融资融券标的、科创板个股时设置为 1，其他设置为 0。其回归结果如表 6-9 所示。

　　从表 6-9 中可以看出，换手率系数为 $-0.321$ 且在 1% 的显著性水平下显著为负，说明如果控制其他条件不变，换手率每提高 1%，非融资融券标的个股在下一交易日的隔夜收益率将会降低 0.321‰，这一结果也与之前的实证结果相吻合。换手率与除科创板外的融资融券标的的虚拟变量的交乘项系数为正但并不在统计意义上显著，说明科创板外的融资融券标的的股票的换手率与隔夜收益率之间的负向关系受到了不显著的削弱。换手率与科创板虚拟变量交乘项的系数为 0.136 且在 1% 的显著性水平下显著为正，通过计算可得，如果控制其他条件不变，对于科创板股票而言，换手率每提高 1%，其在下一交易日的隔夜收益率将会降低约 0.175‰。

表 6-9　隔夜收益率与换手率、卖空约束关系的 Fama-MacBeth 回归结果

| 被解释变量：$\text{NON}_{i,t+1}$ | (1) |
| --- | --- |
| $\text{Turn}_{i,t}$ | $-0.321^{*}$<br>(0.072) |
| $\text{Margin}_{i,t}$ | $0.161^{**}$<br>(0.072) |
| $\text{Turn}_{i,t} \times \text{Margin}_{i,t}$ | 0.031<br>(0.040) |
| $\text{Star}_{i,t}$ | $1.080^{***}$<br>(0.575) |
| $\text{Turn}_{i,t} \times \text{Star}_{i,t}$ | $0.136^{*}$<br>(0.057) |

（续表）

| 被解释变量：$NON_{i,t+1}$ | (1) |
| --- | --- |
| $ILLiq_{i,t}$ | 0.002* |
| | (0.001) |
| $VOL_{i,t}$ | $-0.060^{**}$ |
| | (0.014) |
| $Size_{i,t}$ | $-0.088^{**}$ |
| | (0.044) |
| $BM_{i,t}$ | $-1.042^{*}$ |
| | (0.244) |
| $ClosePrice_{i,t}$ | 0.216** |
| | (0.055) |
| Constant | 1.744* |
| | (0.607) |
| 样本观测值 | 364 834 |
| $R^2$ | 0.062 |

注：括号内为 Newey-West 标准差；*、**、*** 分别代表在 1%、5%、10%的显著性水平下显著。

从表 6-9 中的结果可以看出，在没有卖空机制的非融资融券标的个股中，换手率与隔夜收益率之间的负向关系最为明显，而随着卖空约束强度的降低，换手率与隔夜收益率之间的负向关系逐渐减弱。这也证明卖空约束是导致换手率与隔夜收益率之间负向关系的主要原因之一。本部分的实证结果也证明了假设 H2b。

### 6.4.3　高换手率与下一交易日收益率

为检验 A 股市场是否存在日频度下的换手率效应，本章探究个股第 $t$ 日的换手率对于第 $t＋1$ 日股票收益的预测能力：在每一交易日收盘时，我们根据样本中所有股票的换手率，将所有股票分为 10 组，计算下一交易日的等权组合的收益率。计算结果如表 6-10 和图 6-2 所示。

表 6‑10　换手率与下一交易日收益率的单分组检验结果

| 按第 $t$ 日换手率分组 | $t+1$ 日 | | | |
| --- | --- | --- | --- | --- |
| | 收益率/‰ | α-CAPM/‰ | α-三因子模型/‰ | α-五因子模型/‰ |
| 1(最低) | 0.318 | 0.036 | −0.026 | −0.055 |
| 2 | 0.233 | −0.187 | −0.186 | −0.210 |
| 3 | 0.242 | −0.085 | −0.223 | −0.249 |
| 4 | 0.121 | −0.212 | −0.361 | −0.378 |
| 5 | −0.002 | −0.343 | −0.514 | −0.534 |
| 6 | −0.186 | −0.529 | −0.718 | −0.736 |
| 7 | −0.413 | −0.758 | −0.959 | −0.976 |
| 8 | −0.749 | −1.097 | −1.318 | −1.342 |
| 9 | −1.431 | −1.777 | −2.030 | −2.061 |
| 10(最高) | −3.959 | −4.288 | −4.583 | −4.638 |
| 1—10 | 4.277*<br>(17.19) | 4.262*<br>(17.59) | 4.496*<br>(22.74) | 4.520*<br>(23.26) |

注:括号内的为 $t$ 值; * 代表在 1% 的显著性水平下显著。

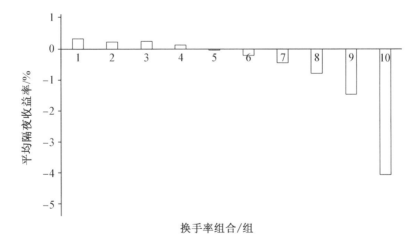

图 6‑2　不同换手率组合的下一交易日平均日收益率

从表 6-10 中可以看出,换手率最低的投资组合在 $t+1$ 日的平均收益率为 0.318‰,换手率最高的投资组合在 $t+1$ 日的平均收益率为 $-3.959$‰。在不考虑交易成本的情况下,在每一交易日收盘时买入换手率最低的组合、卖出换手率最高的组合,平均收益为 4.277‰,该收益率结果也在统计意义上显著。

本章进一步使用 Fama-MacBeth 回归方法,探究换手率对下一交易日股票收益的影响。回归方程如下:

$$\text{RET}_{i,t+1} = \alpha + \beta \text{Turn}_{i,t} + \gamma \text{Controls}_{i,t} + \varepsilon_{i,t+1} \tag{6-23}$$

Fama-MacBeth 回归结果如表 6-11 所示。

表 6-11　换手率与下一交易日收益率的 Fama-MacBeth 回归结果

| 被解释变量:$\text{RET}_{i,t+1}$ | (1) | (2) |
| --- | --- | --- |
| $\text{Turn}_{i,t}$ | $-0.452^*$<br>(0.034) | $-0.338^*$<br>(0.027) |
| $\text{ILLiq}_{i,t}$ | | $0.095^*$<br>(0.035) |
| $\text{VOL}_{i,t}$ | | $-0.050^*$<br>(0.004) |
| $\text{Size}_{i,t}$ | | $-0.385^*$<br>(0.083) |
| $\text{BM}_{i,t}$ | | $-0.001$<br>(0.277) |
| $\text{ClosePrice}_{i,t}$ | | $0.138^*$<br>(0.028) |
| Constant | 0.568<br>(0.365) | $3.106^*$<br>(0.703) |
| 样本观测值 | 5 145 698 | 5 140 471 |
| $R^2$ | 0.023 | 0.066 |

注:括号内为 Newey-West 标准差;* 代表在 1% 的显著性水平下显著。

从表 6-11 中可以看出,当使用换手率的水平值作为解释变量时,加入控制变量后,换手率的系数为－0.338 且在 1% 的显著性水平下显著为负,说明如果控制其他变量不变,个股换手率提高 1% 将会使下一交易日的收益率平均降低－0.338‰。Fama-MacBeth 回归结果也进一步验证了本章的假设 3:A 股市场存在显著的日频度下的换手率效应,即换手率高的股票在下一交易日的收益率更低。

此外,表 6－7 中的回归结果表明,在控制其他因素不变时,个股换手率提高 1% 会使下一交易日隔夜收益率平均降低－0.363‰;而表 6－11 中的结果表明,个股换手率提高 1% 会使下一交易日的收益率平均降低－0.338‰。这也进一步说明换手率与下一交易日隔夜收益率之间的负向关系是 A 股日度换手率效应形成中的主导作用。

# 6.5　本章小结

本章从换手率的异质信念衡量角度出发,在此基础上结合 A 股市场所实行的 T＋1 交易制度和较强的卖空约束,进一步对日度层面换手率与股票收益进行了研究。结果发现由于 T＋1 交易制度和卖空约束的影响,换手率不仅衡量了当日交易中乐观投资者的交易活跃程度,同样也衡量了在当日受交易制度限制无法卖出的股票比例。高换手率的股票被乐观投资者交易所主导,在当日可以获得更高的收益,但是在下一交易日开盘时,前一交易日受交易制度限制的"限售股"产生强大的抛售压力,使收益发生迅速的反转,高换手率的股票在下一交易日的隔夜收益率更低,这一现象也与 Barber 和 Odean(2008)、Berkman 等(2012)对注意力配置的研究结果刚好相反。而换手率与下一交易日隔夜收益率之间的负向关系在收益率的形成过程中占据主导作用,由此形成了 A 股市场独特的日度换手率效应:换手率高的股票在下一交易日的收益率更低。

本章的研究结论是对 T＋1 交易制度下资产定价领域相关研究的进一步拓展。由于 T＋1 交易制度下买卖双方权利的不对等,改变了价格形成机制,加之较强的卖空约束,由此赋予了换手率在 A 股市场日度层面的定价能力。这一研究对于 A 股市场制度性因素下的资产定价研究具有一定的启示。A 股市场自 1995 年以来一直实行 T＋1 交易制度,融券业务也处于不活跃状态,市场卖空约束较强,由此产生了以日度换手率效应为例的与其他国际市场不同的异象。证券市场基础性制度的选择和各制度间的组合会改变投资者的投资决策行为,影响市场资产价格形成过程,并进一步影响市场整体的运行机制。

# 第 7 章　T＋1 制度约束与超短期动量效应

　　T＋1 交易制度不对称地约束买卖双方当天的交易行为,因此,日度频率下的股价行为受其影响最强。在中国 A 股市场,存在着超短期的动量效应,特别是 1 天的动量效应较为显著。但 T＋1 交易制度通常会削弱这种效应。基于隔夜收益率与 T＋1 交易制度的模型,本章将构造 T＋1 交易制度折价率的指标,并以此来验证 T＋1交易制度与超短期动量效应之间的负相关关系。通过 2010—2018 年的数据发现,T＋1 交易制度约束越强,超短期动量效应越弱的规律。通过周频率的结果还发现,T＋1 交易制度的约束可能是 A 股市场动量效应条件性存在的原因。本研究有利于构建有中国特色的资产定价模型。同时,政策制度与市场异象的关系可能为政策评估提供新的视角。本章的行文结构如下:7.1 小节是引言与文献梳理,7.2 小节是理论分析与研究假设,7.3 小节是研究设计,7.4 小节是实证结果,7.5 小节是稳健性检验,7.6 小节是本章小结。

## 7.1　引言与文献梳理

　　动量效应是最典型的市场异象之一。Levy(1967)与 Jegadeesh 和 Titman(1993)发现并提出了动量效应的概念。在美股市场上,收益率较高的股票未来的收益依然较高,即(以过去 6～12 个月的回报率计)积极势头较高的股票未来的表现优于消极势头的股票。动量效应反应了过去收益率较高的资产在未来的某段时间内依然具有较高的收益。将过去收益率较高的资产定义为"赢家组合",而令过去收益率较低的资产为"输家组合",买入赢家组合且卖出输家组合获得收益称之为横截面动量收益(Gray 和 Vogel,2016)。依据策略期限,将 1 个月以内的动量效应称为超短期动量效应(谭小芬和林雨菲, 2012)。

　　动量效应具有极强的稳健性,无论是分行业(Moskovitz 和 Grinblatt, 1999)还是在货币市场(Shleifer 和 Summers, 1990; Lebaron, 1999),又或是在商品市场(Okunev 和 White, 2003; Gorton et al., 2013),动量效应均显著存在。英国、欧洲、日本、韩国、中国台湾和土耳其等国家和地区均存在广泛的动量效应(Asness et al., 2013; Hanauer, 2014)。然而,如此强势的动量效应并没有在 A 股延续它的神话。动量效应在 A 股市场的表现相对较弱(鲁臻和邹恒甫,2007;高秋明等,2014;唐也然等,2020),并且存在"月频动量消失之谜"(白颢睿等,2020),即动量效应仅在超高频率下存在(翟爱梅和罗伟卿,2013)。

　　近年来,短期(小于 6 个月)动量效应的存在性得到了广泛的认可(Wu, 2011; Pan et al., 2013)。本章主要以超短期(小于 1 个月)的动量效应为主要研究标的,是因为在 A 股市场一个非常短的形成期可能会显示出不同的结果。谭小芬和林雨菲(2012)发现,A 股市场中存在超短期(1 个月内)动量效应,并发现信息的短期反应依据市值有不同的表现。高秋明等(2014)通过 1994 年至 2011 年的数据指出,A 股市场中月度频率的动量效应不具有显著存在性,而存在稳定的超短期动量效应,并发现规模、账面市值比和行业等因素对其具有约 50％的解释能力。唐也然等(2020)指出,对于日度动量效应,规模、账面市值比和行业等因素的解释能力仅为 30％,投资者非理性因素的解释能力为 35％。通过 Lou et al(2019)的方法分解收益率,白颢睿等(2020)发现了 A 股市场中的日内动量和隔夜动量效应,并以 T＋1 交易制度作为日内动量效应与隔夜动量效应间的反转关系的解释,同时指出,反转关系是 A 股市场中月频率动量效应消失的原因之一。

　　总之,市场因素和投资者非理性因素仅能部分地解释 A 股市场中的日度动量效应(唐也然等,2020),而交易制度可以有效地解释"月频动量消失之谜"。因此,本章以 T＋1 交易制度为代表,研究制度约束对超短期动量效应的影响,为 A 股市场的动量效应提供了进一步的解释,有利于构建有中国特色的资产定价模型。

　　基于 A 股市场 2010 年至 2018 年的历史数据,本章发现了 A 股市场存在 T＋1 交易制度约束越强,超短期动量效应越弱的规律。周频率的结果表明,T＋1 交易制度的约束可能是 A 股市场动量效应条件性存在的原因。而投资者情绪、涨跌限制等因素未对结论产生方向性的影响。从制度约束的角度,本章还发现 A 股市场动量效应持续期限较短的可能解释。本章的主要创新与贡献之处在于,第一,通过交易策略模型的构造,本章从理论上联结了 T+1 交易制度与隔夜收益率之间的关系。其次,基于隔夜收益率,本章构造了度量 T+1 交易制度形成的制度约束指标,并且通过剔除投资者情绪对隔夜收益率的影响,构建了更纯粹的 T+1 交易制度折价。最后,本章还采用 A、H 股共同上市企业进行对比研究,直观地展示了交易制度对策略收益率的差异。

## 7.2　理论分析与研究假设

借鉴 Longstaff(1995)和白颢睿等(2020)的思想,构建一个 T+1 交易制度与隔夜收益率的模型。假设市场上存在一种代表性风险资产,代表性投资者分别在 $t$ 日收盘价和 $t+1$ 日开盘价两个时刻进入市场。为了描述的简便,令以收盘价进入市场的投资者为 I 类投资者,而以开盘价进入市场的投资者为 II 类投资者。假设市场上存在充裕的流动性提供者,$t$ 日的资产价值为 $V_t$,且日内保持恒定。开盘时,所有投资者对其存在同质期望。如图 7 - 1 所示。

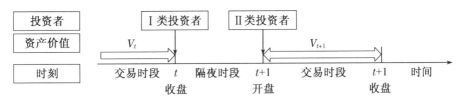

**图 7 - 1　T+1 交易制度与隔夜收益率的模型**

在第 $t$ 日收盘时,I 类投资者以收盘价进入市场,此时投资者已无法在第 $t$ 日进行交易,因此第 $t$ 日的资产价值($V_t$)并非其决策的主要判断依据,投资者此时是基于第 $t+1$ 日的市场价值的贴现进行的投资判断,即:

$$E_t[M_t] = E_t[V_{t+1}e^{-\eta}] + E\{h_{t+1}|t\} \tag{7-1}$$

其中,$V_{t+1}$ 为第 $t+1$ 日的资产价值;$e^{-\eta}$ 为资产价值的隔夜贴现,$E\{h_{t+1}|t\}$ 为 $t$ 时刻对适销性期权的期望。该适销性期权的期权费为当日收盘至次日开盘的无风险收益。由于间隔时间极短,期权费可以近似为 0[①],因此,适销性期权的期望必然不小于 0,即 $E\{h_{t+1}|t\}=\max\{0,E_t[h_{t+1}]\}$。

在第 $t+1$ 日的开盘时刻,资产价值为 $\ddot{E}_{t+1}[V_{t+1}]=E_t[V_{t+1}]e^{\pi}$。其中,$\ddot{E}$ 代表期初期望;$e^{\pi}$ 为投资者期望的隔夜跨期贴现因子。而在第 $t$ 日以收盘价进入市场的投资者(I 类投资者)持有的资产此时的期望价值为 $\ddot{E}_{t+1}[M_t]=E_t[M_t]e^{\pi}=E_t[V_{t+1}\;e^{r(\tau-\eta)}]+E\{h_{t+1}|t\}e^{\pi}$。因此,同一时刻下(第 $t+1$ 日开盘时刻),I 类投资者与 II 类投资者的资产价值之差为:

$$\ddot{E}_{t+1}[M_t]-\ddot{E}_{t+1}[V_{t+1}]=E_t[V_{t+1}(e^{r(\tau-\eta)}-1)]+E\{h_{t+1}|t\}e^{\pi} \qquad (7-2)$$

公式(7-2)表明,I 类投资者与 II 类投资者持有资产价值的差异为两个部分构成,一部分为资产价值变动的期望;另一部分为适销性期权的期望价值。

当投资者的期望折现率高于资产价值折现率,即 $\tau-\eta>0$ 时,隔夜收益率为负,而投资者较强的期望折现意味着投资者会高估资产价值的折价,从而低估资产价格。在卖空限制的条件下,资产价格上行时,投资者仅能购入资产,即通过动量策略获得收益,而低估资产会削弱动量效应。因此提出研究假设:隔夜收益率越低,动量效应越弱。

## 7.3　研究设计

### 7.3.1　样本选择和数据来源

本章选取 2 698 家 A 股非金融类上市企业为样本,研究期限为 2010 至 2018 年。本章对异常值进行了处理,进行了 1% 水平下的缩尾处理(Winsorize),即将所有小于 1%(大于 99%)分位数的变量调整为 1% 分位值(99% 分位值)。Fama-French 因子

---

[①]　以 Shibor 为无风险利率,2020 年 4 月 14 日,Shibor 的年化隔夜利率为 0.99%,日度约为 0.40‰,低于交易的税费成本。

定价模型中的因子数据来自中央财经大学金融学院。基于"股吧"数据计算投资者情绪的直接反映指标,其中"股吧"数据来自 CSMAR 和 CNRDS 数据库。其他数据,如未特别注明,均来自 Wind 数据库。

## 7.3.2　策略组合的构建

本章采用非交叠持有的方式构建动量策略组合。相较于交叠持有的方式,非交叠持有的方式形成的样本观测值更少,且受样本区间的选择影响较大。但非交叠持有方式形成的样本具有独立性,不会造成样本内的自相关和异方差。由于本章选用的数据为 2010 年至 2018 年的 2 698 家上市公司的日度交易数据,共有 2 185 个时间点,共计数据量约为 5 892 945 个。可以认为即使采用非交叠持有方式构造的策略组合,样本观测值的减少对结果稳健性的影响较小。

具体地,以 $L$ 为形成期,以 $K$ 为持有期构建动量策略,记作$(L,K)$。以形成期 $L$ 内的平均收益率作为排序指标,其计算方式如公式$(7-3)$所示。

$$\text{Factor}_{i,t} = \frac{1}{L} \sum_{K=1}^{L} \text{RET}_{i,t-K} \qquad (7-3)$$

## 7.3.3　指标构建

### 1. T＋1 交易制度折价指标的构建

在 T＋1 交易制度下,当投资者的期望折现率高于资产折现率时,资产价格表现出负隔夜收益率,因此采用隔夜收益率与日度收益率的比值作为 T＋1 交易制度折价的指标。由于 T＋1 回转交易制度是 A 股市场隔夜收益率特殊表现的重要解释角度之一(Diao et al. , 2018;Qiao 和 Dam, 2020),可以认为隔夜收益率能够反映 T＋1 回转交易制度。然而,隔夜收益率本身的大小不仅仅取决于 T＋1 回转交易制度,还具有投资者情绪等内涵(Aboody et al. ,2018;张兵,2019),因此,如公式$(7-4)$所示,采用隔夜收益率与日度收益率的比值作为 T＋1 交易制度的折价指标具有更合理的解释意义。

$$\text{Discountrate} = \frac{\text{NON}_{i,t}}{\text{RET}_{i,t}} \qquad (7-4)$$

采用隔夜收益率与日度收益率的比值作为 T＋1 交易制度折价率的代理变量，该指标越低，意味着受到 T＋1 回转交易制度的影响越大。考虑四种情景，如表 7-1 所示。

表 7-1　情景分析

| 指　　标 | 情景Ⅰ | 情景Ⅱ | 情景Ⅲ | 情景Ⅳ |
|---|---|---|---|---|
| 日度收益率 | $a$ | $-a$ | $a$ | $-a$ |
| 隔夜收益率 | $b$ | $b$ | $-b$ | $-b$ |
| 日内收益率 | $a-b$ | $-a-b$ | $a+b$ | $-a+b$ |
| 绝对日内收益率 | $\|a-b\|$ | $\|a+b\|$ | $\|a+b\|$ | $\|a-b\|$ |
| Discount Rate | $b/a$ | $-b/a$ | $-b/a$ | $b/a$ |

注：参数 $a$ 和 $b$ 均为正值；日度收益率和隔夜收益率外生给定，而日内收益率由日度收益率与隔夜收益率之差所得，Discount Rate 由公式(7-4)计算所得。

可以清楚地发现，情景Ⅰ和情景Ⅳ的折价率相同，而情景Ⅱ和情景Ⅲ的折价率相同。假设隔夜收益率均为制度成本，则理想状态下，日度收益率为理性价格收益率，隔夜收益率应当趋近于 0。可以看出，对于情景Ⅰ和情景Ⅳ，隔夜收益率均反映了制度对其收益率向零方向的削弱，即该制度同时削减了情景Ⅰ的收益和情景Ⅳ的损失。而对于情景Ⅱ和情景Ⅲ，隔夜收益率均反映了制度对其收益率向零反方向的增强，即该制度同时扩大了情景Ⅰ的收益和情景Ⅳ的损失。因此，公式(7-4)反映了单位收益率中隔夜收益率的影响比例，以此反映 T＋1 交易制度的影响。A 股市场中隔夜收益率均值为负(张兵,2019)，因此，以 T＋1 交易制度的折价指标作为公式(7-4)的指标名称。

2. 投资者情绪指标的构建

由于本章主要采用的是 2010—2018 年的历史数据，自 2010 年起，互联网普及率已达约 1/3，使用网络进行意见表达的投资者也日益增加。一方面，网民规模日益扩张，且远超投资者规模。依据中国互联网络信息中心和中国证券登记结算有限责任公司提供的数据，截至 2009 年年底，我国网民数量已达 3.84 亿人，手机网民规模达

2.33 亿人,互联网普及率近 1/3①,A 股账户数达到 1.40 亿户。2018 年年底,网民规
模已达 8.29 亿人,而 A 股的投资者数量为 1.46 亿户,其中自然人为 1.45 亿户。另
一方面,网络交流的匿名性更强②,投资者可以更直接地表达自己的意见(吴信训和
陈辉兴,2007)。我们认为网络媒体中反映的投资者情绪更具有真实性,因此,采用
"股吧"的讨论帖作为情绪的代理变量。金秀等(2018)指出,"股吧"同时具有承载观
点与影响认知两个维度的作用。借鉴 Antiweiler 和 Frank(2004)的方法,基础指标
构建为以下公式(7－5):

$$B_{i,t}=\frac{\text{Num}_{\text{positive},i,t}-\text{Num}_{\text{Negative},i,t}}{\text{Num}_{\text{positive},i,t}+\text{Num}_{\text{Negative},i,t}} \quad (7-5)$$

其中,$\text{Num}_{\text{positive},i,t}$ 为 $t$ 时刻与 $i$ 公司有关的积极态度的帖子数量,$\text{Num}_{\text{Negative},i,t}$ 为 $t$
时刻与 $i$ 公司有关的消极态度的帖子数量。在 $t$ 时刻,对 $i$ 公司的投资者情绪指标
$B_{i,t}$ 介于－1 至 1 之间,即 $B_{i,t}\in[-1,1]$。同时,调整后的指标如公式(7－6)所示。

$$B_{i,t}^{*}=B_{i,t}\times\ln(1+\text{Num}_{\text{positive},i,t}+\text{Num}_{\text{neutral},i,t}) \quad (7-6)$$

Antiweiler 和 Frank(2004)指出,公式(7－6)的指标要优于公式(7－5)的指标。
部慧等(2018)对其进行了改进,将中性帖子的数量也加入公式中,这是更符合我国市
场和投资者特征的。我国市场中投资者难以形成持之以恒的认识逻辑(何诚颖等,
2014),因此,中性表达也很重要,极有可能是情绪极端分化前的缓冲,应当受到更多的关
注。因此,考虑了中性投资者及帖子数量的投资者情绪指标构建如公式(7－7)所示。

$$B_{i,t}^{**}=B_{i,t}\times\ln(1+\text{Num}_{\text{positive},i,t}+\text{Num}_{\text{Negative},i,t}+\text{Num}_{\text{neutral},i,t}) \quad (7-7)$$

其中,$\text{Num}_{\text{neutral},i,t}$ 为 $t$ 时刻与 $i$ 公司有关的中性态度的帖子数量。进一步考虑不
同阅读量的帖子,其影响力具有差异,因此将阅读量纳入指标构建中。同时,也增加

---

① 数据来自中国互联网信息中心。截至 2009 年 12 月 31 日,我国网民数量已达 3.84 亿人,宽
带网民数为 3.46 亿人,手机网民规模达 2.33 亿人,共有网站 323 万个,IPV4 数量 2.3 亿个,域名数
1 682 万个。
② 根据新闻《深交所投资者关系工作调查:上市公司建议"股吧"等平台加强实名制审核》可知,
"股吧"平台当前依然存在一定的匿名性。资料来源:刘昌源.深交所投资者关系工作调查:上市公司建
议"股吧"等平台加强实名制审核[EB/OL].(2020－03－24)[2020－04－08]. https://finance. sina. cn/
2020－03－24/detail-iimxyqwa2757145. d. html.

了"评论—阅读比"的考虑。在相同的阅读次数下,评论越多说明对该帖的赞同或反对越激烈,也反映了该贴的影响力越大。而根据"沉默的螺旋"理论,大多数投资者可以规避由于坚持己见而被孤立的风险(Noelle-Neumann,1974),在"股吧"讨论中体现为投资者乐于打开与自己意见一致的帖子(金秀等,2018)。基于此,一个主贴的阅读次数越多,"评论—阅读比"越大,该主贴的影响力越大。

$$B_{i,t}^{***} = B_{i,t}^{**} \times \ln\left(1 + \frac{\text{Comment}_t}{\text{Read}_t} + \text{Read}_t\right) \tag{7-8}$$

同时,考虑到"股吧"评论的滞后性与帖子数量的调整效应,采用部慧等(2018)的方法构建异常情绪指标,如公式(7-9)所示。

$$IS_{i,t} = \frac{k \times B_{i,t}^{***} - \sum_{\tau=1}^{k} B_{i,t-\tau}^{***}}{\sum_{\tau=1}^{k} B_{i,t-\tau}^{***}} \tag{7-9}$$

其中,$IS_{i,t}$为异常情绪指标;$\sum_{\tau=1}^{k} B_{i,t-\tau}^{***}$为过去 $k$ 期的移动平均值;$k$ 为形成期,令其为244[①]。

3. 控制变量

根据现有研究,本章还控制了可能会对短期动量效应产生影响的变量,如市值规模、换手率、BM 和名义价格等。具体变量定义见表7-2。

表7-2  变量的符号、名称及计算方法

| 变量符号 | 变量名称 | 计算方法 |
|---|---|---|
| RET | 收益率 | 股票收益率,来自 Wind 数据库 |
| Factor | 动量指标 | 动量指标,用于衡量动量效应,通过公式(7-3)计算所得 |
| NON | 隔夜收益率 | 股票隔夜收益率,来自 Wind 数据库 |
| DR | T+1 交易制度的折价指标 | T+1 交易制度的折价指标,基于公式(7-4)计算所得 |
| IS | 投资者情绪 | 投资者异常情绪,基于公式(7-9)计算所得 |
| Size | 公司规模 | 公司的流通市值,来自 Wind 数据库 |

① 2009 年的交易日为245 天。

**（续表）**

| 变量符号 | 变量名称 | 计算方法 |
|---|---|---|
| TV | 换手率 | 公司的换手率,来自 Wind 数据库 |
| BM | 账面市值比 | 1/市净率,来自 Wind 数据库 |
| Price | 名义价格 | 股票的名义价格,来自 Wind 数据库 |
| IndustryIndex | 行业属性 | 证监会行业分类,精确至行业门类,来自 Wind 数据库 |

# 7.4　实证结果

## 7.4.1　描述性统计

采用 A 股剔除金融行业的 2 698 家上市公司 2010 至 2018 年的日度交易数据为主要样本,其主要变量的描述性统计结果如表 7-3 所示,共具 5 892 945 个样本。其中,样本内股票的日收益率(RET)平均为 0.036 2%,而隔夜收益率(NON)为－0.137%,日内收益率(TRA)为 0.183%。表现出 A 股特有的负隔夜收益率特性,验证了张兵(2019)的结果。表 7-3 中对部分存在极端值的序列进行了缩尾处理。

**表 7-3　变量的描述性统计结果(3)**

| 变量 | 样本量 | 平均值 | 标准差 | 最小值 | P25 | 中位数 | P75 | 最大值 |
|---|---|---|---|---|---|---|---|---|
| RET | 5 892 945 | 0.000 4 | 0.027 5 | －0.279 0 | －0.010 1 | 0.000 0 | 0.010 6 | 7.379 |
| Factor | 5 142 529 | 0.000 4 | 0.029 5 | －0.279 0 | －0.012 8 | 0.000 0 | 0.013 2 | 7.379 |
| NON | 5 142 529 | －0.001 4 | 0.013 8 | －0.103 0 | －0.005 11 | 0.000 0 | 0.001 95 | 6.115 |
| TRA | 5 143 721 | 0.001 8 | 0.027 4 | －0.352 0 | －0.011 0 | 0.000 0 | 0.013 9 | 0.600 |
| Size | 5 163 147 | 8.68 | 35.60 | 0.13 | 2.02 | 3.87 | 7.62 | 2370 |
| TV | 5 163 147 | 2.509 | 3.709 | 0.000 | 0.606 | 1.364 | 2.971 | 95.92 |
| BM | 5 163 147 | 0.334 | 0.245 | －4.120 | 0.166 | 0.281 | 0.445 | 12.03 |
| Price | 5 163 147 | 16.17 | 15.77 | 0.210 | 7.560 | 11.97 | 19.40 | 799.2 |

注:为了报告的简洁,Size 指标进行了单位的调整。

### 7.4.2　T＋1 交易制度与动量效应

　　文本采用的基础组合是(1,1)策略,这是在 T＋1 回转交易机制下能够达到的最高频率交易。在此频率下,A 股市场存在显著的动量效应。其结果如表 7－4 所示。

　　从表 7－4 中可以发现,依据前一个交易日的收益率进行排序,次日的动量策略可以获得约 0.54％的超额收益率,与唐也然等(2020)的日度动量效应的结果相似。经 CAPM 模型、Fama-French 三因子和 Fama-French 五因子模型的风险调整,超短期动量效应依然稳健存在。由于 T＋1 回转交易机制本质是一种对短期交易的约束,因此,仅存在于短期的动量效应受其影响更大,相对时间较长的反转效应受其影响相对较小。白颢睿等(2020)更是指出,T＋1 交易制度造成了更长期限的动量效应的消散。采用公式(7－4)的指标衡量 T＋1 交易制度折价率,T＋1 折价与动量效应的双变量分组检验结果如表 7－5 所示。

　　表 7－5 中,T＋1 交易制度折价最大的 20％的股票组合中,截面动量策略仅可以获得约 0.08％的超额收益;而在 T＋1 交易制度折价最小的组合中,截面动量效应可以获得约 1.54％的超额收益率,是前者的 19.25 倍,意味着 T＋1 交易制度折价对动量效应存在巨大的影响。随着 T＋1 交易制度折价的降低,截面动量效应逐步扩大,验证了研究假设Ⅰ。经三因子模型的风险调整后,截面动量效应与 T＋1 交易制度折价的关系依然稳健。分组考虑,赢家组合存在随着 T＋1 交易制度折价的提升而降低的时间动量策略收益,从 0.98％下降至－0.06％;而输家组合中,T＋1 交易制度折价越高,动量策略收益越高,从－0.56％上升至－0.15％。因此,T＋1 折价的影响可以看作降低了赢家组合的盈利且削弱了输家组合的损失。这可能是 A 股市场中动量效应更弱,而反转效应更强的原因之一。

　　进一步研究在多个控制变量下,T＋1 交易制度的折价对动量效应的影响。采用交互项的方法检验 T＋1 交易制度折价对动量效应的影响,其回归结果如表 7－6 所示。为了增强 T＋1 交易制度折价的影响,仅采用了负隔夜收益率的数据。由于交互项可能会存在多重共线性,因此采用归一法的方法进行处理。

表 7 - 4　单变量分组检验结果

| 收益率 | L | 2 | 3 | 4 | 5 | 6 | 7 | 8 | 9 | H | L-H |
|---|---|---|---|---|---|---|---|---|---|---|---|
| Avg | -0.23* (-5.35) | -0.03 (-0.81) | 0.01 (0.27) | 0.04 (1.11) | 0.07* (1.72) | 0.07*** (1.80) | 0.06 (1.60) | 0.05 (1.42) | 0.02 (0.63) | 0.30* (7.76) | -0.54* (-18.39) |
| CAPM | -0.24* (-12.11) | -0.04** (-2.25) | 0.00 (0.14) | 0.04** (2.19) | 0.06* (3.87) | 0.06* (4.44) | 0.05* (3.38) | 0.05* (2.63) | 0.02 (0.87) | 0.29* (13.26) | -0.54* (-19.03) |
| FF3 | -0.29* (-19.16) | -0.09* (-6.09) | -0.04* (-2.89) | 0.00 (-0.33) | 0.02* (1.81) | 0.03* (2.64) | 0.02 (1.56) | 0.02 (1.04) | -0.01 (-0.92) | 0.25* (13.30) | -0.54* (-19.23) |
| FF5 | -0.29* (-18.87) | -0.08* (-5.83) | -0.04* (-2.91) | 0.00 (-0.17) | 0.02* (2.08) | 0.03* (2.88) | 0.02 (1.58) | 0.01 (0.77) | -0.02 (-1.18) | 0.26* (13.35) | -0.54* (-19.07) |

注:收益率均为百分比形式;括号中为为 $t$ 统计量;*、** 和 *** 分别代表在 1%、5% 和 10% 的显著性水平下显著;本表反映了以上个交易日为形成期,并仅以 1 个交易日为持有期的交易组合结果;因篇幅所限,仅报告了等权的结果。

表 7 - 5　双变量分组检验结果(控制 T＋1 交易制度折价率)

面板 A:风险收益率

| 折价率分组 | L | 2 | 3 | 4 | 5 | 6 | 7 | 8 | 9 | H | L-H |
|---|---|---|---|---|---|---|---|---|---|---|---|
| L | -0.15* (-3.36) | -0.04 (-0.98) | -0.02 (-0.50) | 0.00 (-0.06) | 0.01 (0.32) | 0.01 (0.25) | 0.02 (0.54) | 0.03 (0.66) | 0.01 (0.27) | -0.06 (-1.51) | -0.08* (-3.29) |
| 2 | -0.13* (-2.88) | 0.00 (-0.08) | 0.04 (1.02) | 0.06 (1.28) | 0.04 (1.04) | 0.06 (1.41) | 0.04 (0.86) | 0.02 (0.42) | -0.02 (-0.40) | 0.15* (3.74) | -0.29* (-10.09) |
| 3 | -0.14* (-3.02) | 0.00 (0.04) | 0.06 (1.37) | 0.07 (1.62) | 0.08*** (1.91) | 0.07*** (1.75) | 0.07 (1.55) | 0.04 (1.02) | 0.04 (0.88) | 0.22* (5.43) | -0.36* (-13.07) |

（续表）

面板 A：风险收益率

| 折价率分组 | L | 2 | 3 | 4 | 5 | 6 | 7 | 8 | 9 | H | L-H |
|---|---|---|---|---|---|---|---|---|---|---|---|
| 4 | −0.23* (−4.97) | −0.02 (−0.41) | 0.06 (1.30) | 0.07 (1.53) | 0.09** (2.15) | 0.09** (2.16) | 0.09** (2.00) | 0.08*** (1.86) | 0.06 (1.46) | 0.25* (5.95) | −0.48* (−16.16) |
| H | −0.56* (−12.16) | −0.09** (−1.96) | 0.00 (−0.10) | 0.03 (0.67) | 0.07 (1.53) | 0.08*** (1.83) | 0.11* (2.70) | 0.14* (3.28) | 0.22* (4.99) | 0.98* (19.59) | −1.54* (−33.49) |

面板 B：超额收益率（三因子模型）

| 折价率分组 | L | 2 | 3 | 4 | 5 | 6 | 7 | 8 | 9 | H | L-H |
|---|---|---|---|---|---|---|---|---|---|---|---|
| L | −0.20* (−12.64) | −0.09* (−7.16) | −0.06* (−5.64) | −0.05* (−4.15) | −0.03** (−2.54) | −0.03* (−2.84) | −0.02 (−1.53) | −0.01 (−0.88) | −0.03*** (−1.83) | −0.11* (−5.77) | −0.09* (−3.48) |
| 2 | −0.18* (−12.89) | −0.06* (−4.93) | −0.01 (−0.83) | 0.00 (0.34) | −0.01 (−0.82) | 0.01 (0.90) | −0.01 (−1.19) | −0.03** (−2.48) | −0.06* (−4.62) | 0.11* (5.62) | −0.29* (−10.67) |
| 3 | −0.19* (−13.68) | −0.05* (−4.80) | 0.01 (0.59) | 0.02 (1.64) | 0.03* (3.01) | 0.02* (2.32) | 0.02 (1.48) | −0.01 (−0.52) | −0.01 (−0.74) | 0.18* (9.55) | −0.37* (−13.86) |
| 4 | −0.29* (−16.71) | −0.08* (−6.26) | 0.00 (0.06) | 0.01 (0.83) | 0.04* (3.84) | 0.04* (3.86) | 0.03* (3.19) | 0.03** (2.45) | 0.01 (0.90) | 0.20* (10.28) | −0.50* (−16.88) |
| H | −0.62* (−30.42) | −0.15* (−10.86) | −0.06* (−5.17) | −0.03** (−2.47) | 0.01 (1.01) | 0.03* (2.55) | 0.07* (6.01) | 0.09* (6.55) | 0.17* (8.31) | 0.92* (24.81) | −1.55* (−33.92) |

注：L 组意味着高 T＋1 交易制度折价率，而 H 组的 T＋1 交易制度折价率更低，括号中为对应的 t 值；*、** 和 *** 分别表示在 1%、5% 和 10% 的显著性水平下显著；因篇幅所限，仅报告了等值权重中风险收益率和三因子模型调整后的超额收益率两种情况。

表 7 - 6　回归系数表（1）

| 解释变量 | (1) | (2) | (3) | (4) | (5) | (6) | (7) | (8) |
|---|---|---|---|---|---|---|---|---|
| Factor | 0.072 0*<br>(69.30) | 0.068 5*<br>(50.78) | 0.068 3*<br>(50.67) | 0.068 1*<br>(50.52) | 0.071 8*<br>(69.37) | 0.068 5*<br>(50.87) | 0.068 3*<br>(50.76) | 0.068 1*<br>(50.60) |
| FC | 0.004 53*<br>(17.36) | 0.004 53*<br>(17.32) | 0.004 52*<br>(17.30) | 0.004 50*<br>(17.25) | 0.004 53*<br>(17.34) | 0.004 53*<br>(17.30) | 0.004 52*<br>(17.28) | 0.004 51*<br>(17.23) |
| MV | −0.179**<br>(−2.066) | −0.177*<br>(−2.069) | −0.177**<br>(−2.069) | −0.179**<br>(−2.085) | −0.048 4***<br>(−1.870) | −0.049 1***<br>(−1.874) | −0.049 3***<br>(−1.874) | −0.049 5***<br>(−1.881) |
| TV | −0.000 171*<br>(−17.87) | −0.000 174*<br>(−18.19) | −0.000 177*<br>(−18.45) | −0.000 172*<br>(−18.00) | −0.000 159*<br>(−18.58) | −0.000 161*<br>(−18.80) | −0.000 164*<br>(−19.05) | −0.000 159*<br>(−18.65) |
| BM | 0.002 97*<br>(16.59) | 0.003 09*<br>(17.43) | 0.003 15*<br>(17.60) | 0.003 12*<br>(17.57) | 0.001 43*<br>(15.52) | 0.001 48*<br>(15.98) | 0.001 51*<br>(16.18) | 0.001 49*<br>(16.08) |
| Price | −0.000 007 54<br>(−1.516) | −0.000 006 71<br>(−1.373) | −0.000 007 19<br>(−1.454) | −0.000 006 27<br>(−1.281) | 0.000 002 61<br>(1.242) | 0.000 003 42***<br>(1.655) | 0.000 003 19<br>(1.523) | 0.000 003 50***<br>(1.690) |
| MKT_RF |  | 0.008 28*<br>(3.510) | 0.010 9*<br>(4.658) | −0.004 41***<br>(−1.853) |  | 0.008 24*<br>(3.487) | 0.010 8*<br>(4.590) | −0.004 80**<br>(−2.015) |
| HML |  | −0.074 9*<br>(−19.73) | −0.079 1*<br>(−20.54) | 0.016 3*<br>(2.722) |  | −0.075 8*<br>(−20.04) | −0.079 9*<br>(−20.80) | 0.013 2**<br>(2.212) |
| SMB |  | −0.154*<br>(−44.92) | −0.164*<br>(−46.76) | −0.026 6*<br>(−5.795) |  | −0.152*<br>(−44.30) | −0.161*<br>(−46.01) | −0.023 9*<br>(−5.211) |
| MOM |  |  | −0.035 5*<br>(−16.74) |  |  |  | −0.033 9*<br>(−15.99) |  |

（续表）

| 解释变量 | (1) | (2) | (3) | (4) | (5) | (6) | (7) | (8) |
|---|---|---|---|---|---|---|---|---|
| CMA | | | | 0.002 60<br>(0.418) | | | | −0.000 061 9<br>(−0.009 93) |
| RMW | | | | −0.231*<br>(−41.94) | | | | −0.231*<br>(−42.07) |
| Cons | 0.000 504*<br>(3.363) | 0.000 452*<br>(3.077) | 0.000 461*<br>(3.092) | 0.000 386*<br>(2.627) | 0.000 659*<br>(5.687) | 0.000 637*<br>(5.537) | 0.000 649*<br>(5.629) | 0.000 583*<br>(5.067) |
| 个体效应 | 控制 | 控制 | 控制 | 控制 | 控制 | 控制 | 控制 | 控制 |
| 行业效应 | 未控制 | 未控制 | 未控制 | 未控制 | 控制 | 控制 | 控制 | 控制 |
| $N$ | 2 291 285 | 2 291 285 | 2 291 285 | 2 291 285 | 2 291 285 | 2 291 285 | 2 291 285 | 2 291 285 |
| $R^2$ | 0.006 58 | 0.007 45 | 0.007 59 | 0.008 62 | | | | |
| Adj $R^2$ | 0.006 58 | 0.007 45 | 0.007 58 | 0.008 62 | | | | |

注:列(1)至列(4)为未控制行业效应的回归结果,列(5)至列(8)采用添加虚拟变量的方式控制行业效应;括号中为对应的 $t$ 值;*、**、*** 分别表示在 1%、5%、10% 的显著性水平下显著;为了报告的简洁,对 MV 的原始数据进行了单位的调整。

　　从表 7‐6 的列(1)中可以看出,动量指标对收益率的回归系数为 0.072 0,在 1％ 的显著性水平下显著,意味着过去收益率高的股票未来收益率也越高。而交互项的 回归系数为 0.004 53,也在 1％的显著性水平下显著,意味着当 T＋1 交易制度折价 率扩大 1 个单位时,动量效应被抑制了约 0.453％个单位。这表明 T＋1 交易制度对 动量效应具有抑制作用,即 T＋1 交易制度折价率越强,动量效应越弱。T＋1 交易 制度折价率越大,动量效应越弱,与分组的结果保持一致,并与白颢睿等(2020)发现 的 T＋1 交易制度削弱了总体动量效应的结论相似,验证了研究假设 I。列(2)至列 (4)分别增加了三因子、四因子和五因子作为控制变量,结果与列(1)具有相似性。列 (5)至列(8)为控制行业效应后,T＋1 交易制度折价率对动量效应的影响,证明了 T＋1 交易制度的影响是稳健的。为了研究 T＋1 交易制度折价率对动量效应的影 响程度以及动量效应是否为 T＋1 交易制度折价率影响收益率的唯一渠道,将 T＋1 交易制度折价率、动量指标和交互项都放进回归方程,结果如表 7‐7 所示。

　　从表 7‐7 的列(1)中可以看出,动量指标对收益率的回归系数为 0.072 1,在 1％ 的显著性水平下显著,意味着过去收益率越高的股票未来收益率也越高。而交互项 的回归系数为 0.003 74,也在 1％的显著性水平下显著,意味着 T＋1 交易制度折价 率对动量效应具有抑制作用,即 T＋1 交易制度折价率越大,动量效应越小。增加了 交互项后,T＋1 交易制度折价率指标不具有显著性,意味着 T＋1 交易制度折价率 对收益率的影响主要通过动量指标,不具有独立的影响。列(2)至列(4)分别增加了 三因子、四因子和五因子作为控制变量,结果与列(1)具有相似性,T＋1 交易制度折 价率对动量效应的抑制作用平均为 6.92％。列(5)至列(8)为控制行业效应后,T＋1 交易制度折价率对动量效应的影响是稳健的。

## 7.4.3　投资者情绪与动量效应

　　采用隔夜收益率作为 T＋1 交易制度的折价率可能会遇到投资者情绪的挑战。 关于隔夜收益率的研究并非 A 股市场的独特课题,诸多学者对不同市场的隔夜收益 率都要进行深入的研究,如美国市场(Aboody et al. , 2018)或日本市场(Miwa, 2019)等。基于美国市场,Aboody et al.(2018)指出,隔夜收益率就有投资者情绪的内

表 7 - 7　回归系数表（2）

| 解释变量 | (1) | (2) | (3) | (4) | (5) | (6) | (7) | (8) |
|---|---|---|---|---|---|---|---|---|
| Factor | 0.072 1*<br>(69.12) | 0.068 6*<br>(50.92) | 0.068 4*<br>(50.81) | 0.068 2*<br>(50.66) | 0.071 9*<br>(69.20) | 0.068 6*<br>(51.01) | 0.068 5*<br>(50.90) | 0.068 3*<br>(50.74) |
| FC | 0.003 74*<br>(7.467) | 0.003 74*<br>(7.463) | 0.003 73*<br>(7.452) | 0.003 72*<br>(7.427) | 0.003 74*<br>(7.471) | 0.003 74*<br>(7.468) | 0.003 74*<br>(7.457) | 0.003 72*<br>(7.432) |
| SC | -0.000 074 3<br>(-1.629) | -0.000 074 3<br>(-1.627) | -0.000 074 3<br>(-1.628) | -0.000 074 0<br>(-1.624) | -0.000 074 3<br>(-1.631) | -0.000 074 3<br>(-1.630) | -0.000 074 3<br>(-1.630) | -0.000 074 0<br>(-1.626) |
| MV | -0.179**<br>(-2.066) | -0.176**<br>(-2.069) | -0.177**<br>(-2.069) | -0.179**<br>(-2.085) | -0.048 3***<br>(-1.871) | -0.049 0***<br>(-1.875) | -0.049 3***<br>(-1.875) | -0.049 5***<br>(-1.882) |
| TV | -0.000 171*<br>(-17.87) | -0.000 174*<br>(-18.19) | -0.000 177*<br>(-18.45) | -0.000 171*<br>(-18.01) | -0.000 159*<br>(-18.59) | -0.000 161*<br>(-18.81) | -0.000 164*<br>(-19.06) | -0.000 159*<br>(-18.66) |
| BM | 0.002 97*<br>(16.59) | 0.003 10*<br>(17.42) | 0.003 15*<br>(17.59) | 0.003 12*<br>(17.56) | 0.001 43*<br>(15.55) | 0.001 48*<br>(16.01) | 0.001 51*<br>(16.21) | 0.001 49*<br>(16.11) |
| Price | -0.000 007 62<br>(-1.531) | -0.000 006 79<br>(-1.388) | -0.000 007 28<br>(-1.470) | -0.000 006 35<br>(-1.297) | 0.000 002 60<br>(1.233) | 0.000 003 41***<br>(1.646) | 0.000 003 18<br>(1.513) | 0.000 003 49***<br>(1.681) |
| MKT_RF | | 0.008 12*<br>(3.435) | 0.010 8*<br>(4.584) | -0.004 51***<br>(-1.892) | | 0.008 07<br>(3.413) | 0.010 6*<br>(4.516) | -0.004 90**<br>(-2.052) |
| HML | | -0.074 8*<br>(-19.70) | -0.079 0*<br>(-20.51) | 0.016 5*<br>(2.766) | | -0.075 7<br>(-20.01) | -0.079 8*<br>(-20.77) | 0.013 4**<br>(2.257) |
| SMB | | -0.154*<br>(-44.92) | -0.164*<br>(-46.76) | -0.026 9*<br>(-5.846) | | -0.151*<br>(-44.29) | -0.161*<br>(-46.01) | -0.024 2*<br>(-5.263) |

（续表）

| 解释变量 | (1) | (2) | (3) | (4) | (5) | (6) | (7) | (8) |
|---|---|---|---|---|---|---|---|---|
| MOM | | | -0.035 5* (-16.76) | | | | -0.033 9* (-16.01) | |
| CMA | | | | 0.002 98 (0.479) | | | | 0.000 321 (0.051 5) |
| RMW | | | | -0.230* (-41.86) | | | | -0.231* (-42.00) |
| Cons | 0.000 506* (3.377) | 0.000 455* (3.091) | 0.000 463* (3.107) | 0.000 389* (2.642) | 0.000 662* (5.722) | 0.000 640* (5.574) | 0.000 652* (5.666) | 0.000 586* (5.102) |
| 个体效应 | 控制 | 控制 | 控制 | 控制 | 控制 | 控制 | 控制 | 控制 |
| 行业效应 | 未控制 | 未控制 | 未控制 | 未控制 | 控制 | 控制 | 控制 | 控制 |
| $N$ | 2 291 285 | 2 291 285 | 2 291 285 | 2 291 285 | 2 291 285 | 2 291 285 | 2 291 285 | 2 291 285 |
| $R^2$ | 0.007 15 | 0.008 03 | 0.008 16 | 0.009 19 | | | | |
| Adj $R^2$ | 0.007 15 | 0.008 02 | 0.008 15 | 0.009 18 | | | | |

注：列(1)至列(4)为未控制行业效应的回归结果，列(5)至列(8)采用添加虚拟变量的方式控制行业效应；括号中为对应的 $t$ 值；*、** 和*** 分别表示在 1%、5% 和 10% 的显著性水平下显著；为了报告的简洁，对 MV 的原始数据进行了单位的调整。

涵。我们进一步研究 A 股市场中的 T+1 交易制度、投资者情绪和动量效应的关系。

首先研究投资者情绪和动量效应的关系。衡量投资者情绪有间接指标、直接指标等方式(金永红和罗丹,2017)。间接指标指的是通过市场变量的组合方式侧面度量投资者情绪,如 Baker-Wurgler 投资人情绪指标(Baker 和 Wurgler, 2006)、ISI 情绪指标(魏星集等,2014)、CICSI 情绪指标(易志高和茅宁,2009)等。然而这种方法存在精度的缺陷以及时滞性问题。直接指标则以投资者的直接情绪表达作为衡量指标,通过问卷调查等渠道进行,因此数据的主观性更强,样本量较小,数据获取难度更高。近年兴起的通过网络数据(如"股吧"等网络平台)分析投资者情绪的方法在较大程度上增强了直接测度的便利度(段江娇等,2014;杨晓兰等,2016;部慧等,2018;金秀等,2018)。因此本章采用"股吧"平台上的投资言论作为投资者情绪的代理变量,以公式(7-9)中的指标衡量投资者情绪,其与动量效应的双变量分组检验结果如表 7-8 所示。

表 7-8 中,投资者情绪最大的 20% 的股票组合中,截面动量策略仅可以获得约 0.49% 的超额收益;而在投资者情绪最小的组合中,截面动量效应可以获得约 0.44% 的超额收益率,意味着投资者情绪对动量效应存在正向影响。随着投资者情绪的提升,截面动量效应逐步扩大。经三因子模型的风险调整后,截面动量效应与投资者情绪的关系依然稳健。

### 7.4.4 T+1 交易制度、隔夜收益率和动量效应

隔夜收益率是在多个证券市场中普遍存在的客观现象,A 股市场由于其表现出独特的负隔夜收益率而独树一帜。为了突出 A 股市场的特殊,前文中,我们采用隔夜收益率为负的样本,以其隔夜收益率距 0 的远近作为 T+1 交易制度折价的代理变量,发现 T+1 交易制度折价越大,动量效应越弱。本节中,我们采用另一种方法使隔夜收益率能够更纯粹地反映 T+1 交易制度折价。由于 Aboody et al. (2018)认为隔夜收益率主要反映了投资者对公司的特质情绪,我们采用公司的残差项,以此反映隔夜收益率中剔除投资者情绪的部分,即更高程度地反映了 T+1 交易制度的折价。

$$SC_{i,t}=\alpha_{i,t}+\beta_{i,t}\times IS_{i,t}+\varepsilon_{i,t} \tag{7-10}$$

表 7-8　双变量分组检验结果(控制投资者情绪)

面板 A:风险收益率

| 投资者情绪分组 | L | 2 | 3 | 4 | 5 | 6 | 7 | 8 | 9 | H | L-H |
|---|---|---|---|---|---|---|---|---|---|---|---|
| L | -0.22* (-4.85) | -0.02 (-0.51) | 0.02 (0.52) | 0.04 (0.94) | 0.07*** (1.74) | 0.07*** (1.71) | 0.07*** (1.77) | 0.05 (1.36) | 0.02 (0.45) | 0.22* (5.64) | -0.44* (-14.35) |
| 2 | -0.24* (-5.44) | -0.04 (-0.86) | 0.01 (0.14) | 0.04 (0.95) | 0.06 (1.55) | 0.07*** (1.86) | 0.07*** (1.78) | 0.04 (1.08) | 0.00 (0.02) | 0.22* (5.54) | -0.46* (-15.34) |
| 3 | -0.22* (-4.99) | -0.04 (-0.97) | 0.01 (0.23) | 0.05 (1.24) | 0.05 (1.25) | 0.07*** (1.87) | 0.05 (1.31) | 0.05 (1.32) | 0.01 (0.36) | 0.24* (6.03) | -0.46* (-14.78) |
| 4 | -0.23* (-5.22) | -0.03 (-0.77) | 0.01 (0.33) | 0.05 (1.13) | 0.07*** (1.67) | 0.07*** (1.71) | 0.04 (1.15) | 0.05 (1.45) | 0.02 (0.58) | 0.26* (6.72) | -0.50* (-16.20) |
| H | -0.24* (-5.28) | -0.03 (-0.60) | 0.01 (0.27) | 0.05 (1.24) | 0.07*** (1.72) | 0.06 (1.56) | 0.06 (1.55) | 0.04 (0.93) | 0.02 (0.61) | 0.25* (6.36) | -0.49* (-16.05) |

面板 B:超额收益率(三因子模型)

| 投资者情绪分组 | L | 2 | 3 | 4 | 5 | 6 | 7 | 8 | 9 | H | L-H |
|---|---|---|---|---|---|---|---|---|---|---|---|
| L | -0.27* (-14.81) | -0.08* (-4.87) | -0.03*** (-1.94) | -0.01 (-0.81) | 0.02 (1.45) | 0.02 (1.61) | 0.02*** (1.79) | 0.01 (0.74) | -0.02 (-1.22) | 0.17* (8.92) | -0.45* (-14.92) |
| 2 | -0.29* (-17.47) | -0.08* (-5.29) | -0.04* (-2.81) | -0.01 (-0.45) | 0.02 (1.46) | 0.03** (2.70) | 0.03** (2.30) | 0.01 (0.39) | -0.03*** (-1.95) | 0.18* (8.89) | -0.47* (-15.92) |
| 3 | -0.27* (-15.64) | -0.09* (-5.68) | -0.04** (-2.50) | 0.01 (0.65) | 0.01 (0.64) | 0.04* (3.08) | 0.02 (1.20) | 0.02 (1.16) | -0.02 (-1.02) | 0.20* (9.84) | -0.47* (-15.49) |
| 4 | -0.28* (-16.42) | -0.08* (-5.19) | -0.04** (-2.27) | 0.00 (0.03) | 0.02*** (1.79) | 0.03** (2.04) | 0.01 (0.47) | 0.02 (1.29) | -0.01 (-0.68) | 0.22* (11.02) | -0.50* (-16.79) |
| H | -0.29* (-17.82) | -0.08* (-4.90) | -0.04* (-2.59) | 0.00 (0.05) | 0.02 (1.46) | 0.02 (1.35) | 0.02 (1.23) | -0.01 (-0.31) | -0.02 (-0.92) | 0.20* (10.01) | -0.50* (-16.71) |

注:L 组意味着高 T+1 交易制度折价率,而 H 组的 T+1 交易制度折价率更低;括号中为对应的 $t$ 值;*、** 和 *** 分别表示在 1%,5% 和 10% 的显著性水平下显著;因篇幅所限,仅报告等值权重中风险收益率和三因子模型调整后的超额收益率两种情况。

表 7－9　双变量分组检验结果(控制剥离投资者情绪的 T＋1 交易制度折价指标)

面板 A:超额收益率(平均)

| 剥离情绪的折价率分组 | L | 2 | 3 | 4 | 5 | 6 | 7 | 8 | 9 | H | L-H |
|---|---|---|---|---|---|---|---|---|---|---|---|
| L | −0.23*<br>(−5.40) | −0.04<br>(−0.92) | 0.00<br>(0.12) | 0.05<br>(1.38) | 0.06<br>(1.50) | 0.07***<br>(1.91) | 0.06<br>(1.52) | 0.04<br>(1.24) | −0.01<br>(−0.29) | 0.24*<br>(6.32) | −0.47*<br>(−15.75) |
| 2 | −0.22*<br>(−4.95) | −0.01<br>(−0.32) | 0.03<br>(0.79) | 0.05<br>(1.21) | 0.07***<br>(1.70) | 0.06<br>(1.60) | 0.07***<br>(1.73) | 0.04<br>(0.97) | 0.04<br>(0.97) | 0.25*<br>(6.27) | −0.47*<br>(−16.45) |
| 3 | −0.20*<br>(−4.02) | −0.02<br>(−0.48) | 0.03<br>(0.73) | 0.03<br>(0.64) | 0.06<br>(1.33) | 0.05<br>(1.25) | 0.07***<br>(1.72) | 0.04<br>(1.02) | 0.03<br>(0.65) | 0.34*<br>(7.46) | −0.53*<br>(−16.56) |
| 4 | −0.24*<br>(−5.43) | −0.03<br>(−0.65) | 0.00<br>(0.11) | 0.06<br>(1.55) | 0.06<br>(1.51) | 0.08**<br>(2.14) | 0.06<br>(1.56) | 0.04<br>(1.14) | 0.03<br>(0.89) | 0.35*<br>(8.68) | −0.59*<br>(−17.30) |
| H | −0.25*<br>(−5.67) | −0.05<br>(−1.15) | 0.01<br>(0.24) | 0.05<br>(1.30) | 0.07***<br>(1.76) | 0.07***<br>(1.87) | 0.06<br>(1.53) | 0.04<br>(1.12) | 0.02<br>(0.53) | 0.28*<br>(7.44) | −0.53*<br>(−16.59) |

面板 B:超额收益率(三因子模型)

| 剥离情绪的折价率分组 | L | 2 | 3 | 4 | 5 | 6 | 7 | 8 | 9 | H | L-H |
|---|---|---|---|---|---|---|---|---|---|---|---|
| L | −0.28*<br>(−15.70) | −0.08*<br>(−5.41) | −0.04**<br>(−2.56) | 0.01<br>(0.89) | 0.02<br>(1.35) | 0.04*<br>(2.76) | 0.02<br>(1.46) | 0.01<br>(0.86) | −0.04**<br>(−2.44) | 0.20*<br>(10.39) | −0.48*<br>(−16.37) |
| 2 | −0.28*<br>(−17.40) | −0.07*<br>(−4.33) | −0.02<br>(−1.43) | 0.00<br>(−0.32) | 0.02<br>(1.14) | 0.02<br>(1.10) | 0.02<br>(1.46) | 0.00<br>(−0.26) | 0.00<br>(−0.25) | 0.20*<br>(10.26) | −0.48*<br>(−16.98) |
| 3 | −0.26*<br>(−13.60) | −0.09*<br>(−4.45) | −0.03***<br>(−1.69) | −0.04**<br>(−2.22) | 0.00<br>(−0.16) | 0.00<br>(−0.17) | 0.02<br>(1.09) | −0.01<br>(−0.34) | −0.02<br>(−1.09) | 0.27*<br>(11.37) | −0.54*<br>(−17.10) |
| 4 | −0.29*<br>(−16.37) | −0.07*<br>(−5.06) | −0.04*<br>(−3.24) | 0.02<br>(1.29) | 0.02<br>(1.63) | 0.05*<br>(4.36) | 0.02**<br>(1.99) | 0.01<br>(0.59) | 0.00<br>(−0.11) | 0.31*<br>(12.86) | −0.60*<br>(−17.92) |
| H | −0.29*<br>(−17.67) | −0.09*<br>(−6.26) | −0.03*<br>(−2.61) | 0.01<br>(0.73) | 0.03*<br>(2.77) | 0.04*<br>(3.65) | 0.03**<br>(2.17) | 0.01<br>(0.97) | −0.01<br>(−0.56) | 0.25*<br>(11.41) | −0.54*<br>(−17.71) |

注:L 组意味着高 T＋1 交易制度折价率,而 H 组的 T＋1 交易制度折价率更低;括号中为对应的 t 值;*、** 和*** 分别表示在 1%、5%和 10% 的显著性水平下显著者;因篇幅所限,仅报告等权值重和三因子模型中风险权重值调整后的超额收益率两种情况。

其中,$SC_{i,t}$ 为 $i$ 公司 $t$ 时刻的隔夜收益率与日度收益率的比值;$IS_{i,t}$ 为异常情绪指标;$\varepsilon_{i,t}$ 为残差项,$\varepsilon_{i,t}$ 越大,意味着 T＋1 交易制度折价越低。采用公式(7－10)中的指标衡量 T＋1 交易制度折价率,剥离情绪的 T＋1 交易制度折价指标与动量指标的双变量分组检验结果如表 7－9 所示。

表 7－9 中,T＋1 交易制度折价最大的 20％的股票组合中,截面动量策略仅可以获得约 0.47％的超额收益;而在 T＋1 交易制度折价最小的 20％组合中,截面动量效应可以获得约 0.53％的超额收益率,意味着 T＋1 折价对动量效应存在抑制影响依然存在。随着 T＋1 折价的提升,截面动量效应逐步缩窄。经三因子模型的风险调整后,截面动量效应与 T＋1 折价的关系依然稳健。分组考虑,赢家组合存在随着 T＋1 折价的提升而降低的时间动量策略收益,从 0.28％下降至 0.24％;而输家组合中,T＋1 折价越高,动量策略收益越高,从－0.25％上升至－0.23％。与表 7－5 中的结果比较,动量策略收益率均表现出随着 T＋1 折价的增强而缩窄的过程;同时,赢家组合(输家组合)均表现出随着 T＋1 折价的增强而盈利(损失)收缩的特征。这表明结果具有稳健性。

进一步通过回归分析,研究多变量控制的角度下,经投资者情绪调整的 T＋1 交易制度折价与动量效应的关系,其结果如表 7－10 所示。从表 7－10 的列(1)中可以发现,动量指标对收益率的回归系为 0.093 1,在 1％的显著性水平下显著,意味着过去收益率越高的股票未来收益率也越高,表明动量效应的存在性。而交互项的回归系数为 0.002 42,也在 1％的显著性水平下显著,意味着当调整后的 T＋1 交易制度折价率扩大 1 个单位时,动量效应被抑制了约 0.242％个单位。这表明 T＋1 交易制度对动量效应具有抑制作用,即 T＋1 交易制度折价率越强,动量效应越弱。与表 7－5、表 7－6 和表 7－9 的结果保持一致。表 7－10 中,列(2)至列(4)分别增加了三因子、四因子和五因子作为控制变量,结果与列(1)具有相似性;列(5)至列(8)为控制行业效应后,T＋1 交易制度折价率对动量效应的影响,证明了结果是稳健的。

为了研究 T＋1 交易制度折价率对动量效应的影响程度及动量效应是否为 T＋1 交易制度折价率影响收益率的唯一渠道,将 T＋1 交易制度折价率、动量指标和交互项都放进回归方程,如表 7－11 所示。

表 7 - 10　回归系数表（3）

| 解释变量 | (1) | (2) | (3) | (4) | (5) | (6) | (7) | (8) |
|---|---|---|---|---|---|---|---|---|
| Factor | 0.093 1* (47.69) | 0.075 9* (28.03) | 0.075 9* (28.04) | 0.075 1* (27.94) | 0.092 8* (47.92) | 0.075 6* (28.19) | 0.075 6* (28.20) | 0.074 9* (28.11) |
| FC | 0.002 42** (2.145) | 0.002 41** (2.144) | 0.002 41** (2.144) | 0.002 39** (2.146) | 0.002 42** (2.146) | 0.002 41** (2.145) | 0.002 41** (2.145) | 0.002 40** (2.147) |
| MV | -0.128*** (-1.900) | -0.123*** (-1.890) | -0.123*** (-1.890) | -0.127*** (-1.909) | -0.032 7*** (-1.893) | -0.032 0* (-1.893) | -0.031 9* (-1.893) | -0.031 8*** (-1.893) |
| TV | -0.000 279* (-27.26) | -0.000 260* (-24.96) | -0.000 260* (-24.90) | -0.000 250* (-23.96) | -0.000 253* (-27.96) | -0.000 236* (-25.79) | -0.000 235* (-25.73) | -0.000 227* (-24.86) |
| BM | 0.001 29* (7.314) | 0.001 41* (8.129) | 0.001 41* (8.120) | 0.001 42* (8.213) | 0.000 343* (4.407) | 0.000 407* (5.330) | 0.000 406* (5.319) | 0.000 414* (5.444) |
| Price | -0.000 014 9** (-2.076) | -0.000 014 6* (-2.088) | -0.000 014 6* (-2.087) | -0.000 014 0* (-1.994) | -0.000 006 40* (-1.846) | -0.000 005 86*** (-1.762) | -0.000 005 86*** (-1.762) | -0.000 005 78*** (-1.738) |
| MKT_RF |  | 0.029 9* (9.222) | 0.029 5* (9.103) | -0.004 22 (-1.310) |  | 0.029 8* (9.235) | 0.029 3* (9.102) | -0.004 56 (-1.425) |
| HML |  | -0.042 5* (-12.01) | -0.042 0* (-11.83) | 0.002 53 (0.484) |  | -0.042 7* (-12.16) | -0.042 2* (-11.96) | 0.001 33 (0.257) |
| SMB |  | -0.222* (-81.29) | -0.221* (-80.38) | -0.0182* (-5.344) |  | -0.222* (-81.24) | -0.220* (-80.28) | -0.0177* (-5.214) |
| MOM |  |  | 0.005 00* (3.191) |  |  |  | 0.005 53* (3.529) |  |
| CMA |  |  |  | -0.092 7* (-20.68) |  |  |  | -0.093 9* (-20.96) |
| RMW |  |  |  | -0.357* (-88.37) |  |  |  | -0.358* (-88.52) |

（续表）

| 解释变量 | (1) | (2) | (3) | (4) | (5) | (6) | (7) | (8) |
|---|---|---|---|---|---|---|---|---|
| Cons | 0.000 877* (5.086) | 0.000 795* (4.721) | 0.000 794* (4.719) | 0.000 750* (4.469) | 0.000 968* (9.737) | 0.000 904* (9.222) | 0.000 902* (9.211) | 0.000 874* (9.049) |
| 个体效应 | 控制 | 控制 | 控制 | 控制 | 控制 | 控制 | 控制 | 控制 |
| 行业效应 | 未控制 | 未控制 | 未控制 | 未控制 | 控制 | 控制 | 控制 | 控制 |
| N | 3 896 223 | 3 896 223 | 3 896 223 | 3 896 223 | 3 896 223 | 3 896 223 | 3 896 223 | 3 896 223 |

注：列(1)至列(4)为未控制行业效应的回归结果，列(5)至列(8)采用添加虚拟变量的方式控制行业效应；括号中为对应的 $t$ 值；*、**和***分别表示在 1%、5%和 10%的显著性水平下显著；为了报告的简洁，对 MV 的原始数据进行了单位的调整。

表 7 - 11　回归系数表 (4)

| 解释变量 | (1) | (2) | (3) | (4) | (5) | (6) | (7) | (8) |
|---|---|---|---|---|---|---|---|---|
| Factor | 0.093 2* (47.70) | 0.075 9* (28.04) | 0.076 0* (28.05) | 0.075 2* (27.95) | 0.092 8* (47.93) | 0.075 7* (28.20) | 0.075 7* (28.21) | 0.075 0* (28.12) |
| SC | -0.000 013 2 (-1.208) | -0.000 013 1 (-1.203) | -0.000 013 1 (-1.203) | -0.000 012 8 (-1.187) | -0.000 013 2 (-1.208) | -0.000 013 1 (-1.203) | -0.000 013 1 (-1.202) | -0.000 012 8 (-1.187) |
| FC | 0.002 82* (3.458) | 0.002 81* (3.453) | 0.002 81* (3.452) | 0.002 79* (3.441) | 0.002 82* (3.459) | 0.002 81* (3.454) | 0.002 81* (3.453) | 0.002 79* (3.442) |
| MV | -0.128*** (-1.900) | -0.123*** (-1.890) | -0.123*** (-1.890) | -0.127*** (-1.909) | -0.032 7*** (-1.893) | -0.032 0*** (-1.893) | -0.031 9*** (-1.893) | -0.031 8*** (-1.893) |
| TV | -0.000 279* (-27.27) | -0.000 260* (-24.97) | -0.000 260* (-24.91) | -0.000 250* (-23.97) | -0.000 253* (-27.98) | -0.000 236* (-25.81) | -0.000 236* (-25.74) | -0.000 227* (-24.88) |

（续表）

| 解释变量 | (1) | (2) | (3) | (4) | (5) | (6) | (7) | (8) |
|---|---|---|---|---|---|---|---|---|
| BM | 0.001 29* (7.309) | 0.001 41* (8.124) | 0.001 41* (8.114) | 0.001 42* (8.208) | 0.000 343* (4.406) | 0.000 407* (5.327) | 0.000 406* (5.317) | 0.000 414* (5.442) |
| Price | −0.000 014 9** (−2.079) | −0.000 014 6** (−2.091) | −0.000 014 6** (−2.091) | −0.000 014 0* (−1.998) | −0.000 006 42*** (−1.848) | −0.000 005 88*** (−1.764) | −0.000 005 87*** (−1.764) | −0.000 005 79*** (−1.740) |
| MKT_RF | | 0.029 9* (9.194) | 0.029 5* (9.077) | −0.004 28 (−1.328) | | 0.029 7* (9.208) | 0.029 2* (9.076) | −0.004 62 (−1.443) |
| HML | | −0.042 4* (−12.01) | −0.042 0* (−11.83) | 0.002 59 (0.495) | | −0.042 7* (−12.16) | −0.042 2* (−11.96) | 0.001 39 (0.268) |
| SMB | | −0.222* (−81.30) | −0.221* (−80.39) | −0.018 3* (−5.373) | | −0.222* (−81.24) | −0.220* (−80.29) | −0.017 8* (−5.243) |
| MOM | | | 0.004 98* (3.177) | | | | 0.005 51* (3.515) | |
| CMA | | | | −0.092 5* (−20.65) | | | | −0.093 8* (−20.92) |
| RMW | | | | −0.357* (−88.44) | | | | −0.357* (−88.60) |
| Cons | 0.000 878* (5.083) | 0.000 796* (4.719) | 0.000 794* (4.717) | 0.000 750* (4.467) | 0.000 968* (9.735) | 0.000 904* (9.221) | 0.000 902* (9.210) | 0.000 874* (9.047) |
| 个体效应 | 控制 | 控制 | 控制 | 控制 | 控制 | 控制 | 控制 | 控制 |
| 行业效应 | 未控制 | 未控制 | 未控制 | 未控制 | 控制 | 控制 | 控制 | 控制 |
| N | 3 896 223 | 3 896 223 | 3 896 223 | 3 896 223 | 3 896 223 | 3 896 223 | 3 896 223 | 3 896 223 |

注:列(1)至列(4)为未控制行业效应的回归结果,列(5)至列(8)采用添加虚拟变量的方式控制行业效应;括号中为对应的 t 值;*、**和***分别表示在 1%、5%和 10%的显著性水平下显著;为了报告的简洁,对 MV 的原始数据进行了单位的调整。

从表 7 - 11 的列(1)中可以看出,动量指标对收益率的回归系数为 0.093 2,在 1％的显著性水平下显著,表明了动量效应。而交互项的回归系数为 0.002 82,也在 1％的显著性水平下显著,意味着经投资者情绪调整的 T＋1 交易制度折价率对动量效应具有抑制作用,即经投资者情绪调整的 T＋1 交易制度折价率越大,动量效应越小。包含交互项的结果中,经投资者情绪调整的 T＋1 交易制度折价率指标不具有显著性,意味着 T＋1 交易制度对收益率的影响主要是通过动量指标进行的,独立的影响较弱。表 7 - 11 中,列(2)至列(4)分别增加了三因子、四因子和五因子作为控制变量,结果与列(1)具有相似性;列(5)至列(8)为控制行业效应后,T＋1 交易的制度折价率对动量效应的影响是稳健的。

### 7.4.5 更低频率的制度约束与动量效应

以周度频率为例,进一步检验较低频率下的制度约束对动量效应的影响。首先检验周频率下的动量策略。以周频为例,以过去一周的收益率为排序依据,其单变量分组检验结果如表 7 - 12 所示。从表 7 - 12 中可以发现,周频率的策略下,存在截面反转效应,输家组合能够获得更高的收益,反转效应约达 0.26％。与此结果对比发现,从日频率转为周频率,截面反转效应取代截面动量效应。这说明在较短的周期内,动量效应逐渐消散。

将 T＋1 交易制度折价率与周频率的动量效应进行双变量分组检验,其结果如表 7 - 13 所示。

表 7 - 13 中,T＋1 交易制度折价率最低的 20％的股票组合中,动量策略无法获得显著的超额收益,但截面策略收益依然约为 0.30％;而在 T＋1 交易制度折价最高的 20％的股票组合中,截面反转策略可以获得约 0.79％的超额收益。这意味着 T＋1 交易制度缩减了动量效应的收益率,增强了反转性。经三因子模型的风险调整后,结果具有稳健性。采用回归的方法进一步检验结论。

从表 7 - 14 的列(1)中可以发现,T＋1 交易制度约束与动量指标的交互项回归系数为 0.105,在 1％的显著性水平下显著,意味着当 T＋1 交易制度折价率扩大 1 个单位时,动量效应被抑制了约 0.105 个单位。这表明 T＋1 交易制度对动量效应具有抑制作用,即 T+1 交易制度折价率越强,动量效应越弱。表 7 - 14 中,列(2)至列(4)分别增加了三因子、四因子和五因子作为控制变量,结果与列(1)具有相似性;列(5)至列(8)为控制行业效应后,T+1 交易制度折价率对动量效应的影响,证明了结果是稳健的。因此,在相对低频的周频率下,依然验证了研究假设 I,即 T+1 交易制度折价越高,反转效应就越强,动量也就越弱。

## 7.5　稳健性检验

### 7.5.1　扩大样本区间

为了避免样本选择带来的结果偶然性,本节扩大样本区间,以 2005 年至 2018 年的数据为样本,对 T+1 制度约束和动量效应进行双变量分组,如表 7 - 15 所示。

扩大样本的结果中,T+1 交易制度折价最大的 20% 的股票组合的截面动量策略收益为 -0.05%,在 10% 的显著性水平下显著,意味着存在显著的反转效应;而在 T+1 交易制度折价最小的组合中,截面动量效应可以获得约 0.47% 的超额收益率,意味着随着 T+1 交易制度折价的降低,截面动量效应逐步扩大,说明在扩大样本区间的情况下验证了研究假设 I。经三因子模型的风险调整后,截面动量效应与 T+1 交易制度折价的关系依旧成立。赢家组合和输家组合的表现与表 7 - 5 中的结果具有相同趋势。赢家组合存在随着 T+1 交易制度折价的提升而降低的时间动量策略收益,从 0.26% 下降至 -0.01%;而输家组合的绝对动量策略收益随着 T+1 交易制度折价的提升从 -0.21% 升至 0.07%。因此,T+1 交易制度折价可能降低了赢家组合的盈利且削弱了输家组合的损失,验证了结论的稳健性。

### 7.5.2　负隔夜收益率的子样本

采用负隔夜收益率的子样本,反映表 7 - 1 中情景 III 和情景 IV 的情况。表 7 - 16 反映了以负隔夜收益率的子样本为研究标的的 T+1 交易制度折价与动量效应的双变量分组检验结果。

表 7－12　单变量分组检验结果（周频率）

| 收益率 | L | 2 | 3 | 4 | 5 | 6 | 7 | 8 | 9 | H | L－H |
|---|---|---|---|---|---|---|---|---|---|---|---|
| Avg | 0.23<br>(1.07) | 0.33<br>(1.60) | 0.35***<br>(1.84) | 0.30<br>(1.56) | 0.22<br>(1.11) | 0.21<br>(1.08) | 0.13<br>(0.72) | −0.01<br>(−0.05) | −0.04<br>(−0.23) | −0.03<br>(−0.15) | 0.26***<br>(1.93) |
| CAPM | 0.21***<br>(1.92) | 0.30*<br>(2.84) | 0.33*<br>(3.76) | 0.28*<br>(3.41) | 0.19**<br>(2.49) | 0.18*<br>(2.68) | 0.11<br>(1.56) | −0.03<br>(−0.49) | −0.06<br>(−0.71) | −0.05<br>(−0.51) | 0.26***<br>(1.94) |
| FF3 | 0.03<br>(0.41) | 0.13**<br>(1.74) | 0.17**<br>(3.03) | 0.12**<br>(2.53) | 0.05<br>(1.21) | 0.05<br>(1.41) | −0.02<br>(−0.41) | −0.13*<br>(−2.68) | −0.12<br>(−1.62) | −0.16***<br>(−1.77) | 0.18<br>(1.41) |
| FF5 | 0.04<br>(0.64) | 0.15**<br>(2.01) | 0.17**<br>(3.14) | 0.14*<br>(3.01) | 0.08**<br>(1.97) | 0.07***<br>(1.90) | −0.02<br>(−0.52) | −0.15*<br>(−2.91) | −0.15***<br>(−2.01) | −0.16***<br>(−1.79) | 0.20<br>(1.54) |

注：括号中为对应的 $t$ 值；*、** 和 *** 分别表示在 1%、5% 和 10% 的显著性水平下显著；因篇幅所限，仅报告了等权的结果。

表 7－13　双变量分组检验结果（控制 T＋1 交易制度折价率，周频率）

面板 A：超额收益率（平均）

| 收益率 | L | 2 | 3 | 4 | 5 | 6 | 7 | 8 | 9 | H | L－H |
|---|---|---|---|---|---|---|---|---|---|---|---|
| L | 0.30<br>(1.33) | 0.41**<br>(1.97) | 0.35***<br>(1.74) | 0.26<br>(1.29) | 0.20<br>(0.99) | 0.21<br>(1.08) | 0.12<br>(0.65) | −0.01<br>(−0.03) | −0.14<br>(−0.76) | −0.50*<br>(−2.66) | 0.79*<br>(5.75) |
| 2 | 0.39***<br>(1.71) | 0.37***<br>(1.72) | 0.41***<br>(1.96) | 0.35***<br>(1.68) | 0.27<br>(1.31) | 0.27<br>(1.32) | 0.22<br>(1.14) | 0.08<br>(0.41) | −0.04<br>(−0.20) | −0.31***<br>(−1.73) | 0.70*<br>(4.88) |
| 3 | 0.39***<br>(1.73) | 0.38***<br>(1.73) | 0.30<br>(1.50) | 0.32<br>(1.55) | 0.22<br>(1.13) | 0.29<br>(1.43) | 0.10<br>(0.49) | 0.01<br>(0.03) | −0.10<br>(−0.53) | −0.26<br>(−1.38) | 0.65*<br>(4.56) |

（续表）

面板 A:超额收益率（平均）

| 收益率 | L | 2 | 3 | 4 | 5 | 6 | 7 | 8 | 9 | H | L-H |
|---|---|---|---|---|---|---|---|---|---|---|---|
| 4 | 0.28<br>(1.29) | 0.32<br>(1.53) | 0.32<br>(1.53) | 0.31<br>(1.51) | 0.23<br>(1.11) | 0.26<br>(1.34) | 0.11<br>(0.57) | −0.04<br>(−0.19) | −0.16<br>(−0.87) | −0.28<br>(−1.48) | 0.56*<br>(3.91) |
| H | 0.27<br>(1.21) | 0.35***<br>(1.64) | 0.29<br>(1.41) | 0.26<br>(1.30) | 0.27<br>(1.34) | 0.17<br>(0.84) | 0.13<br>(0.66) | −0.01<br>(−0.07) | −0.11<br>(−0.59) | 0.57**<br>(2.02) | −0.30<br>(−1.20) |

面板 B:超额收益率（三因子模型）

| 收益率 | L | 2 | 3 | 4 | 5 | 6 | 7 | 8 | 9 | H | L-H |
|---|---|---|---|---|---|---|---|---|---|---|---|
| L | 0.08<br>(1.16) | 0.21*<br>(2.76) | 0.16*<br>(3.16) | 0.08<br>(1.59) | 0.02<br>(0.45) | 0.04<br>(0.81) | −0.04<br>(−0.77) | −0.14**<br>(−2.38) | −0.25*<br>(−3.80) | −0.61*<br>(−7.05) | 0.69*<br>(5.34) |
| 2 | 0.17**<br>(2.34) | 0.16*<br>(2.04) | 0.20*<br>(3.44) | 0.15*<br>(3.26) | 0.10***<br>(1.86) | 0.10**<br>(2.14) | 0.06<br>(1.26) | −0.06<br>(−1.11) | −0.15**<br>(−2.29) | −0.41*<br>(−4.69) | 0.58*<br>(4.34) |
| 3 | 0.17**<br>(2.13) | 0.18*<br>(2.64) | 0.10***<br>(1.85) | 0.12**<br>(2.53) | 0.05<br>(1.17) | 0.12**<br>(2.48) | −0.06<br>(−1.26) | −0.14**<br>(−2.41) | −0.21*<br>(−3.38) | −0.36*<br>(−4.08) | 0.52*<br>(3.92) |
| 4 | 0.09<br>(1.12) | 0.13***<br>(1.93) | 0.11**<br>(2.15) | 0.11**<br>(2.06) | 0.05<br>(1.02) | 0.10**<br>(2.18) | −0.03<br>(−0.65) | −0.19*<br>(−3.19) | −0.27*<br>(−4.18) | −0.38*<br>(−4.13) | 0.47*<br>(3.41) |
| H | 0.06<br>(0.75) | 0.14**<br>(2.19) | 0.11**<br>(2.15) | 0.07<br>(1.25) | 0.09***<br>(1.88) | 0.00<br>(−0.04) | −0.03<br>(−0.69) | −0.15**<br>(−2.37) | −0.23*<br>(−3.43) | 0.38***<br>(1.74) | −0.32<br>(−1.29) |

注:L 组意味着高 T+1 交易制度折价率,而 H 组的 T+1 交易制度折价率更低;括号中为对应的 t 值;*、** 和 *** 分别表示在 1%、5% 和 10% 的显著性水平下显著;因篇幅所限,仅报告等权重和三因子模型调整后的超额收益率两种情况。

表 7 - 14　回归系数表（5）

| 解释变量 | (1) | (2) | (3) | (4) | (5) | (6) | (7) | (8) |
|---|---|---|---|---|---|---|---|---|
| Factor | 0.062 6* (24.85) | 0.054 2* (21.83) | 0.053 7* (21.65) | 0.052 1* (21.09) | 0.060 6* (24.32) | 0.052 3* (21.26) | 0.051 7* (21.06) | 0.050 1* (20.46) |
| FC | 0.105* (4.173) | 0.102* (4.089) | 0.0962* (3.440) | 0.0917* (2.969) | 0.103* (4.111) | 0.099 5* (3.996) | 0.093 8* (3.374) | 0.089 4* (2.926) |
| MV | −0.639** (−1.967) | −0.642** (−1.967) | −0.649** (−1.969) | −0.641*** (−1.945) | −0.174*** (−1.809) | −0.180*** (−1.808) | −0.186*** (−1.821) | −0.191*** (−1.830) |
| TV | −0.179* (−22.07) | −0.176* (−21.63) | −0.187* (−22.66) | −0.197* (−23.71) | −0.160* (−23.21) | −0.156* (−22.46) | −0.165* (−23.47) | −0.175* (−24.45) |
| BM | 0.010 3* (14.09) | 0.011 8* (16.14) | 0.012 5* (16.54) | 0.013 6* (17.18) | 0.003 35* (10.61) | 0.004 05* (12.55) | 0.004 37* (12.95) | 0.004 88* (13.47) |
| Price | −0.817* (−3.418) | −0.782* (−3.325) | −0.837* (−3.419) | −0.940* (−3.652) | −0.166 (−1.581) | −0.136 (−1.336) | −0.166 (−1.519) | −0.214*** (−1.778) |
| MKT_RF | | 0.108* (49.34) | 0.121* (55.72) | 0.179* (72.52) | | 0.105* (48.14) | 0.117* (54.48) | 0.173* (71.07) |
| HML | | −0.276* (−54.97) | −0.299* (−58.76) | 0.225* (25.13) | | −0.280* (−55.87) | −0.302* (−59.52) | 0.208* (23.71) |
| SMB | | −0.351* (−59.32) | −0.415* (−67.61) | −0.445* (−70.35) | | −0.347* (−58.49) | −0.409* (−66.51) | −0.438* (−69.08) |
| MOM | | | −0.197* (−70.53) | | | | −0.193* (−70.04) | |

（续表）

| 解释变量 | (1) | (2) | (3) | (4) | (5) | (6) | (7) | (8) |
|---|---|---|---|---|---|---|---|---|
| CMA | | | | −0.240*<br>(−76.90) | | | | −0.235*<br>(−76.39) |
| RMW | | | | 0.541*<br>(57.60) | | | | 0.527*<br>(56.49) |
| Cons | 0.002 58*<br>(3.737) | 0.002 79*<br>(4.106) | 0.002 86*<br>(4.047) | 0.001 76**<br>(2.370) | 0.003 07*<br>(7.684) | 0.003 57*<br>(8.832) | 0.003 75*<br>(9.071) | 0.002 81*<br>(6.516) |
| 个体效应 | 控制 | 控制 | 控制 | 控制 | 控制 | 控制 | 控制 | 控制 |
| 行业效应 | 未控制 | 未控制 | 未控制 | 未控制 | 控制 | 控制 | 控制 | 控制 |
| N | 996 010 | 996 010 | 996 010 | 996 010 | 996 010 | 996 010 | 996 010 | 996 010 |

注：列(1)(4)为未控制行业效应的回归结果，列(5)至列(8)采用添加虚拟变量的方式控制行业效应；括号中为对应的 t 值；*、** 和 *** 分别表示在 1%、5%和10%的显著性水平下显著；为了报告的简洁，对 MV、TV、Price 等序列进行了单位的调整。

表 7-15　双变量分组检验结果（2005—2018 年）

面板 A:风险收益率(平均)

| 折价率分组 | L | 2 | 3 | 4 | 5 | 6 | 7 | 8 | 9 | H | L-H |
|---|---|---|---|---|---|---|---|---|---|---|---|
| L | 0.12*(4.84) | 0.12*(4.40) | 0.07*(2.92) | 0.06**(2.51) | 0.06**(1.98) | 0.03(0.99) | 0.04(1.24) | 0.05(1.43) | 0.07**(2.09) | 0.07***(1.91) | 0.05***(1.93) |
| 2 | -0.12*(-3.13) | 0.01(0.32) | 0.04(0.99) | 0.05(1.44) | 0.05(1.43) | 0.05(1.35) | 0.07***(1.82) | 0.06**(1.66) | 0.08**(2.16) | 0.25*(6.94) | -0.37*(-15.04) |
| 3 | -0.21*(-5.20) | -0.01(-0.34) | 0.04(0.90) | 0.05(1.15) | 0.07***(1.67) | 0.06(1.59) | 0.10**(2.57) | 0.09**(2.49) | 0.15*(3.89) | 0.40*(10.90) | -0.61*(-23.91) |
| 4 | -0.18*(-4.53) | 0.00(0.07) | 0.05(1.26) | 0.07***(1.86) | 0.09**(2.40) | 0.11*(2.97) | 0.12*(3.21) | 0.15*(3.85) | 0.20*(5.33) | 0.59*(15.13) | -0.77*(-29.49) |
| H | -0.12*(-3.24) | 0.01(0.28) | 0.05(1.25) | 0.08**(2.27) | 0.09**(2.56) | 0.12*(3.17) | 0.12*(3.16) | 0.13*(3.46) | 0.18*(4.87) | 0.34*(9.82) | -0.47*(-18.30) |

面板 B:超额收益率(三因子)

| 折价率分组 | L | 2 | 3 | 4 | 5 | 6 | 7 | 8 | 9 | H | L-H |
|---|---|---|---|---|---|---|---|---|---|---|---|
| L | 0.07*(4.06) | 0.07*(3.40) | 0.02(1.57) | 0.02(1.09) | 0.00(0.26) | -0.03***(-1.75) | -0.03***(-1.68) | -0.02(-1.42) | 0.00(-0.06) | -0.01(-0.50) | 0.07*(3.35) |
| 2 | -0.22*(-16.90) | -0.09*(-7.83) | -0.06*(-6.07) | -0.05*(-4.24) | -0.04*(-4.17) | -0.04*(-4.05) | -0.02*(-2.00) | -0.03**(-2.43) | 0.00(-0.32) | 0.18*(9.30) | -0.40*(-16.81) |
| 3 | -0.31*(-22.13) | -0.12*(-10.94) | -0.07*(-6.92) | -0.06*(-5.92) | -0.04*(-3.98) | -0.04*(-3.96) | -0.01(-0.53) | -0.01(-0.48) | 0.05*(3.86) | 0.32*(17.02) | -0.63*(-25.26) |
| 4 | -0.28*(-20.27) | -0.10*(-9.20) | -0.06*(-5.44) | -0.03*(-3.35) | -0.01(-1.11) | 0.01(1.10) | 0.02**(1.86) | 0.04*(3.73) | 0.10*(7.38) | 0.49*(25.11) | -0.77*(-29.89) |
| H | -0.21*(-13.73) | -0.08*(-7.17) | -0.04*(-4.21) | -0.01(-0.51) | 0.00(0.34) | 0.02**(2.31) | 0.02**(2.34) | 0.03**(3.47) | 0.09*(7.31) | 0.26*(15.34) | -0.47*(-18.55) |

注:L 组意味着高 T＋1 交易制度折价率,而 H 组的 T＋1 交易制度折价率更低;括号中为对应的 t 值;*、**和***分别表示在 1%、5%和 10%的显著性水平下显著;因篇幅所限,仅报告等值权重中风险收益率和三因子模型调整后的超额收益率两种情况。

表 7－16 双变量分组检验结果(控制 T＋1 交易制度折价率,负隔夜收益率的子样本)

面板 A:风险收益率(平均)

| 折价率分组 | L | 2 | 3 | 4 | 5 | 6 | 7 | 8 | 9 | H | L-H |
|---|---|---|---|---|---|---|---|---|---|---|---|
| L | -0.01<br>(-0.48) | -0.03<br>(-0.79) | -0.02<br>(-0.49) | -0.01<br>(-0.20) | -0.01<br>(-0.17) | 0.00<br>(0.09) | 0.02<br>(0.46) | 0.00<br>(0.03) | 0.00<br>(0.11) | 0.13*<br>(3.31) | -0.15*<br>(-4.57) |
| 2 | -0.11**<br>(-2.41) | -0.04<br>(-0.82) | -0.02<br>(-0.37) | 0.00<br>(-0.08) | 0.00<br>(0.00) | 0.01<br>(0.34) | -0.01<br>(-0.18) | -0.05<br>(-1.19) | -0.04<br>(-0.92) | 0.08***<br>(1.86) | -0.19*<br>(-6.04) |
| 3 | -0.19*<br>(-3.95) | -0.04<br>(-0.94) | 0.01<br>(0.30) | 0.01<br>(0.31) | 0.04<br>(1.00) | 0.05<br>(1.18) | 0.03<br>(0.73) | 0.05<br>(1.05) | 0.05<br>(1.28) | 0.13*<br>(2.95) | -0.31*<br>(-10.46) |
| 4 | -0.47*<br>(-9.40) | -0.13*<br>(-2.61) | -0.05<br>(-1.01) | -0.01<br>(-0.11) | 0.06<br>(1.35) | 0.02<br>(0.51) | 0.07<br>(1.50) | 0.07<br>(1.58) | 0.08***<br>(1.88) | 0.20*<br>(4.75) | -0.67*<br>(-21.08) |
| H | -0.73*<br>(-14.73) | -0.22*<br>(-4.80) | -0.10**<br>(-2.22) | -0.04<br>(-0.98) | -0.02<br>(-0.49) | 0.03<br>(0.75) | 0.01<br>(0.34) | 0.05<br>(1.24) | 0.05<br>(1.22) | 0.10**<br>(2.46) | -0.83*<br>(-23.45) |

面板 B:超额收益率(三因子)

| 折价率分组 | L | 2 | 3 | 4 | 5 | 6 | 7 | 8 | 9 | H | L-H |
|---|---|---|---|---|---|---|---|---|---|---|---|
| L | -0.05**<br>(-2.44) | -0.07*<br>(-3.69) | -0.06*<br>(-3.27) | -0.05*<br>(-2.67) | -0.04*<br>(-2.66) | -0.03***<br>(-1.96) | -0.01<br>(-0.86) | -0.03<br>(-1.47) | -0.02<br>(-1.32) | 0.10*<br>(4.61) | -0.15*<br>(-5.02) |
| 2 | -0.16*<br>(-9.42) | -0.09*<br>(-5.95) | -0.07*<br>(-5.09) | -0.06*<br>(-4.22) | -0.05*<br>(-3.99) | -0.03**<br>(-2.41) | -0.06*<br>(-3.93) | -0.10*<br>(-6.38) | -0.09*<br>(-5.09) | 0.04<br>(1.55) | -0.20*<br>(-6.37) |
| 3 | -0.25*<br>(-12.54) | -0.11*<br>(-6.75) | -0.05*<br>(-3.10) | -0.05*<br>(-3.33) | -0.01<br>(-0.87) | 0.00<br>(-0.33) | -0.02***<br>(-1.77) | -0.01<br>(-0.48) | 0.00<br>(0.17) | 0.08*<br>(3.81) | -0.33*<br>(-11.00) |
| 4 | -0.53*<br>(-21.37) | -0.19*<br>(-9.39) | -0.11*<br>(-6.28) | -0.06*<br>(-4.00) | 0.00<br>(0.34) | -0.04**<br>(-2.46) | 0.01<br>(0.66) | 0.02<br>(1.08) | 0.03***<br>(1.95) | 0.15*<br>(8.28) | -0.69*<br>(-21.84) |
| H | -0.77*<br>(-25.41) | -0.27*<br>(-12.33) | -0.15*<br>(-8.55) | -0.09*<br>(-5.85) | -0.06*<br>(-4.26) | -0.01<br>(-0.79) | -0.03**<br>(-2.14) | 0.01<br>(0.73) | 0.01<br>(0.77) | 0.06*<br>(3.67) | -0.83*<br>(-23.37) |

注:L 组意味着高 T＋1 交易制度折价率,而 H 组的 T＋1 交易制度折价率更低;因篇幅所限,仅报告等权重风险收益率和三因子模型调整后的超额收益率。*、** 和 *** 分别表示在 1%,5%和 10% 的显著性水平下显著。

负隔夜收益率的子样本中,T＋1 交易制度折价最大的 20％的股票组合的截面动量策略收益为 0.15％,在 1％的显著性水平下显著;而在 T＋1 交易制度折价最小的组合中,截面动量效应可以获得约 0.83％的超额收益率,在 1％的显著性水平下显著,意味着随着 T＋1 交易制度折价的降低,截面动量效应逐步扩大,验证了研究假设 I 的稳健性。

### 7.5.3　以 AH 股共同上市公司为样本

A 股市场中,有部分公司同时在港股(H 股)上市,即本节所述 AH 股共同上市公司。由于 A 股市场和 H 股市场的投资者共同享有同一公司的所有权,理想状态下,两个市场的定价应当相同或存在固定的价差,因此,比较 AH 股共同上市公司在两个市场的表现。

首先,选取 AH 股共同上市公司作为子样本,分析其在 A 股市场的表现。表 7-17 反映了 T＋1 交易制度折价与动量效应的双变量分组检验结果。

表 7-17 中,T＋1 交易制度折价最大的 20％的股票组合中,截面动量策略无法获得显著的收益;而在 T＋1 交易制度折价最小的组合中,截面动量效应可以获得约 0.57％的超额收益率,意味着随着 T＋1 交易制度折价的降低,截面动量效应逐步扩大,说明 AH 股上市公司作为子样本再次验证了研究假设 I。经三因子模型的风险调整后,截面动量效应与 T＋1 交易制度折价的关系依然稳健。赢家组合的表现与表 7-15 中的结果具有相同趋势。赢家组合存在随着 T＋1 交易制度折价的提升而降低的时间动量策略收益,从 0.32％下降至－0.07％。因此,T＋1 交易制度折价可能降低了赢家组合的盈利。

进一步,以 AH 股共同上市公司在 H 股市场的表现进行对比研究,港股的个股收益率数据来自 Wind 数据库,以隔夜 HIBOR 利率作为无风险利率,数据也来自 Wind 数据库。隔夜收益率折价指标与动量效应的双变量分组检验结果如表 7-18 所示。

通过表 7-18 可以看出,一方面,H 股市场中,样本公司没有表现出显著的日度动量效应,输家组合的收益率高于赢家组合,表现出横截面反转效应;另一方面,隔夜收益率折价指标①与其横截面动量策略收益②没有表现出强烈的趋势性。折价最大的 20%的股票组合中,截面策略收益为 0.16%,而折价最小的 20%的股票组合中,截面策略收益为 0.17%,仅相差 1 个基点。经三因子模型的风险调整后,结果依然稳健。

比较表 7-17 和表 7-18 中的结果可以发现,采用相同的隔夜收益折价指标对其进行双变量分组,A 股市场中表现出 T+1 交易制度折价与横截面动量效应负相关,即 T+1 交易制度折价降低,截面动量效应逐步扩大;而 H 股市场中该折价指标与动量策略收益之间没有显著的趋势关系。该结果进一步验证了结论的稳健性。

### 7.5.4 涨跌限制的影响

涨跌限制意味着流动性约束。从限制交易的角度来看,T+1 回转交易制度可以看作涨跌限制的"加强版",因此,综合考虑涨跌限制。删除涨跌停板股票后,T+1 交易制度折价与动量效应的双变量分组检验结果如表 7-19 所示。

在剔除涨跌限制的情况下,通过表 7-19 可以发现,T+1 交易制度折价最大的 20%的股票组合中,截面动量策略无法获得显著的收益;而在 T+1 交易制度折价最小的组合中,截面动量效应可以获得约 0.25%的超额收益率,意味着随着 T+1 交易制度折价的降低,截面动量效应逐步扩大,说明研究假设 I 具有稳健性。经三因子模型的风险调整后,截面动量效应与 T+1 交易制度折价的关系依然稳健。赢家组合和输家组合的表现与表 7-5 中的有相同的趋势,均表现为赢家组合随着 T+1 交易制度折价的提升而降低的绝对动量策略收益,从 0.00%下降至 -0.12%;而输家组合中,T+1 交易制度折价越高,其损失越低。因此,T+1 交易制度折价可能降低了赢家组合的盈利,同时削弱了输家组合的损失。

---

① 隔夜收益率折价指标与前文的 T+1 交易制度折价率指标构造形式相同,但由于 H 股市场并非实行 T+1 交易制度,因此采用隔夜收益率折价指标代为表述。
② 实际上,由于赢家组合的收益率低于输家组合,因此表现出的是反转收益,而非动量收益。但为了表述的一致性,这里我们依然采用动量策略作为描述,虽然动量策略只能获得损失。

表7－17　双变量分组检验结果（AH股共同上市公司）

面板A：风险收益率（平均）

| 折价率分组 | L | 2 | 3 | 4 | 5 | 6 | 7 | 8 | 9 | H | L-H |
|---|---|---|---|---|---|---|---|---|---|---|---|
| L | -0.15** (-2.54) | -0.03 (-0.63) | -0.10** (-2.01) | 0.04 (0.86) | 0.00 (-0.06) | 0.01 (0.14) | -0.06 (-1.08) | 0.08 (1.63) | 0.03 (0.59) | -0.07 (-0.98) | -0.08 (-1.13) |
| 2 | -0.11*** (-1.89) | -0.01 (-0.11) | -0.02 (-0.37) | 0.06 (1.12) | 0.05 (0.98) | 0.07 (1.42) | -0.02 (-0.37) | 0.02 (0.46) | -0.03 (-0.47) | 0.13*** (1.95) | -0.24* (-3.30) |
| 3 | -0.12* (-2.05) | 0.01 (0.20) | 0.03 (0.51) | 0.01 (0.12) | 0.12** (2.54) | 0.08 (1.47) | 0.07 (1.31) | 0.02 (0.44) | 0.06 (1.02) | 0.15** (2.43) | -0.28* (-3.74) |
| 4 | -0.17* (-2.79) | -0.05 (-0.93) | -0.03 (-0.58) | 0.01 (0.21) | 0.07 (1.33) | 0.10*** (1.83) | 0.06 (1.23) | 0.02 (0.44) | 0.02 (0.34) | 0.10 (1.54) | -0.27* (-3.58) |
| H | -0.25* (-3.81) | -0.10*** (-1.76) | -0.02 (-0.45) | 0.00 (-0.04) | 0.00 (0.08) | -0.03 (-0.55) | 0.03 (0.63) | 0.15* (2.91) | 0.16* (2.92) | 0.32* (4.56) | -0.57* (-6.81) |

面板B：超额收益率（三因子）

| 折价率分组 | L | 2 | 3 | 4 | 5 | 6 | 7 | 8 | 9 | H | L-H |
|---|---|---|---|---|---|---|---|---|---|---|---|
| L | -0.17* (-3.70) | -0.03 (-0.85) | -0.10* (-3.16) | 0.04 (1.16) | 0.00 (-0.01) | 0.01 (0.29) | -0.05 (-1.19) | 0.08** (2.24) | 0.04 (0.94) | -0.07 (-1.15) | -0.10 (-1.39) |
| 2 | -0.13* (-2.89) | -0.02 (-0.48) | -0.02 (-0.51) | 0.05 (1.45) | 0.05 (1.48) | 0.07*** (1.79) | -0.02 (-0.59) | 0.03 (0.83) | -0.02 (-0.39) | 0.13** (2.35) | -0.26* (-3.61) |
| 3 | -0.14* (-3.02) | 0.00 (0.08) | 0.02 (0.57) | 0.00 (0.08) | 0.12*** (3.84) | 0.08** (2.09) | 0.07*** (1.88) | 0.03 (0.75) | 0.06 (1.53) | 0.17** (2.99) | -0.31* (-4.19) |
| 4 | -0.19* (-3.97) | -0.06 (-1.61) | -0.04 (-1.22) | 0.00 (-0.07) | 0.06*** (1.77) | 0.09** (2.38) | 0.05 (1.58) | 0.02 (0.64) | 0.02 (0.49) | 0.10*** (1.82) | -0.29* (-3.85) |
| H | -0.26* (-4.75) | -0.10** (-2.53) | -0.03 (-0.75) | -0.01 (-0.32) | 0.00 (0.06) | -0.04 (-1.06) | 0.04 (0.97) | 0.15* (3.88) | 0.17* (3.68) | 0.32* (5.19) | -0.58* (-6.91) |

注：L组意味着高T＋1交易制度折价率，而H组的T＋1交易制度折价率更低；括号中为对应的t值。*，**和***分别表示在1%、5%和10%的显著性水平下显著；因篇幅所限，仅报告等值权重中风险收益率和三因子模型调整后的超额收益率两种情况。

**表 7 - 18 双变量分组检验结果（AH 股共同上市公司，香港市场的表现）**

**面板 A：风险收益率（平均）**

| 折价率分组 | L | 2 | 3 | 4 | 5 | 6 | 7 | 8 | 9 | H | L-H |
|---|---|---|---|---|---|---|---|---|---|---|---|
| L | -0.10 (-1.48) | -0.08 (-1.46) | -0.07 (-1.41) | 0.08 (-1.35) | -0.11** (-2.08) | -0.23* (-3.68) | -0.11** (-1.98) | -0.13** (-2.51) | -0.19* (-3.28) | -0.26*** (-3.94) | 0.16** (2.02) |
| 2 | 0.05 (0.72) | -0.03 (-0.51) | -0.11** (-2.03) | -0.14* (-2.36) | -0.15* (-2.74) | -0.06 (-1.11) | -0.13** (-2.18) | -0.19* (-3.50) | -0.16* (-2.61) | -0.14* (-1.91) | 0.20** (2.21) |
| 3 | 0.09 (1.29) | 0.02 (0.31) | -0.07 (-1.37) | 0.03 (0.47) | -0.17* (-3.24) | -0.07 (-1.18) | -0.10*** (-1.80) | -0.20* (-3.59) | -0.17* (-2.79) | -0.16* (-2.32) | 0.25* (3.03) |
| 4 | -0.05 (-0.72) | -0.05 (-0.87) | -0.11** (-2.08) | -0.20* (-3.65) | -0.13** (-2.30) | -0.07 (-1.30) | -0.17* (-2.95) | -0.20* (-3.91) | -0.20* (-3.62) | -0.12** (-1.79) | 0.07 (0.90) |
| H | -0.03 (-0.48) | -0.06 (-1.03) | -0.11** (-2.02) | -0.05 (-0.91) | -0.12** (-2.52) | -0.08 (-1.35) | -0.18* (-3.24) | -0.11** (-2.17) | -0.09*** (-1.74) | -0.20* (-3.17) | 0.17** (2.17) |

**面板 B：超额收益率（三因子）**

| 折价率分组 | L | 2 | 3 | 4 | 5 | 6 | 7 | 8 | 9 | H | L-H |
|---|---|---|---|---|---|---|---|---|---|---|---|
| L | -0.12** (-2.00) | -0.10** (-2.07) | -0.10** (-2.12) | -0.10*** (-1.86) | -0.13** (-2.92) | -0.24* (-4.39) | -0.12** (-2.57) | -0.16* (-3.32) | -0.21* (-3.98) | -0.28*** (-4.59) | 0.16** (2.01) |
| 2 | 0.03 (0.53) | -0.05 (-0.93) | -0.13* (-2.77) | -0.16* (-3.09) | -0.17* (-3.51) | -0.09*** (-1.69) | -0.15* (-2.80) | -0.21* (-4.31) | -0.18* (-3.28) | -0.17* (-2.37) | 0.20** (2.28) |
| 3 | 0.07 (1.18) | 0.00 (-0.02) | -0.09** (-2.04) | 0.01 (0.11) | -0.19* (-4.15) | -0.09*** (-1.73) | -0.12** (-2.45) | -0.22* (-4.49) | -0.19* (-3.47) | -0.18* (-2.70) | 0.25* (3.04) |
| 4 | -0.07 (-1.15) | -0.07 (-1.41) | -0.13* (-2.92) | -0.23* (-4.63) | -0.15* (-3.22) | -0.09*** (-1.89) | -0.19* (-3.81) | -0.22* (-4.85) | -0.22* (-4.37) | -0.15* (-2.39) | 0.08 (1.01) |
| H | -0.05 (-0.88) | -0.08 (-1.62) | -0.12* (-2.74) | -0.07 (-1.42) | -0.14* (-3.38) | -0.10* (-1.98) | -0.20* (-4.03) | -0.14** (-2.92) | -0.11** (-2.34) | -0.22* (-3.73) | 0.17** (2.17) |

注：L组意味着高 T＋1 交易制度折价率，而 H 组的 T＋1 交易制度折价率更低；因篇幅所限，仅报告等值权重和三因子模型调整后的超额收益率两种情况；*、** 和*** 分别表示在 1%，5%和10% 的显著性水平下显著；括号中为对应的 $t$ 值；因子数据以 French（2020）提供的 Data Library 中除日本市场的亚太市场因子数据为代理。

表 7 - 19　双变量分组的检验结果（剔除涨跌停的股票）

面板 A：风险收益率（平均）

| 折价率分组 | L | 2 | 3 | 4 | 5 | 6 | 7 | 8 | 9 | H | L-H |
|---|---|---|---|---|---|---|---|---|---|---|---|
| L | −0.11** (−2.50) | −0.02 (−0.49) | 0.00 (−0.08) | 0.01 (0.24) | 0.02 (0.36) | 0.02 (0.55) | 0.02 (0.59) | 0.02 (0.54) | 0.01 (0.23) | −0.12* (−2.88) | 0.01 (0.38) |
| 2 | −0.08*** (−1.72) | 0.01 (0.21) | 0.06 (1.46) | 0.06 (1.50) | 0.07 (1.57) | 0.06 (1.42) | 0.06 (1.32) | 0.02 (0.38) | −0.01 (−0.33) | −0.11* (−2.64) | 0.03 (1.13) |
| 3 | −0.07 (−1.59) | 0.02 (0.47) | 0.08*** (1.89) | 0.09** (2.18) | 0.09** (2.07) | 0.09** (2.11) | 0.09** (2.13) | 0.05 (1.12) | 0.03 (0.63) | −0.04 (−1.07) | −0.03 (−1.30) |
| 4 | −0.11** (−2.47) | 0.00 (−0.11) | 0.08*** (1.85) | 0.08*** (1.90) | 0.12** (2.72) | 0.12** (2.92) | 0.09** (2.21) | 0.09** (2.27) | 0.05 (1.22) | −0.03 (−0.83) | −0.08* (−3.21) |
| H | −0.25* (−5.57) | −0.03 (−0.70) | 0.04 (0.98) | 0.05 (1.20) | 0.09** (2.12) | 0.09** (2.24) | 0.11** (2.58) | 0.10** (2.46) | 0.09** (2.15) | 0.00 (0.01) | −0.25* (−10.58) |

面板 B：超额收益率（三因子）

| 折价率分组 | L | 2 | 3 | 4 | 5 | 6 | 7 | 8 | 9 | H | L-H |
|---|---|---|---|---|---|---|---|---|---|---|---|
| L | −0.16* (−9.20) | −0.06* (−3.78) | −0.04* (−2.92) | −0.02* (−1.82) | −0.02 (−1.59) | −0.01 (−0.64) | −0.01 (−0.63) | −0.01 (−0.55) | −0.03 (−1.45) | −0.16* (−7.20) | 0.00 (0.14) |
| 2 | −0.12* (−7.30) | −0.03** (−2.29) | 0.02 (1.35) | 0.03** (1.97) | 0.02*** (1.79) | 0.02 (1.55) | 0.02 (1.22) | −0.02 (−1.62) | −0.05* (−2.89) | −0.14* (−7.77) | 0.02 (0.82) |
| 3 | −0.12* (−7.12) | −0.02 (−1.50) | 0.04* (3.37) | 0.05* (3.98) | 0.04* (3.17) | 0.05* (3.82) | 0.05* (3.25) | 0.01 (1.01) | −0.01 (−0.76) | −0.07* (−4.04) | −0.04*** (−1.81) |
| 4 | −0.16* (−8.71) | −0.05* (−3.46) | 0.04* (2.57) | 0.04* (3.00) | 0.07* (5.47) | 0.08* (6.36) | 0.05* (4.15) | 0.05* (3.85) | 0.02 (1.15) | −0.07* (−4.28) | −0.09* (−3.74) |
| H | −0.30* (−15.96) | −0.07* (−4.83) | 0.00 (−0.12) | 0.01 (0.82) | 0.05* (3.53) | 0.06* (4.63) | 0.07* (4.62) | 0.07* (5.24) | 0.05* (3.36) | −0.04** (−1.98) | −0.26* (−11.03) |

注：L 组意味着高 T+1 交易制度折价率，而 H 组的 T+1 交易制度折价率更低；括号中为对应的 $t$ 值；*、** 和 *** 分别表示在 1%、5% 和 10% 的显著性水平下显著；因篇幅所限，仅报告等值权重中风险收益率和三因子模型调整后的超额收益率两种情况。

# 7.6　本章小结

　　通过 2010—2018 年的数据,本章发现 T＋1 交易制度约束越强,超短期动量效应越弱的规律。首先,本章构造了隔夜收益率与 T＋1 交易制度的模型,并发现,当投资者的期望折现率高于资产价值折现率时,存在负隔夜收益率,在卖空限制的条件下,隔夜收益率越低,动量效应越弱。其次,基于隔夜收益率构造了 T＋1 交易制度折价率的指标,以此度量 T＋1 交易制度。通过日度策略组合和回归检验,本章验证了 T＋1 交易制度约束越强,超短期动量效应越弱的规律。考虑到隔夜收益率同时具有投资者情绪的特性,进一步以"股吧"舆情数据作为投资者情绪的代理变量,在 T＋1 交易制度折价率指标中剔除了投资者情绪,发现结论依然稳健。通过周频率的结果,本章发现 T＋1 交易制度的约束可能是 A 股市场动量效应条件性存在的原因。周频率下,T＋1 交易制度折价率最低的 20％ 的股票组合中,动量策略无法获得显著的超额收益。结合周频率下不稳健的反转效应,可以认为周频率是 A 股市场从动量效应转变为反转效应的重要环节,这意味着 T＋1 交易制度缩减了动量效应的收益率,并可能是 A 股市场中反转效应更强的原因之一。最后,本章通过扩大样本区间、取负隔夜收益率为子样本、AH 股共同上市公司对比研究、剔除触及涨跌停板的公司等方法进行了稳健性检验。样本区间选择和涨跌限制等因素未对结论产生方向性的影响。通过 AH 股共同上市公司在 A 股和 H 股市场的表现的对比研究,本章发现 A 股市场中表现出 T＋1 交易制度折价与横截面动量效应负相关,即 T＋1 交易制度折价降低,截面动量效应逐步扩大;而 H 股市场中该折价指标与动量策略收益之间没有显著的趋势关系。

　　动量效应作为被检验最多的市场异象之一,在 A 股市场中的表现较弱,可能是由于 A 股市场中有别于其他市场的交易制度。以 T＋1 交易制度为代表,通过研究制度约束和超短期动量效应的关系,为 A 股市场的动量效应提供了进一步的有利于构建有中国特色的资产定价模型。"有效市场"与"市场异象"之间的冲突由来已久,但我们注意到,政策制度与市场异象的关系可能为政策评估提供了新的视角。当政

策的目标在消除某种异象时,可能会造成另一种市场异象的诞生。不同企业的股票
对同一政策的反应也存在差异。以 T＋1 交易制度为例,T＋1 交易制度对赢家组合
和输家组合造成了不同的影响,在弥补了输家组合的损失的同时,也削弱了赢家组合
的收益持续性。因此,政策决策者需要更加谨慎地制定政策。

# 第8章 T+1制度下A股市场的"拔河赛效应"

"拔河赛效应"最早由 Lou 等(2019)提出,他们对美国股市的各主要投资策略进行分析,发现"拔河赛效应"的普遍性、稳健性和持续性,并使用投资者异质性予以解释。所谓"拔河赛效应",是指隔夜收益率和日内收益率符号相反的现象,背后的两股力量互相博弈,在收益率层面上进行拔河比赛,体现出一整天收益率的波动性。本章借鉴了 Lou 等(2019)的研究框架对 A 股市场的"拔河赛效应"现象进行分析,由于 A股市场特有的 T+1 交易制度等方面与美国股市大不相同,"拔河赛效应"的特点以及引发"拔河赛效应"的原因是有所区别的。因此,研究 A 股市场的"拔河赛效应"具有较大的理论和现实意义。本章的行文结构如下:8.1 小节是文献综述,8.2 小节是"拔河赛效应"的存在性与持续性分析,8.3 小节是"拔河赛效应"对收益率影响的分析,8.4 小节是"拔河赛效应"的成因:投资者异质性,8.5 小节是中美"拔河赛效应"的差别与原因,8.6 小节是本章小结。

## 8.1 文献综述

Lou(2019)从投资者异质性的角度对"拔河赛效应"予以解释。大量文献表明,假定投资者具有同质性难以解释一些典型的市场现象。John Y. Campbell(2017)和Cochrane、J. H(2004)均阐释了同质性假设的缺陷。因此,学者们进行投资者异质性假设,进一步深入研究资产定价。刘清源(2016)证明风险补偿理论和投资者异质性是解释沪市"隔夜动量、日内反转"现象的重要来源。张静和王生年(2017)以机构退出比率、分析师预测分歧、超额收益波动率和换手率等指标衡量投资者的异质信念,对错误定价的金融异象进行了相应分析。曾燕、康俊卿和陈树敏(2016)通过建立一般均衡模型,将投资者异质性作为一个指标纳入模型中,求出了异质性条件下的均衡解。张丽丽、刘琼和杨宽(2017)将信息异质作为投资者异质性的维度,研究了卖空限制下投资者异质性对资产定价的影响,得出异质性程度越高,定价偏误越大的结论。臧云特(2017)发现,股票价格的随机波动并不意味着投资者是理性的,该文将价格的随机波动归因于投资者的异质性,投资者的心理偏差是导致股票市场暴涨暴跌的重要原因。从以上的文献分析可以看出,使用投资者异质性假设解释金融异象非常有效。投资者作为市场的参与者,A 股市场的 "拔河赛效应" 现象应当是由不同类型投资者博弈而产生的结果。

根据《上海证券交易所统计年鉴(2018 卷)》的统计结果,投资额度在 50 万元以下的中小投资者比例为 85.39％,自然人投资者的交易金额占到 2017 年交易总额的 82.01％,而机构占 14.76％。自然人投资者和机构投资者的交易总额近乎于 100％。基于以上事实,本章假定有两类投资者,即机构与散户。一类投资者倾向于在开盘时交易以获得隔夜收益,另一类投资者则偏好在收盘时交易以获得日内收益。造成这个现象的原因有很多。黄剑(2006)认为,开盘价和收盘价反映的信息量不同,开盘价反映了隔夜的信息,收盘价所反映的信息则远少于开盘价,因此开盘时的价格波动会大于收盘时的价格波动。从这个角度来看,不同风险偏好的投资者会选择不同的交易时点进行投资。Lou 等(2019)认为,机构投资者追求业绩导致其偏向于获得日内收益,促使其在收盘时交易。媒体常有报道,我国机构投资者经常在尾盘大量交易。这说明机构投资者的经营特点是造成投资者异质性的原因。与 Lou(2019)所描述的一样,中国的散户投资者并不关注流动性和价格冲击,且开盘时段的交易量与其余时段的交易量相比要少很多,故而散户投资者可能更倾向于获得隔夜收益率。此外,T＋1 交易制度也可能是造成投资者异质性的原因。机构投资者由于资金量大且可以多账户进行投资,受交易制度的影响有限;而散户投资者所受到的影响更大,若散户在开盘时买入,只能在次日方可卖出,受到的价格波动风险很大,因此散户倾向于获取隔夜收益以减少交易风险。张兵和薛冰(2019)发现,在 T＋1 交易制度下,A 股市场的买方力量从开盘到收盘逐渐增强,隔夜收益率显著为负,而日内收益率显著为正,得出 A 股市场在开盘时间段具有折价效应的结论。这正好说明交易制度影响投资行为,并可能在一定程度上造成投资者的异质性。正因为隔夜时段和日内时段在不同维度上有着巨大区别,因此,在理论层面上假定投资者异质性以解释"拔河赛效应"是较为合理的。

## 8.2　"拔河赛效应"的存在性与持续性分析

### 8.2.1　指数层面的存在性分析

　　为了直观地描述 A 股市场的"拔河赛效应"并与美国市场的进行对比,首先采用 2009 年 9 月到 2019 年 10 月的沪深 300 指数和标普 500 指数日度交易数据,分别计算两者的日度平均收益率、日内平均收益率和隔夜平均收益率。如图 8-1 所示,沪深 300 指数的隔夜收益率显著为负,日内收益率显著为正;而美国标普 500 指数则是隔夜收益率和日内收益率均为正,但日内并不显著。结果的巨大差异可能意味着 A 股市场"拔河赛效应"的不同。

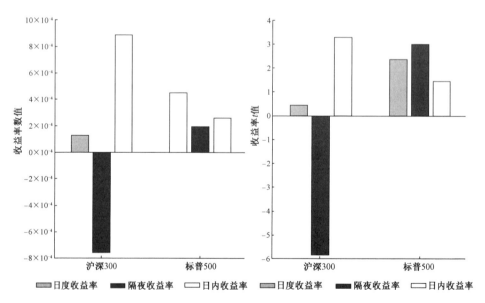

图 8-1　沪深 300 指数和标普 500 指数的情况对比

美国股市在指数的日内和隔夜层面上并无 "拔河赛效应",而 A 股市场在指数层面便已有 "拔河赛效应",且异常显著。从这个现象可以看出,A 股市场的 "拔河赛效应" 是存在的,而且可能比美国还要显著。隔夜与日内两个时间段的反复拉锯体现了隔夜时段与日内交易的重要性。

## 8.2.2　隔夜和日内策略下 "拔河赛效应" 的存在性与持续性分析

从图 8-1 中只能分析出 A 股市场在指数层面上存在 "拔河赛效应",但是否在交易策略下仍然存在以及是否具有持续性需要进一步详细论证。特别是研究 "拔河赛效应" 的持续性有助于深入理解其对 A 股市场的重要意义。本章借鉴 Lou(2019) 的做法,通过计算相关交易策略的日内收益率和隔夜收益率以证明 "拔河赛效应" 的存在性和持续性。

采用与本书前述章节类似方式计算出 2009 年 9 月到 2019 年 10 月的月度隔夜收益率和日内收益率。首先,分别以前期个股隔夜收益率和日内收益率为基准对股票进行十分组,剔除股价低于 5 元的股票;其次,分别计算出各股票组合的日内超额收益率和隔夜超额收益率,并分别使用 CAPM 因子和 FF 三因子进行调整,计算出截距项;最后,计算出最高组收益率和最低组收益率的差值。交易数据来源于 wind 数据库,无风险收益率采用 1 年期定期存款利率折算,无风险利率、CAPM 因子和 FF 三因子数据来源于 CSMAR 数据库。以前期个股隔夜收益率分组,做空前期的低隔夜收益率股票组合并做多高隔夜收益率股票组合的策略称之为策略 1;以前期的个股日内收益率分组,做空前期的低日内收益率股票组合并做多高日内收益率股票组合的策略称之为策略 2。组合收益率采用等值权重和价值权重的方式计算。分别以前一个月的个股隔夜和日内收益率分组的策略 1 和策略 2 的收益率结果见表 8-1 和表 8-2。

**表 8 - 1　等值权重下的策略结果**

| 等权重 | 以前一个月的个股隔夜收益率分组(策略 1) | | | | | |
|---|---|---|---|---|---|---|
| | 隔夜收益率/% | | | 日内收益率/% | | |
| 分组 | 超额收益率 | CAPM 截距项 | FF3 截距项 | 超额收益率 | CAPM 截距项 | FF3 截距项 |
| 1 | −5.99* (−13.76) | −6.14* (−18.09) | −6.14* (−17.82) | 4.68* (6.34) | 4.45* (7.43) | 3.83* (9.15) |
| 10 | −3.05* (−8.38) | −3.18* (−11.67) | −3.16* (−11.42) | 2.30* (3.52) | 2.05* (4.54) | 1.71* (5.35) |
| 10−1 | 2.94* (21.92) | 2.96* (22.57) | 2.98* (22.02) | −2.38* (−8.16) | −2.40* (−8.25) | −2.12* (−7.78) |
| | 以前一个月的个股日内收益率分组(策略 2) | | | | | |
| 1 | −2.41* (−6.65) | −2.53* (−8.90) | −2.53* (−8.66) | 2.60* (3.73) | 2.37* (4.41) | 1.94* (4.77) |
| 10 | −6.71* (−14.11) | −6.87* (−18.38) | −6.88* (−18.04) | 4.22* (6.02) | 3.99* (7.20) | 3.44* (8.19) |
| 10−1 | −4.30* (−20.71) | −4.34* (−22.06) | −4.35* (−21.50) | 1.62* (4.01) | 1.63* (4.01) | 1.51* (3.60) |

注:括号内数值为参数估计值的 $t$ 值;* 代表在 1% 的显著性水平下显著。

**表 8 - 2　价值权重下的策略结果**

| 价值权重 | 以前一个月的个股隔夜收益率分组(策略 1) | | | | | |
|---|---|---|---|---|---|---|
| | 隔夜收益率/% | | | 日内收益率/% | | |
| 分组 | 超额收益率 | CAPM 截距项 | FF3 截距项 | 超额收益率 | CAPM 截距项 | FF3 截距项 |
| 1 | −5.46* (−12.57) | −5.60* (−16.11) | −5.58* (−15.77) | 3.75* (5.76) | 3.54* (6.77) | 3.08* (7.20) |
| 10 | −2.06* (−5.94) | −2.18* (−8.25) | −2.17* (−7.90) | 1.19* (2.03) | 0.95* (2.57) | 1.03* (2.80) |
| 10−1 | 3.40* (17.97) | 3.42* (18.31) | 3.41* (18.57) | −2.55* (−5.56) | −2.59* (−5.67) | −2.05* (−5.23) |

| 价值权重 | 以前一个月的个股日内收益率分组(策略 2) | | | | | |
| --- | --- | --- | --- | --- | --- | --- |
| | 隔夜收益率/％ | | | 日内收益率/％ | | |
| 分组 | 超额收益率 | CAPM 截距项 | FF3 截距项 | 超额收益率 | CAPM 截距项 | FF3 截距项 |
| 1 | $-1.82^*$ $(-5.22)$ | $-1.93^*$ $(-6.77)$ | $-1.88^*$ $(-6.40)$ | $1.71^*$ $(2.79)$ | $1.48^*$ $(3.50)$ | $1.37^*$ $(3.49)$ |
| 10 | $-5.50^*$ $(-12.57)$ | $-5.65^*$ $(-16.61)$ | $-5.61^*$ $(-15.98)$ | $3.24^*$ $(5.00)$ | $3.00^*$ $(6.58)$ | $2.89^*$ $(6.33)$ |
| 10－1 | $-3.68^*$ $(-14.15)$ | $-3.72^*$ $(-14.84)$ | $-3.73^*$ $(-14.32)$ | $1.53^*$ $(3.03)$ | $1.52^*$ $(2.99)$ | $1.51^*$ $(2.88)$ |

注:括号内数值为参数估计值的 $t$ 值;* 代表在 1％的显著性水平下显著。

从表 8－1 中的结果可以看出,策略 1 可以获得显著为正的隔夜收益率,前期隔夜收益率高的组合在当期也具有更高的隔夜收益率;而策略 2 则可以获得显著为正的日内收益率。与此相反,在当期,策略 1 获得显著为负的日内收益率;而策略 2 则获得显著为负的隔夜收益率。表 8－2 中采用价值权重的方式计算组合收益率,也有类似的结果,说明两种策略结果具有稳健性。策略 1 和策略 2 的日内收益率和隔夜收益率符号相反,具有显著的"拔河赛效应"。

此外,从实证结果来看,前一期日内收益率越高的组合,当期的日内收益率越高;前一期隔夜收益率越高的组合,当期的隔夜收益率也越高。我们认为,这种动量效应体现出两类投资者的持续性拉锯,即存在投资者异质性:一类投资者持续倾向于获取隔夜收益率;另一类投资者持续倾向于获得日内收益率,而这种拉锯导致了"拔河赛效应"。假如假设成立,那么在更长的时间跨度上,类似的动量特征也应当会持续。

限于篇幅,本章只报告加权平均情况下,不经调整的超额收益率结果,并将时间跨度扩展到随后的 60 个月。分别分析根据前 1～60 个月隔夜收益率和日内收益率进行分组的策略 1 与策略 2 结果的显著性,具体结果见图 8－2。Overnight—Overnight 线表示策略 1 的隔夜收益率各时间跨度 $t$ 值,Overnight—Intraday 线表示策略 1 的日内收益率各时间跨度的 $t$ 值,Intraday—Overnight 线表示策略 2 的隔夜收益率各

时间跨度 $t$ 值,Intraday—Intraday 线表示策略 2 的日内收益率各时间跨度 $t$ 值。

　　从图 8‑2 中不难看出,分别使用前 1～60 个月隔夜收益率进行分组的策略 1,其日内收益率大体上显著为负,隔夜收益率显著为正。同理,策略 2 的隔夜收益率也在相当长的时间跨度显著为负,日内收益率显著为正。观察图 8‑2 中的 $t$ 值线并综合判断,在大约 36 个月的时间跨度上,策略的隔夜收益率和日内收益率较为显著。这说明两个问题。一是"拔河赛效应"可能持续 36 个月之久,意味着 A 股市场"拔河赛效应"具有长期性和稳定性;二是动量特征在相当长的时间内显著存在,这进一步印证了投资者异质性假设。

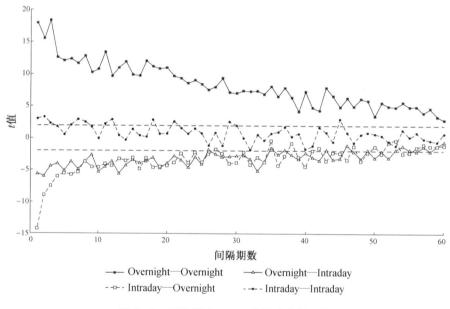

图 8‑2　两种策略 1～60 个月跨度的 $t$ 值

### 8.2.3　主要交易策略下"拔河赛效应"的存在性分析

　　策略 1 和策略 2 的结果只能说明在个别策略下,A 股市场具有"拔河赛效应"。为了研究"拔河赛效应"是否在其他策略中普遍存在,在此分析九种主要策略的隔夜和日内收益率。为了更好地说明本章所采用的九种策略的合理性,下面列出国内外相关的研究,并对每种策略的具体做法进行了说明,具体内容见表 8-3。

表 8-3　九种策略的解释及国内外研究

| 策略名称 | 解　释 | 国外证据 | 中国证据 |
|---|---|---|---|
| 市值策略 | 做多前一期小市值上市企业组合,并做空前一期大市值上市企业组合 | Fama 和 French(1992)证明了市值因子对股票收益率具有显著影响 | 赵胜民等(2016)发现 A 股市场市值因子具有显著性 |
| 账面市值比策略 | 做多前一期高账面市值比股票组合,并做空前一期低账面市值比股票组合 | Fama 和 French(1992)证明了账面市值比因子对股票收益率具有显著影响 | 赵胜民等(2016)发现 A 股市场账面市值比因子具有显著性 |
| 动量策略 | 使用前一期 2～12 个月的月度累计收益率作为动量效应的指标,以累计收益率将股票进行十分组,做空低动量股票组合,并做多高动量股票组合 | Jegadeesh 和 Titman(1993)使用前 2～12 个月的月度累计收益率作为动量效应的指标 | 鲁臻和邹恒甫(2007)使用 Jegadees 和 Titman(1993)的方法发现 A 股市场在月度频率下具有动量效应。而周琳杰(2002)没有发现显著的动量效应 |
| ROE 策略 | 做空前一期低 ROE 股票组合,并做多前一期高 ROE 股票组合 | Novy-Marx(2013)证明了利润指标可对股票收益率产生影响 | 李志冰等(2017)发现盈利能力因子对 A 股收益率具有较好的解释力 |
| 投资比例策略 | 做空前一期高投资比例股票组合,并做多前一期低投资比例股票组合 | Polk 和 Sapienza(2009)详细论述了投资比例对股票收益率的影响 | 李志冰等(2017)发现投资风格因子对 A 股收益率具有较好的解释力 |
| Beta 值策略 | 做空前一期高 Beta 值股票组合,并做多前一期低 Beta 值股票组合 | Sharpe(1964)和 Lintner(1965)等人在其资产定价模型中使用了该指标 | 李志冰等(2017)使用 Fama-French 五因素模型对 A 股市场进行检验,发现在某些时间段,市场风险溢价非常显著 |
| 特质波动率策略 | 做多前一期低特质波动率股票组合,并做空前一期高特质波动率股票组合 | Ang et al. (2006)认为高特质波动率股票具有异常的低收益 | 陆蓉和杨康(2019)、熊和平等(2018)证明了 A 股市场具有特质波动率之谜,并进行了解释 |

| 策略名称 | 解　释 | 国外证据 | 中国证据 |
|---|---|---|---|
| 换手率策略 | 做多前一期低换手率股票组合,并做空高换手率股票组合 | Datar et al. (1998)、Lee 和 Swaminathan(2000)认为换手率与股票收益率存在负相关关系 | 苏冬蔚和麦元勋(2004)发现 A 股市场低换手率组合具有较高的预期收益 |
| 前一期收益率(STR)策略 | 做多前一期低收益率股票组合,并做空前一期高收益率股票组合 | Lou 等(2019)使用前一个月组合收益率进行分组,结果显著 | 潘莉等(2011)以前一个月组合收益率进行分组,对 A 股动量和反转效应进行研究,结果非常显著 |

所有的策略均是基于前一期的各大指标进行十分组,进而计算出当期的各分组组合收益率。根据前人的研究,将九种策略分为 H-L 型和 L-H 型两种策略,尽可能使得策略的日内与隔夜收益率之和为正。H-L 型策略是指做多高指标组合并做空低指标组合的策略;L-H 型策略则与之相反。根据这个定义,H-L 型策略有账面市值比策略、动量策略和 ROE 策略。L-H 型策略有市值策略、特质波动率策略、换手率策略、Beta 值策略、前一期收益率策略和投资比例策略。

采用 2009 年 9 月到 2019 年 10 月共计 121 个月的数据进行分析,数据均来源于wind 数据库。剔除股价低于 5 元的股票,月度隔夜收益率和日内收益率的计算方法和前文一致。账面市值比使用市净率月度数据的倒数得到,市值数据采用月度流通市值数据。由于 ROE 仅有季度数据,因而将一个季度 3 个月的 ROE 数值均设定为季度数值。特质波动率为使用三因子模型对月度收益率进行回归而得到的残差值计算得来。投资比例则使用上一个季度与当前季度的资产总额数据计算得出,也是将一个季度 3 个月的投资比例数值均设定为季度数值。换手率数据采用月度数据,Beta 值采用个股的 20 日 Beta 值月度数据。无风险利率和 CAPM 因子、三因子数据与前文保持一致。下面分别对各大策略的具体收益情况进行分析。

1. H-L 型策略

(1) 分析等值权重下的情况。在不考虑 CAPM 调整或 FF3 调整的情况下,对于账面市值比策略而言,高账面市值比组合的隔夜收益率比低账面市值比组合高,策略的隔夜收益率为 2.39%,且非常显著;高账面市值比组合的日内收益率比低账面市值比组合低,策略的日内收益率为－1.33%,显著为负。计算前 2~12 个月的累计收益率后,以此为依据进行十分组,进而对动量策略进行分析。高累计收益率组合的隔夜收益率比低累计收益率组合更低,策略的隔夜收益率为－0.86%,显著为负;高累计收益率组合的日内收益率比低累计收益率组合更高,策略的日内收益率为0.43%,但不显著。对于 ROE 策略而言,高 ROE 组合的隔夜收益率比低 ROE 组合高,策略的隔夜收益率为 2%,显著为正;高 ROE 组合的日内收益率比低 ROE 组合低,策略的日内收益率为－0.4%,但不显著。经 CAPM 因素调整及三因素调整后的结果基本相同,依旧稳健。

(2) 分析价值权重下的情况,发现结果有一些细微的变化。不经调整的账面市值比策略的隔夜收益率为 1.52%,显著为正;日内收益率为－0.77%,但不显著。动量策略的隔夜收益率为－0.56%,显著为负;日内收益率为 0.61%,并不显著。ROE策略的隔夜收益率为 2.6%,显著为正;日内收益率为－0.62%,但不显著。动量策略以及 ROE 策略的隔夜收益和日内收益率在 CAPM 和 FF3 调整下的显著性是完全一致的。账面市值比策略在 CAPM 调整下的隔夜收益率为 1.57%,显著为正,日内收益率为－0.78%,但不显著;在 FF3 调整下的隔夜收益率为 1.42%,显著为正,日内收益率为－0.80%,显著为负。

三种 H-L 型策略无论是从等值权重还是从价值权重的角度,无论是未经调整还是考虑了 CAPM 和 FF3 调整,隔夜收益和日内收益均呈现明显的反向关系,"拔河赛效应"非常显著。策略的具体结果见表 8－4。

表 8－4　H-L 型策略

| 策略名称 | 组别 | | 超额收益率/% | | | CAPM 截距项/% | | | FF3 截距项/% | | |
|---|---|---|---|---|---|---|---|---|---|---|---|
| | | | 1 | 10 | 10－1 | 1 | 10 | 10－1 | 1 | 10 | 10－1 |
| 账面市值比策略 | 等值权重 | 隔夜 | -4.85* (-10.79) | -2.46* (-8.19) | 2.39* (11.14) | -4.99* (-14.15) | -2.55* (-10.64) | 2.44* (12.74) | -4.99* (-14.09) | -2.54* (-10.19) | 2.46* (13.47) |
| | | 日内 | 3.88* (5.30) | 2.54* (4.26) | -1.33** (-2.52) | 3.66* (6.07) | 2.29* (6.61) | -1.37* (-2.59) | 3.20* (7.86) | 1.89* (6.00) | -1.31* (-3.13) |
| | 价值权重 | 隔夜 | -3.48* (-7.80) | -1.96* (-6.35) | 1.52* (5.73) | -3.62* (-10.20) | -2.04* (-7.74) | 1.57* (6.51) | -3.47* (-9.83) | -2.05* (-7.48) | 1.42* (6.51) |
| | | 日内 | 2.66* (4.37) | 1.89* (3.65) | -0.77 (-1.25) | 2.47* (5.08) | 1.69* (4.90) | -0.78 (-1.26) | 2.42* (6.71) | 1.62* (5.03) | -0.80** (-2.02) |
| 动量策略 | 等值权重 | 隔夜 | -3.56* (-8.48) | -4.41* (-10.71) | -0.86* (-5.56) | -3.72* (-11.31) | -4.58* (-14.49) | -0.86* (-5.54) | -3.71* (-11.19) | -4.53* (-14.01) | -0.82* (-5.24) |
| | | 日内 | 2.96* (3.83) | 3.39* (4.85) | 0.43 (1.31) | 2.64* (4.61) | 3.12* (5.79) | 0.48 (1.48) | 2.48* (6.55) | 2.77* (7.63) | 0.29 (0.90) |
| | 价值权重 | 隔夜 | -3.08* (-7.42) | -3.64* (-8.94) | -0.56* (-2.54) | -3.23* (-9.82) | -3.79* (-12.00) | -0.56** (-2.54) | -3.17* (-9.34) | -3.74* (-11.45) | -0.57* (-2.47) |
| | | 日内 | 1.97* (2.82) | 2.58* (4.25) | 0.61 (1.17) | 1.68* (3.24) | 2.32* (5.27) | 0.64 (1.23) | 1.81* (3.91) | 2.13* (5.25) | 0.31 (0.61) |
| ROE 策略 | 等值权重 | 隔夜 | -4.72* (-11.14) | -2.72* (-7.96) | 2.00* (11.10) | -4.86* (-14.46) | -2.84* (-10.93) | 2.02* (11.38) | -4.87* (-14.17) | -2.81* (-10.50) | 2.06* (11.35) |
| | | 日内 | 3.57* (4.92) | 3.18* (5.70) | -0.40 (-1.11) | 3.32* (6.06) | 2.96* (7.73) | -0.36 (-1.02) | 2.68* (7.50) | 2.83* (9.24) | 0.16 (0.55) |
| | 价值权重 | 隔夜 | -4.29* (-10.65) | -1.70* (-5.06) | 2.60* (12.71) | -4.42* (-13.76) | -1.81* (-7.01) | 2.61* (12.86) | -4.42* (-13.42) | -1.74* (-6.51) | 2.68* (13.22) |
| | | 日内 | 2.58* (3.70) | 1.96* (3.98) | -0.62 (-1.24) | 2.32* (4.71) | 1.76* (5.56) | -0.56 (-1.15) | 1.83* (4.96) | 2.00* (6.33) | 0.17 (0.50) |

注:括号内数值为参数估计值的 t 值;*、***分别代表在 1%、5%的显著性水平下显著。

2. L-H 型策略

（1）分析等值权重下的情况。在不考虑 CAPM 调整或 FF3 调整的情况下,对于 Beta 值策略而言,低 Beta 组合的隔夜和日内收益率均低于高 Beta 组合,策略的隔夜收益率为负,日内收益率为正,两者均不显著。对于投资比例策略而言,低投资比例组合的隔夜收益率低于高投资比例组合,日内收益率高于高投资比例组合,策略的隔夜收益率为－0.37％,显著为负;日内收益率为 0.03％,并不显著。对于市值策略而言,低市值组合的隔夜收益率低于高市值组合,日内收益率高于高市值组合,策略的隔夜收益率为－2.55％,显著为负;日内收益率为 3.63％,显著为正。与前三种 L-H 型策略不同的是,前一期收益率策略、特质波动率策略和换手率策略的隔夜收益率均为正。其中,前一期收益率策略的隔夜收益率为 2.89％,显著为正;日内收益率为－0.52％,并不显著。特质波动率策略的隔夜收益率为 2.82％,显著为正;日内收益率为－0.01％,并不显著。换手率策略的隔夜收益率为 4.67％,显著为正;日内收益率为－2.46％,显著为负。在 FF3 调整的情况下,投资比例策略的日内和隔夜收益率均为负,但因为并不显著,并不影响结论,其余在 CAPM 调整或 FF3 调整下的结果基本一致。

（2）分析价值权重下的情况。Beta 值策略、市值策略、前一期收益率策略、特质波动率策略和换手率策略在三种情形下的结论与等值权重下的结论保持一致,隔夜及日内收益率的方向和显著性并无区别。投资比例策略在三种情况下的结论大致保持一致,仅在 FF3 调整情形下隔夜与日内收益率的方向变为相反,这进一步说明了投资比例策略具有明显的"拔河赛效应"。

与 H-L 型策略一样,六种 L-H 型策略无论是在等值权重还是在价值权重下,未经调整、CAPM 调整和 FF3 调整的结果均表明"拔河赛效应"是显著存在的。其具体分组及策略收益率的结果见表 8－5。

表 8－5　L-H 型策略

| 策略名称 | 组别 | | 超额收益率/% | | | CAPM 截距项/% | | | FF3 截距项/% | | |
|---|---|---|---|---|---|---|---|---|---|---|---|
| | | | 1 | 10 | 1－10 | 1 | 10 | 1－10 | 1 | 10 | 1－10 |
| Beta 值策略 | 等值权重 | 隔夜 | -4.58* (-10.37) | -4.32* (-11.48) | -0.26 (-1.34) | -4.73* (-13.79) | -4.45* (-15.46) | -0.28 (-1.46) | -4.75* (-13.69) | -4.46* (-15.11) | -0.29 (-1.48) |
| | | 日内 | 3.20* (5.10) | 3.76* (5.05) | -0.57 (-1.41) | 3.00* (5.98) | 3.48* (6.76) | -0.48 (-1.30) | 2.56* (7.35) | 3.01* (7.16) | -0.45 (-1.19) |
| | 价值权重 | 隔夜 | -3.09* (-7.63) | -3.26* (-8.60) | 0.18 (0.66) | -3.22* (-10.24) | -3.38* (-11.13) | 0.16 (0.61) | -3.17* (-9.92) | -3.36* (-10.63) | 0.18 (0.67) |
| | | 日内 | 2.08* (3.94) | 2.69* (3.81) | -0.61 (-0.96) | 1.94* (4.24) | 2.41* (5.40) | -0.47 (-0.81) | 1.79* (4.21) | 2.39* (5.23) | -0.60 (-1.03) |
| 投资比例策略 | 等值权重 | 隔夜 | -3.83* (-9.72) | -3.46* (-9.24) | -0.37* (-3.57) | -3.95* (-12.96) | -3.58* (-12.54) | -0.37* (-3.60) | -3.93* (-12.51) | -3.57* (-12.27) | -0.36* (-3.37) |
| | | 日内 | 3.30* (4.88) | 3.27* (4.67) | 0.03 (0.11) | 3.07* (6.16) | 3.04* (5.77) | 0.03 (0.12) | 2.50* (7.67) | 2.57* (7.21) | -0.07 (-0.29) |
| | 价值权重 | 隔夜 | -3.10* (-8.68) | -2.53* (-6.79) | -0.57* (-4.54) | -3.21* (-11.44) | -2.66* (-9.47) | -0.56* (-4.51) | -3.16* (-10.87) | -2.65* (-9.09) | -0.51* (-4.03) |
| | | 日内 | 2.21* (3.62) | 1.89* (3.25) | 0.31 (1.09) | 1.97* (5.06) | 1.66* (4.71) | 0.31 (1.07) | 1.73* (4.90) | 1.64* (4.91) | 0.09 (0.32) |
| 市值策略 | 等值权重 | 隔夜 | -4.56* (-11.02) | -2.01* (-6.25) | -2.55* (-13.08) | -4.69* (-14.26) | -2.12* (-8.54) | -2.57* (-13.52) | -4.66* (-14.08) | -2.12* (-8.20) | -2.55* (-13.77) |
| | | 日内 | 5.01* (5.72) | 1.37* (2.66) | 3.63* (5.27) | 4.78* (6.30) | 1.15* (4.04) | 3.63* (5.23) | 3.90* (7.30) | 1.23* (4.29) | 2.67* (5.74) |
| | 价值权重 | 隔夜 | -4.56* (-11.05) | -1.90* (-5.91) | -2.66* (-12.16) | -4.69* (-14.32) | -2.00* (-7.66) | -2.69* (-12.78) | -4.66* (-14.15) | -1.96* (-7.25) | -2.70* (-13.45) |
| | | 日内 | 4.92* (5.71) | 1.44* (2.97) | 3.48* (4.52) | 4.68* (6.34) | 1.23* (4.20) | 3.45* (4.47) | 3.83* (7.41) | 1.45* (5.12) | 2.38* (5.52) |

（续表）

| 策略名称 | 组别 | | 超额收益率/% | | | CAPM 截距项/% | | | FF3 截距项/% | | |
|---|---|---|---|---|---|---|---|---|---|---|---|
| | | | 1 | 10 | 1—10 | 1 | 10 | 1—10 | 1 | 10 | 1—10 |
| 前一期收益率策略 | 等值权重 | 隔夜 | −3.38* (−8.74) | −6.27* (−13.64) | 2.89* (15.14) | −3.50* (−11.49) | −6.42* (−17.89) | 2.92* (15.74) | −3.50* (−11.20) | −6.42* (−17.61) | 2.92* (15.29) |
| | | 日内 | 3.51* (4.76) | 4.03* (5.89) | −0.52 (−1.16) | 3.28* (5.53) | 3.81* (7.14) | −0.53 (−1.17) | 2.76* (6.07) | 3.37* (7.96) | −0.61 (−1.30) |
| | 价值权重 | 隔夜 | −2.71* (−7.03) | −4.79* (−10.98) | 2.08* (8.33) | −2.82* (−8.89) | −4.94* (−14.61) | 2.11* (8.64) | −2.77* (−8.50) | −4.87* (−13.98) | 2.10* (8.27) |
| | | 日内 | 2.53* (3.81) | 2.95* (4.61) | −0.42 (−0.77) | 2.30* (4.62) | 2.70* (6.12) | −0.41 (−0.75) | 2.09* (4.61) | 2.70* (6.08) | −0.61 (−1.12) |
| 特质波动率策略 | 等值权重 | 隔夜 | −3.38* (−8.87) | −6.20* (−13.48) | 2.82* (15.51) | −3.51* (−11.91) | −6.35* (−17.57) | 2.84* (16.00) | −3.47* (−11.53) | −6.34* (−17.35) | 2.87* (15.83) |
| | | 日内 | 3.77* (5.06) | 3.79* (5.61) | −0.01 (−0.03) | 3.53* (6.08) | 3.57* (6.63) | −0.04 (−0.12) | 3.00* (6.78) | 3.09* (7.66) | −0.09 (−0.23) |
| | 价值权重 | 隔夜 | −2.66* (−7.21) | −4.90* (−11.47) | 2.24* (10.85) | −2.78* (−9.42) | −5.04* (−14.85) | 2.26* (11.08) | −2.70* (−8.98) | −5.01* (−14.32) | 2.31* (10.94) |
| | | 日内 | 2.55* (4.01) | 2.86* (4.69) | −0.31 (−0.78) | 2.31* (5.26) | 2.63* (6.10) | −0.33 (−0.82) | 2.13* (5.17) | 2.50* (5.98) | −0.37 (−0.89) |
| 换手率策略 | 等值权重 | 隔夜 | −2.01* (−7.16) | −6.68* (−14.70) | 4.67* (20.04) | −2.10* (−9.54) | −6.83* (−19.05) | 4.73* (22.67) | −2.08* (−9.14) | −6.85* (−18.95) | 4.77* (23.17) |
| | | 日内 | 2.26* (4.46) | 4.72* (5.54) | −2.46* (−4.32) | 2.05* (6.32) | 4.48* (6.20) | −2.43* (−4.27) | 1.80* (6.75) | 3.84* (6.80) | −2.04* (−3.95) |
| | 价值权重 | 隔夜 | −1.83* (−5.88) | −7.12* (−14.67) | 5.29* (20.29) | −1.91* (−7.20) | −7.27* (−18.73) | 5.36* (23.59) | −1.88* (−6.81) | −7.33* (−18.54) | 5.45* (24.99) |
| | | 日内 | 1.66* (3.64) | 4.11* (5.30) | −2.44* (−3.88) | 1.49* (4.69) | 3.86* (6.23) | −2.37* (−3.84) | 1.65* (5.26) | 3.46* (6.26) | −1.81* (−3.83) |

注:括号内数值为参数估计值的 t 值;＊代表在 1% 的显著性水平下显著。

可以看出,"拔河赛效应"在 A 股市场是普遍存在的一种现象,各大策略在不同程度上呈现出日内收益率和隔夜收益率符号相反的状态。

### 8.2.4 Fama-Macbeth 回归分析

进行各大交易策略的分析后,采用 Fama-Macbeth 回归进行稳健性检验。将各大策略的分组指标作为自变量,将滞后一期的隔夜收益率和日内收益率作为控制变量,由于将 STR 等于滞后一期隔夜收益率和日内收益率之和,引入会引起多重共线性问题,因此在回归中不加入该变量。将月度收益率、月度隔夜收益率、月度日内收益率、月度隔夜收益率与日内收益率之差等作为因变量,研究各大因素的具体影响。各变量符号、含义及单位见表 8-6。建立回归模型式(8-1),回归结果见表 8-7。

$$\begin{aligned} \text{Depvar}_{i,m} = & \beta_0 + \beta_1 \text{Overnight}_{i,m-1} + \beta_2 \text{Intraday}_{i,m-1} + \beta_3 \text{MOM}_{i,m-1} + \\ & \beta_4 \text{Size}_{i,m-1} + \beta_5 \text{Turn}_{i,m-1} + \beta_6 \text{BM}_{i,m-1} + \beta_7 \text{ROE}_{i,m-1} + \\ & \beta_8 \text{Beta}_{i,m-1} + \beta_9 \text{INV}_{i,m-1} + \beta_{10} \text{IVOL}_{i,m-1} + u_{i,m} \end{aligned} \tag{8-1}$$

#### 表 8-6　各变量的描述

| 变 量 | 含 义 | 单 位 |
|---|---|---|
| Close-to-Close | 月度收益率 | % |
| Overnight | 月度隔夜收益率 | % |
| Intraday | 月度日内收益率 | % |
| MOM | 过去 2~12 个月的累计收益率 | % |
| Size | 企业月度流通市值规模 | 亿元 |
| Turn | 月度换手率 | % |
| BM | 月度账面市值比 | % |
| ROE | 月度净资产收益率 | % |
| Beta | 20 日 Beta 值月度数据 | 1 |
| INV | 月度投资比例 | % |
| IVOL | 月度特质波动率 | % |

　　表 8-7 中第 1 列的结果表明,企业市值、换手率、特质波动率均对月度收益率具有显著的负向影响,这说明特质波动率异象和换手率效应在 1 个月内成立,这与目前的主流研究观点一致。前 2~12 个月的累计收益率和账面市值比对月度收益率的影响并不显著。投资比例、Beta 值和 ROE 对月度收益率具有显著的正向影响。MOM 的结果说明,A 股在较长的区间没有显著的动量效应。表 8-7 中第 2 列的结果表明,换手率和特质波动率对月度隔夜收益率具有显著的负向影响。前 2~12 个月的累计收益率和 Beta 值对月度收益率的影响并不显著。企业市值、账面市值比、ROE 和投资比例具有显著的正向影响。表 8-7 中第 3 列的结果表明,企业市值和特质波动率对月度日内收益率具有显著的负向影响。前 2~12 个月的累计收益率、账面市值比、ROE 和投资比例对月度收益率的影响并不显著。Beta 值和换手率具有显著的正向影响。表 8-7 中第 4 列的结果表明,换手率对月度隔夜收益率与日内收益率的差额具有显著的负向影响。前 2~12 个月的累计收益率、Beta 值和账面市值比无显著相关性。企业市值、ROE、投资比例和特质波动率呈现显著的正相关性。由于日内阶段和隔夜阶段的时间长度不一,参照 Lou(2019)对隔夜收益率和日内收益率按照 A 股市场隔夜阶段和日内阶段的时长进行调整。即将隔夜收益率乘以 24/18.5,日内收益率乘以 24/5.5,然后求差值。使用经过调整后的隔夜收益率与日内收益率之差进行回归分析,结果基本保持一致,结果见表 8-7 中的第 5 列。

　　从五个回归结果来看,各大变量回归系数的方向与显著性保持内在的一致性,说明回归结果是较为可靠和稳健的。可以看出,Fama-Macbeth 回归的结果与策略分析的结果基本一致。例如,市值对隔夜收益率具有显著的正向影响,对日内收益率具有显著的负向影响,这与市值策略(L-H 型策略)隔夜收益率显著为正,日内收益率显著为负是高度吻合的,其余的策略也具有类似结果。少数策略系数方向出现不一致的情况,基本都伴随着策略隔夜收益率、日内收益率或者回归系数的不显著。因此,总体来看,回归结果和策略分析结果并无明显矛盾,这进一步说明了"拔河赛效应"的稳健性。

表 8-7    Fama-Macbeth 回归结果

| 变　量 | close-to-close | overnight | intraday | overnight-intraday | scaled difference |
|---|---|---|---|---|---|
| 常数项 | −0.782<br>(−1.165) | −2.264*<br>(−5.849) | 1.287**<br>(2.240) | −3.551*<br>(−4.976) | −6.630*<br>(−3.558) |
| LOvernight | 0.200*<br>(2.837) | 0.106*<br>(6.153) | 0.094<br>(1.478) | 0.012<br>(0.199) | −0.150<br>(−0.793) |
| LIntraday | 0.166**<br>(2.384) | −0.051*<br>(−3.035) | 0.217*<br>(3.439) | −0.268*<br>(−4.412) | −0.731*<br>(−3.876) |
| MOM | 0.001<br>(0.166) | 0.001<br>(0.873) | 0.000<br>(−0.125) | 0.002<br>(0.387) | 0.003<br>(0.244) |
| Size | −0.002**<br>(−1.988) | 0.001*<br>(3.288) | −0.003*<br>(−2.827) | 0.004*<br>(3.405) | 0.010*<br>(3.106) |
| Turn | −0.010*<br>(−4.754) | −0.015*<br>(−16.864) | 0.005**<br>(2.274) | −0.019*<br>(−8.035) | −0.034*<br>(−5.001) |
| BM | 0.005<br>(0.976) | 0.008*<br>(4.720) | −0.002<br>(−0.415) | 0.01<br>(1.592) | 0.02<br>(0.951) |
| ROE | 0.023*<br>(3.074) | 0.022*<br>(6.717) | 0.001<br>(0.074) | 0.022*<br>(2.795) | 0.027<br>(1.262) |
| Beta | 0.568*<br>(3.061) | 0.234<br>(1.592) | 0.334***<br>(1.773) | −0.100<br>(−0.353) | −0.720<br>(−1.062) |
| INV | 0.118**<br>(2.122) | 0.120*<br>(3.867) | −0.002<br>(−0.037) | 0.122**<br>(1.984) | 0.161<br>(0.996) |
| IVOL | −0.251*<br>(−3.680) | −0.066*<br>(−4.220) | −0.186*<br>(−2.999) | 0.120**<br>(2.032) | 0.484*<br>(2.622) |
| 观测数 | 108 | 108 | 108 | 108 | 108 |
| $R^2$ | 0.108 | 0.119 | 0.092 | 0.093 | 0.092 |

注:括号内数值为参数估计值的 $t$ 值;*、** 和*** 分别代表在 1%、5% 和 10% 的显著性水平下显著。

## 8.2.5　策略方差贡献分析

策略收益率等于策略隔夜收益率与日内收益率之和,通过方差分解可以得到隔夜部分和日内部分的方差贡献率。而方差贡献率可以分别测度隔夜部分和日内部分对策略收益率波动的解释能力,具体分解公式见式(8-2)。

$$Var(rctc) = Var(rOvernight + rIntraday)$$
$$= Var(rOvernight) + Var(rIntraday) + 2Cov(rOvernight, rIntraday)$$

$$(8-2)$$

由于日内时段和隔夜时段没有重合部分,可以视为两者没有相关性,所以可以得到日内收益率和隔夜收益率之间的协方差为 0,方差贡献率即隔夜收益率和日内收益率方差与策略收益率方差的比值。由于实际数值具有一定的扰动因素,导致两者的方差贡献率之和不等于 1,参照 Hou 和 Loh(2016)的做法,本章将两者进行了单位化处理,使两者之和等于 1。其结果见表 8-8。

表 8-8　各策略收益率方差贡献比率

| 策　　略 | 隔夜部分 | 日内部分 |
| --- | --- | --- |
| 市值策略 | 0.075 | 0.925 |
| 投资比例策略 | 0.158 | 0.842 |
| 特质波动率策略 | 0.211 | 0.789 |
| 换手率策略 | 0.146 | 0.854 |
| 前一期收益率策略 | 0.176 | 0.824 |
| ROE 策略 | 0.144 | 0.856 |
| 动量策略 | 0.154 | 0.846 |
| Beta 值策略 | 0.150 | 0.850 |
| 账面市值比策略 | 0.157 | 0.843 |

总体来看,九大策略的隔夜部分能解释 15％ 左右的波动,日内部分能解释 85％ 左右的波动,且这个数值相对较为稳定。这从另一个角度证实了隔夜部分与日内部分在"拔河赛效应"中均起到了不可忽视的作用,进而辅证了"拔河赛效应"的稳定性和普遍性。

## 8.3 "拔河赛效应"对收益率影响的分析

在意识到 A 股市场"拔河赛效应"具有稳定性和普遍性的特点后,"拔河赛效应"本身对策略收益率的影响也值得研究,为此,我们需要先测度"拔河赛效应"。采用指数加权移动平均的方式计算策略的日内收益率和隔夜收益率。与前文一致,半衰期设置为 36 个月,公式如下:

$$r_{\text{Overnight},m}^{s,\text{EWMA}} = \lambda r_{\text{Overnight},m}^{s} + (1-\lambda) r_{\text{Overnight},m-1}^{s,\text{EWMA}} \tag{8-3}$$

$$r_{\text{Intraday},m}^{s,\text{EWMA}} = \lambda r_{\text{Intraday},m}^{s} + (1-\lambda) r_{\text{Intraday},m-1}^{s,\text{EWMA}} \tag{8-4}$$

式(8-3)为策略 $s$ 的指数加权移动平均的月度隔夜收益率。式(8-4)为策略 $s$ 的指数加权移动平均的月度日内收益率。

当隔夜收益率大于日内收益率时,将策略称之为隔夜策略,"拔河赛效应"tow 为隔夜收益率与日内收益率之差,见式(8-5)。当日内收益率大于隔夜收益率时,将策略称之为日内策略,"拔河赛效应"tow 为日内收益率与隔夜收益率之差,见式(8-6)。

$$\text{Tow}_m^s = r_{\text{Overnight},m}^{s,\text{EWMA}} - r_{\text{Intraday},m}^{s,\text{EWMA}} \tag{8-5}$$

$$\text{Tow}_m^s = r_{\text{Intraday},m}^{s,\text{EWMA}} - r_{\text{Overnight},m}^{s,\text{EWMA}} \tag{8-6}$$

全天分为隔夜阶段和日内阶段两个部分,"拔河赛效应"本质上是隔夜收益率和日内收益率之差的绝对值,反映出日度收益率的内部波动,差额的绝对值越大,波动就越大。扩展到月度隔夜收益率与月度日内收益率也具有一样的特征,反映出月度收益率的内部波动。分别分析九大策略的"拔河赛效应"对策略月度收益率的影响,其实就是分析策略收益率内部波动性对收益率的影响。具体做法是将策略收益率、策略收益率标准差、市场收益率和市场收益率标准差作为控制变量,其中,市场收益率采用沪深 300 指数为标的,时间区间为 2009 年 9 月到 2019 年 10 月。所有收益率均采用百分数。构建回归模型式(8-7),回归结果见表 8-9。

$$\text{Close to Close}_{i,m}^s = \beta_0 + \beta_1 \text{Tow}_{i,m}^s + \beta_2 \text{FactorReturn}_{i,m}^s + \beta_3 \text{STDFAC}_{i,m}^s +$$
$$\beta_4 \text{MKTReturn}_{i,m} + \beta_5 \text{STDMKT}_{i,m} + u_{i,m} \tag{8-7}$$

从表 8-9 中可以看出,九种策略中有六种策略的"拔河赛效应"对收益率具有显著影响,其中,市值策略、ROE 策略和账面市值比策略具有显著的正相关性,特质波动率策略、换手率策略和前一期收益率策略具有显著的负相关性;其余的三种策略的"拔河赛效应"对收益率并没有显著的影响。因而,从大体上看,"拔河赛效应"与收益率之间并无显著性的关联。Lou(2019)基于 Gromb 和 Vayanos(2010)的研究建立了理论模型,认为收益率的内部波动对收益率具有正向的影响。且基于美国股票市场的实证结果证实了"拔河赛效应"与收益率之间呈现正相关性,结果的差异可能与中、美两国股市的特点有关。本章的结果与 A 股市场波动率较大而收益率较低的现状是一致的。

表 8-9  "拔河赛效应"对收益率的影响

| 策略名称 | 常数项 | tow | factor return | stdfac | 市场收益率 | 市场收益率标准差 |
|---|---|---|---|---|---|---|
| 市值策略 | 43.69** (2.25) | 9.10* (2.75) | 0.01 (0.10) | 4.02* (2.72) | −0.13 (−0.72) | −17.13* (−2.91) |
| 投资比例策略 | 5.10 (0.89) | 5.03 (1.37) | −0.11 (−0.87) | 3.96 (1.85) | 0.15** (2.22) | −2.89** (−2.14) |
| 特质波动率策略 | −4.70 (−0.48) | −5.57** (−2.25) | 0.28** (2.39) | 6.52 (1.69) | 0.04 (0.49) | −2.50 (−1.41) |
| 换手率策略 | 23.74 (1.31) | −6.63*** (−1.84) | −0.03 (−0.21) | −4.29** (−2.03) | 0.06 (0.38) | 5.79 (1.81) |
| 前一期收益率策略 | 13.40 (1.14) | −7.13*** (−1.67) | 0.04 (0.27) | 1.52 (1.06) | −0.04 (−0.30) | −1.74 (−0.65) |
| ROE 策略 | 21.03 (1.66) | 8.37** (2.53) | 0.04 (0.34) | 3.37** (2.39) | −0.11 (−0.95) | −7.97** (−2.54) |
| 动量策略 | 30.12** (1.99) | 1.69 (0.85) | −0.07 (−0.51) | −6.94* (−2.64) | 0.11 (0.99) | 1.48 (1.25) |
| Beta 值策略 | 4.51 (0.39) | −2.09 (−0.78) | 0.04 (0.31) | −2.37 (−1.24) | 0.08 (0.56) | 2.11 (0.72) |
| 账面市值比策略 | 9.52 (0.75) | 9.15** (2.48) | −0.05 (−0.41) | 4.84 (1.54) | −0.09 (−0.52) | −8.85 (−1.69) |

注:括号内数值为参数估计值的 $t$ 值;*、** 和*** 分别代表在 1%、5% 和 10% 的显著性水平下显著。

# 8.4 "拔河赛效应"的成因:投资者异质性

九大主要策略分析说明了 A 股市场的"拔河赛效应"具有稳健性和普遍性的特征。但要分析"拔河赛效应"背后的成因,需要分析出机构投资者和散户投资者对日内收益率和隔夜收益率的偏好程度,即分析出投资者异质性的具体情况。本节从机构投资者的角度出发,以机构持股比例的变化量作为因变量,分别以隔夜收益率和日内收益率作为自变量,并将机构投资者比例变化量的滞后项作为控制变量以解决内生性问题。按机构持股比例进行五分组处理,并计算出高组和低组的差异。使用Fama-Macbeth 回归测度隔夜收益率以及日内收益率对机构持股比例变化的影响,可以排除制度性因素和信息因素等的影响,有针对性地分析出机构投资者更偏好哪类收益率,进而得出"拔河赛效应"现象背后的原因。

机构持股比例仅有季度数据,因此使用当期持股比例减去前一期机构持股比例可得到季度机构持股比例的变化值。季度隔夜收益率和日内收益率即将该季度每天的隔夜收益率和日内收益率进行累计加总,计算方式分别见式(8-8)和式(8-9)。时间区间为 2009 年第四季度至 2019 年第三季度,剔除股价低于 5 元的股票,数据均来源于 wind 数据库。我们分别将季度日内收益率和隔夜收益率对季度机构持股比例的变化进行回归,构建回归模型公式(8-10)和公式(8-11)。本章报告了机构持股比例 1～5 分组的结果,以及不分组时的总体回归结果,具体地,取 $l = 4$。隔夜收益率和日内收益率的回归系数及 $t$ 值,以及两组差异见表 8-10,所有变量均使用百分数,$t$ 值均经过 NeweyWest 调整。

$$\text{Overnight}, q = \sum_{t \in q} r_{\text{Overnight}, t} \qquad (8-8)$$

$$\text{Intraday}, q = \sum_{t \in q} r_{\text{Intraday}, t} \qquad (8-9)$$

$$\Delta \text{Institution}_{i,q} = \beta_0 + \beta_1 \text{Overnight}_{i,q} + \sum_{n=1}^{l} \beta_{n+1} \Delta \text{Institution}_{i,q-n} + u_{i,q} \qquad (8-10)$$

$$\Delta \text{Institution}_{i,q} = \beta_0 + \beta_1 \text{Intraday}_{i,q} + \sum_{n=1}^{l} \beta_{n+1} \Delta \text{Institution}_{i,q-n} + u_{i,q} \qquad (8-11)$$

表 8‑10　季频率下隔夜和日内收益率对机构持股变化的影响

| 组　别 | L | 2 | 3 | 4 | H | 总　体 | H-L |
|---|---|---|---|---|---|---|---|
| 隔夜<br>收益率 | 0.007<br>(0.793) | 0.010***<br>(1.832) | −0.001<br>(−0.075) | −0.018***<br>(−1.711) | −0.049**<br>(−2.484) | −0.002<br>(−0.232) | −0.056*<br>(−3.147) |
| 日内<br>收益率 | 0.023*<br>(4.216) | 0.044*<br>(11.261) | 0.044*<br>(4.522) | 0.044*<br>(4.235) | 0.047*<br>(4.703) | 0.040*<br>(5.944) | 0.024**<br>(2.187) |
| 隔夜收<br>益率−日<br>内收益率 | −0.016<br>(−1.165) | −0.034*<br>(−4.366) | −0.045**<br>(−2.124) | −0.062*<br>(−2.973) | −0.096*<br>(−3.265) | −0.042*<br>(−2.747) | −0.080*<br>(−2.829) |

注:括号内数值为参数估计值的 $t$ 值；*、** 和 *** 分别代表在 1%、5% 和 10% 的显著性水平下显著。

　　从季频率回归结果来看,首先,隔夜收益率在总体上对机构投资者持股比例无显著性影响,随着机构持股比例的上升,隔夜收益率对机构持股比例的影响逐渐下降,且由正转负。其中,第 2 组有较为显著的正向影响,第 4、第 5 组具有较为显著的负向影响,高组与低组的差异显著为负。其次,日内收益率无论是在总体层面还是在各分组层面均对机构持股比例具有显著的正向影响,随着机构持股比例的提高,影响逐渐增大,高低分组之间的差异显著为正。最后,隔夜收益率与日内收益率对机构持股比例影响的差额在总体和各分组层面上均显著为负。这些结果说明机构投资者倾向于获得日内收益率,日内收益率对其影响较大且非常显著;而隔夜收益率对机构投资者行为的影响很小且不显著。

　　季度层面的数据最为准确,但也有一些缺陷。因为隔夜收益率与日内收益率是作为日度层面的概念,所以研究隔夜、日内收益率对机构投资者行为的影响还应进行日频率分析。

　　本章借鉴 Lou(2019)的做法,日度机构持股比例的变化量选用主力净流入额占市值的比重作为代理变量,考虑数据的可得性,数据的时间区间为 2014 年 1 月到 2019 年 10 月。剔除股价低于 5 元的股票,数据均来源于 wind 数据库。构建日频率回归模型公式(8‑12)和公式(8‑13)。具体地,取 $k=30$。隔夜收益率和日内收益率的回归系数及 $t$ 值,以及两组差异见表 8‑11,所有变量均使用百分数,$t$ 值均经过

NeweyWest 调整。

$$\Delta \text{Institution}_{i,t} = \beta_0 + \beta_1 \text{Overnight}_{i,t} + \sum_{n=1}^{k} \beta_{n+1} \Delta \text{Institution}_{i,t-n} + u_{i,t} \quad (8\text{-}12)$$

$$\Delta \text{Institution}_{i,t} = \beta_0 + \beta_1 \text{Intraday}_{i,t} + \sum_{n=1}^{k} \beta_{n+1} \Delta \text{Institution}_{i,t-n} + u_{i,t} \quad (8\text{-}13)$$

表 8‑11　日频率下隔夜和日内收益率对机构持股变化的影响

| 组　　别 | L | 2 | 3 | 4 | H | 总　　体 | H-L |
|---|---|---|---|---|---|---|---|
| 隔夜收益率 | 0.085* (21.769) | 0.045* (20.173) | 0.036* (19.734) | 0.029* (19.228) | 0.018* (18.528) | 0.050* (28.209) | −0.067* (−17.356) |
| 日内收益率 | 0.159* (36.729) | 0.106* (36.782) | 0.088* (36.364) | 0.068* (35.942) | 0.043* (32.308) | 0.099* (36.804) | −0.116* (−34.909) |
| 隔夜收益率－日内收益率 | −0.074* (−22.146) | −0.061* (−21.442) | −0.052* (−23.102) | −0.039* (−17.987) | −0.025* (−17.443) | −0.049* (−24.611) | 0.049* (15.974) |

注:括号内数值为参数估计值的 $t$ 值;* 代表在 1% 的显著性水平下显著。

　　从日频率回归结果来看,首先,隔夜收益率无论是在总体层面还是在各分组层面均对机构投资者持股比例具有显著的正向影响,随着机构持股比例的提高,影响逐渐减小,高低分组之间的差异显著为负。其次,从日内收益率对机构投资行为影响的角度来看,总体趋势与隔夜保持一致。无论是在总体层面还是在各分组层面均对机构持股比例具有显著的正向影响,随着机构持股比例的提高,影响逐渐减小,高低分组之间的差异也显著为负,但影响下降的速度快于隔夜。最后,隔夜收益率与日内收益率对机构持股比例影响的差额在总体和各分组层面上均显著为负,且差额随着机构持股比例的上升而减小。从隔夜阶段和日内阶段结果的差值可以分析出,日度层面下日内收益率的变化对机构的投资行为影响更大,机构投资者更倾向于获取日内收益率。那么,与此相对的,散户倾向于获取隔夜收益率。这与季度的结果保持一致,说明结果是稳健的。

　　综上,A 股市场各主要策略的"拔河赛效应"是由于机构投资者倾向于获取日内收益率而散户投资者倾向于获取隔夜收益率引起的。两类投资者出于各方面的原因进行博弈,造就了"拔河赛效应",引发了各类策略隔夜收益率和日内收益率截然相反的现象,这对资产定价有着重要的作用。

## 8.5　中美"拔河赛效应"的差别及其原因

前文的分析表明中国股票市场存在"拔河赛效应",且投资者异质性偏好是该效应的主要成因。但"拔河赛效应"在中国的情况与美国有一些比较明显的区别。首先,中国各策略高低分组的隔夜收益率均显著为负,日内收益率均显著为正。而 Lou (2019)的结果是各分组隔夜收益率为正而日内收益率为负。这正好印证了薛冰和张兵(2019)的观点,T＋1 交易制度的折价效应导致了隔夜收益率为负而日内收益率为正。其次,结合前一期收益率策略和动量策略来看,A 股市场具有显著的反转效应,而 Lou(2019)认为具有较为显著的动量效应。再次,中国市场的换手率效应和特质波动率之谜十分显著,这与陆蓉和杨康(2019)、苏冬蔚和麦元勋(2004)的结论保持一致。而 Lou(2019)的结果显示,前期的高换手率和高特质波动率组合在下一期的收益率也较高,这与 Ang(2006)等的结论有一些差别,美国市场的这些异象可能随着时间的推移会发生变化。最后,与 Lou(2019)的结果进行对比不难发现,我国市场大部分策略的隔夜和日内收益率的符号与美国市场相反。

本章将造成中美差异的主要原因归结于 T＋1 交易制度等。T＋1 交易制度的折价效应深刻改变了隔夜收益率和日内收益率的模式,造成了 A 股市场各策略结果的巨大变化。T＋1 交易制度的存在,同时也影响了投资者的投资决策。在 T＋1 交易制度下,机构投资者更倾向于获取日内收益率。究其原因有二。第一,根据张兵和薛冰(2019)的观点,T＋1 交易制度具有折价效应。在 T＋1 交易制度下,机构投资者可以运用资金优势进行多账户交易以获取日内收益率,进而对日度收益率的折价部分进行规避。第二,Lou(2019)阐述机构投资者在交易时间段结束后会公布其收益率,为了追求业绩,机构投资者更倾向于获取日内收益率。从国内新闻媒体的报道来看,这种说法也符合 A 股的事实。

在 T＋1 交易制度下,散户投资者由于受到 T＋1 的限制,实现日内交易以获取日内收益率较为困难,因此其更倾向于获取隔夜收益率。具体而言,第一,散户的资金量小,在 T＋1 交易制度下,当日买入的股票难以在当日卖出,在开盘时买入的股票需要承受整个交易日的价格波动风险。在收盘时买入的股票则可以在下一个交易日的开盘时卖出,近似于 T＋0 交易,故而散户倾向于获得隔夜收益率。第二,散户不怎么关心流动性和价格冲击,而 A 股开盘时段的成交量显然远远少于其余时段之和,T＋1 交易制度造成的早盘买入持有风险更大也造成了交易延迟,因而散户投资者更倾向于获取隔夜收益率。韩金晓和张丽(2018)指出,机构投资者是市场流动性的主要提供者,而未预期机构投资者的参与或退出是造成 A 股短期反转的原因,也即造成了价格冲击。换而言之,散户交易量小、易于成交,在交易时不容易形成由价格冲击造成的成本,因而不如机构投资者那样关心流动性和价格冲击。在这个层面上,散户投资者比机构投资者更倾向于在开盘附近交易。

## 8.6　本章小结

本章通过对沪深 300 指数和策略 1 及策略 2 的月度隔夜、日内收益率的分析,发现 A 股市场存在"拔河赛效应"现象,且持续时间长达 36 个月。首先,分析主流的九种策略,进一步证实"拔河赛效应"的普遍性和稳健性;其次,采用指数加权移动平均法对"拔河赛效应"进行了测度,分析出"拔河赛效应"与收益率之间的关联;再次,从投资者异质性的角度对"拔河赛效应"的成因进行解释;最后,比较中美"拔河赛效应"的差别并从 T＋1 交易制度入手寻找原因。由以上分析得出如下结论:

一是"拔河赛效应"的存在可以回答 A 股市场长期收益率较低的现象。隔夜收益率与日内收益率是相反的,日内上涨的部分受到隔夜收益率的拖累,而这是由 T＋1 交易制度等引发的。这对 A 股市场的定价研究有着很重要的作用,隔夜、日内收益率应该分开研究,其背后的形成机制有着很多区别。此外,可以根据"拔河赛效应"制定相关的投资策略以获取超额收益。

二是投资者异质性是导致 A 股市场"拔河赛效应"的原因。在季频率和日频率下,日内收益率对 A 股市场的机构投资者持股比例均有较为显著的正向影响;在季频率下,隔夜收益率对机构投资者投资行为的影响不显著,而在日频率下,隔夜收益率对机构持股比例具有显著的正向影响。但不论是在季度层面还是在日度层面,隔夜收益率的影响均显著小于日内收益率。因而,机构投资者更偏好获得日内收益率,散户投资者更倾向于获得隔夜收益率。而 T＋1 交易制度是造成此种投资者异质性的重要原因。

三是中美的"拔河赛效应"在具体策略上有所区别。我国 A 股市场的换手率效应和特质波动率之谜较为显著,而美国股市则不显著。我国股市中大部分策略的隔夜收益率与日内收益率的符号与美国股市相反。此外,A 股"拔河赛效应"与策略收益率无明确关联。中美股市中 T＋1 和 T＋0 交易制度的不同可能导致了这些差异。

# 第 4 部分　T+1 交易制度的政策效果分析

　　本部分作为全书的最后一块,将从制度运行成本和投资者利益两大角度,对 T+1 交易制度的政策效果进行简要分析。T+1 交易制度的初衷是平抑市场炒作和保护中小投资者利益,而基于已有的研究发现,T+1 交易制度并未能很好地发挥作用。第 9 章介绍了 T+1 交易制度有着较高的制度运行成本,会造成年 11.91% 的折价,侵蚀投资者的收益;第 10 章介绍了 T+1 交易制度通过负向隔夜收益率间接影响投资者的潜在账面损益(CGO),损害了投资者利益。

# 第9章　中国股票市场 T+1 交易制度的成本测算

　　T+1 交易制度通过左右投资者的交易意愿、干预投资者的交易行为影响了证券资产的价格形成。本章理论分析了 T+1 交易制度对开盘时刻股票供需关系的影响,利用双边随机前沿模型从股票交易净剩余的角度度量了 T+1 交易制度的制度成本。研究发现,受 T+1 交易制度的影响,中国股市开盘时刻股票买方的议价能力高达 60.03%,而卖方的议价能力仅为 39.97%。T+1 交易制度的运行产生了较高的制度成本,平均每年导致股市隔夜收益折价 11.91%,T+1 交易制度是促成负隔夜收益的制度性原因。本章的行文结构如下:9.1 小节是理论分析,9.2 小节是样本数据与研究设计,9.3 小节是实证结果与分析,9.4 小节是本章小结。

## 9.1　理论分析[①]

　　本章以已有文献和本书前文关于 T+1 交易制度的研究为基础,从折价成本角度通过构造理论模型探讨 T+1 交易制度对中国资本市场的影响,并从数值量化的角度实现对 T+1 交易制度折价的测度。

　　T+1 交易制度实施的初衷是为了降低市场中的投机炒作氛围,抑制股价过度波动而实现市场的平稳有序运行。但 Scheinkman 和 Xiong(2003)、Xiong(2013)研究发现,在异质信念较强的证券市场中,对投资者的交易行为施加外部约束不仅不能降低投机性泡沫,反而会加剧市场波动,诱导更多投机性交易的产生。从投资者异质信

---

　　① 本章的部分分析框架与第 2 章相似,但为了使读者能清晰地把握整个分析逻辑,因此本章仍旧保留部分与第 2 章重复的分析框架。

念指标——换手率来看,中国股市中投资者的异质信念长期处于较高水平(朱宏泉等,2016)。在市场流动性充裕、投资者异质性信念更高的状态下,现行的 T+1 交易制度反而刺激了更多投机性交易(Chen et al.,2017)。T+1 交易制度还使得股指期货和现货市场投资者间权利不对等的矛盾更加突出。在 2013 年发生的"8·16"光大乌龙指事件中,面对股票市场的突发性事件,大户投资者、机构投资者可以通过 T+0交易的股指期货等金融衍生品进行对冲保值,而中小投资者只能在现货市场承受损失(陈高才,2016)。可见,为了抑制过度投机而采用的 T+1 交易制度可能导致了更多风险的产生,在国内资本市场日趋完善、与国际接轨程度不断深化的背景下,T+1交易机制的制度性缺陷愈加凸显(张志伟,2015)。

　　T+1 交易制度对投资者的交易行为施加了可见的约束,尤其是限制了投资者当日的卖出行为。当证券市场出现一定幅度的波动时,投资者当日买进并持有的股票即使出现了大额的亏损也无法卖出,这无形中造成了证券投资者的买卖不对称效应。对于亏损且急于卖出的投资者而言,最早可卖出的时点便是 $t+1$ 日的开盘,于是 $t+1$ 日开盘时卖压会高于其他时间段,造成证券资产的供给大于需求,导致了投资者的折价卖出。此外,T+1 交易机制也制约了投资者开盘时的买入行为,投资者在自然交易日内买入证券资产所面临的不确定性程度最大的便是在开盘时,这一不确定性会随着时间推移至日内收盘时逐渐趋近于 0,那么要使得投资者在开盘时积极买入证券资产则要求相应的"折扣"激励。Qiao 和 Dam(2020)指出,在买卖不对称以及持仓风险时变的情景下,要使得投资者在当日更早些时候买入股票则应当给予其适当的激励,折价买入以提高交易的积极性。

　　进一步一般化,我们不妨假设在 T+0 交易制度下,$t+1$ 日开盘集合竞价中任意股票资产的供给函数可表示成 $S^{T_0}$,那么需求函数则可以表示成 $D^{T_0}$,并且在不失一般性的情况下,可假设两者均是股票资产价格 $P$ 的对数线性单调函数。那么,T+0交易制度下该股票资产在达到市场均衡时的价格 $P^{T_0}$ 必然满足下述条件:

$$S^{T_0}(P^{T_0})=D^{T_0}(P^{T_0}) \tag{9-1}$$

　　根据前述分析,投资者在 T+1 交易制度下的交易行为受到约束,投资者 $t$ 日买入的股票资产无法当日卖出,最快只能在 $t+1$ 日开盘时卖出。这一交易约束便使得

$t+1$ 日开盘时段的卖压高于其他时间段,最终造成该证券资产的供给量大于市场需求量,即 $\forall P^{T_1}$ 满足:

$$D^{T_1}(P^{T_1}) < S^{T_1}(P^{T_1}) \qquad (9-2)$$

$$S^{T_0}(P^{T_0}) < S^{T_1}(P^{T_1}) \qquad (9-3)$$

并且,T+1 交易制度在一定程度上也抑制了开盘时证券资产购买方的购买意愿(由于当天买入无法卖出,投资者在开盘时买入证券资产的风险处于一天中最大的时候),这使得 $\forall P^{T_1}$:

$$D^{T_1}(P^{T_1}) < D^{T_0}(P^{T_0}) \qquad (9-4)$$

综合上述等式,于是有下述等式成立:

$$S^{T_1}(P^{T_1}) > S^{T_0}(P^{T_0}) = D^{T_0}(P^{T_0}) > D^{T_1}(P^{T_1}) \qquad (9-5)$$

其中,$P^{T_1}$ 是 T+1 交易制度下集合竞价中的均衡价格。

从图 9-1 中可以看出,T+1 交易制度制约了投资者的 $t$ 日内卖出行为,使得 $t+1$ 日开盘时的卖压更高,产生了更多的供给使得证券资产的供给曲线由 $S^{T_0}$ 向右平移到 $S^{T_1}$,即均衡点由图中的 $A$ 点移动到 $B$ 点,此时股票资产在集合竞价中的均衡价格由 $P^{T_0,A}$ 转移到 $P^{T_0,B}$,于是产生了 $\Delta P_1$ 程度的卖出折价。同理,T+1 交易制度也抑制了投资者 $t$ 日内的买入行为,尤其是对开盘时的买入决策影响最大。投资者担心买入所需要面临的日内波动风险,在开盘时买入更为谨慎,从而使得证券资产的需求曲线由图中的 $D^{T_0}$ 向左平移到 $D^{T_1}$,即均衡点由 $B$ 点再次移动到 $C$ 点,更进一步产生了 $\Delta P_2$ 程度的买入折价。

通过上述分析不难发现,交易制度由 T+0 变化为 T+1 在不改变证券资产交易量的前提下,必然对应这个股票价格的折价,整体来看,T+1 交易制度所导致的总的折价等于上述两部分的加总,即 $\Delta P = \Delta P_1 + \Delta P_2$。由于这一折价量是由 T+1 交易制度导致的买卖不对称促成,因此可视为 T+1 交易制度最直接的代理变量。

更进一步,我们把开盘均衡价格的形成一般化,并通过数理化的推导给出折价程度 $\Delta P$ 的估计。对于一般化的价格形成过程,我们有下述等式:

$$P_{i,t} = \bar{P}_{i,t} - \eta(\bar{P}_{i,t} - \underline{P}_{i,t}) \qquad (9-6)$$

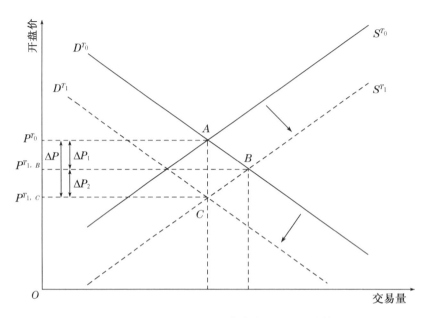

**图 9‑1　不同交易制度下证券资产的供给需求情况**

其中,$P$ 代表了均衡价格;$\eta$ 代表了卖方出售股票资产的意愿,$\eta\in[0,1]$;$\underline{P}$和$\bar{P}$ 分别代表了股票资产出售方所能接受的最低价和股票资产购买方所能给出的最高价。例如,在极端情况下,当卖方的出售意愿达到了 100%($\eta=1$)时,证券资产最终的成交价便是卖方所能接受的最低价($P_{i,t}=\underline{P}_{i,t}$)。反之,当卖方出售的意愿接近于 0($\eta=0$)时,证券资产的最终成交价便是买方所愿意支付的最高价($P_{i,t}=\bar{P}_{i,t}$)。总而言之,开盘均衡价格的形成便是交易双方买卖股票资产意愿的博弈过程。进一步一般化,我们将上式进行分解可得到下述等式:

$$
\begin{aligned}
P_{i,t}&=\bar{P}_{i,t}-\eta(\bar{P}_{i,t}-\underline{P}_{i,t})\\
&=\mu(x_{i,t})-\eta[\bar{P}_{i,t}-\mu(x_{i,t})]-\eta[\mu(x_{i,t})-\underline{P}_{i,t}]+[\bar{P}_{i,t}-\mu(x_{i,t})]\\
&=\mu(x_{i,t})+\eta[\underline{P}_{i,t}-\mu(x_{i,t})]+(1-\eta)[\bar{P}_{i,t}-\mu(x_{i,t})]\\
&=\mu(x_{i,t})+\Delta P_{1i,t}+\Delta P_{2i,t}
\end{aligned}
\tag{9-7}
$$

其中,$\mu(x)$是由交易制度以外的因素引起的价格变动,反映了证券资产开盘时的基准价格。我们不妨将证券资产的基准价格定义为$\mu(x_{i,t}=E(\bar{p}\,|\,x_{i,t})$,并且$P_{i,t}\leqslant$

$\mu(x_{i,t})\leqslant P_{i,t}$，其中，$p$ 代表证券市场真实存在但无法显性观测到的价格；$x$ 代表制度以外的影响证券资产开盘价格的因素。另外，$\eta[P_{i,t}]-\mu(x_{i,t})$ 反映了 T+1 交易制度对证券资产卖方产生的影响，$(1-\eta)[\bar{P}_{i,t}-\mu(x_{i,t})]$ 则代表 T+1 交易制度对证券资产买方产生的影响。因此，T+1 交易制度所导致开盘价格的折价程度可测度如下：

$$\Delta P_{i,t}=\eta[P_{i,t}-\mu(x_{i,t})]+(1-\eta)[\bar{P}_{i,t}-\mu(x_{i,t})] \tag{9-8}$$

$\Delta P_{i,t}$ 受到证券资产交易双方的双边影响，我们不妨将上述等式(9-7)重新表达成以下形式：

$$P_{i,t}=\mu(x_{i,t})+\xi_{i,t} \tag{9-9}$$

$$\xi_{i,t}=w_{i,t}-u_{i,t}+v_{i,t} \tag{9-10}$$

其中，$\mu(x_{i,t})=X'\beta$，$\beta$ 参数为未知参数，$X$ 代表一系列影响证券资产横截面收益率的因素；$w_{i,t}=(1-\eta)[\bar{P}_{i,t}-\mu(x_{i,t})]\geqslant0$；$u_{i,t}=\eta[\mu(x_{i,t})-P_{i,t}]\geqslant0$；$v_{i,t}$ 为随机扰动项。

根据 Kumbhakar 和 Parmeter(2009)的研究，等式(9-9)具有典型的双边随机前沿模型特征，$w_{i,t}$ 与 $u_{i,t}$ 具有单边分布的特点，为了得到 $\Delta P_{i,t}$ 的估计值，我们需要进行适当的假设。根据 Kumbhakar 和 Parmeter(2009)、卢洪友等(2011)的研究，本章假设 $w_{i,t}$ 与 $u_{i,t}$ 两者均服从指数分布[①]，即满足下述条件：$u_{i,t}\sim i.i.d.\exp(\sigma_u,\sigma_u^2)$，$w_{i,t}\sim i.i.d.Exp(\sigma_w,\sigma_w^2)$。此外，在不失一般性的情况下，本章假定随机扰动项 $v_{i,t}$ 服从正态分布，即 $v_{i,t}\sim i.i.d.N(0,\sigma_v^2)$。在 $v_{i,t}$、$u_{i,t}$ 及 $w_{i,t}$ 相互独立的前提下，可得到以下复合干扰项 $\xi_{i,t}$ 的概率密度函数：

$$f(\xi_{i,t})=\frac{\exp\{a_{i,t}\}}{\sigma_u+\sigma_w}\Phi(c_{i,t})+\frac{\exp\{b_{i,t}\}}{\sigma_u+\sigma_w}\int_{-h_{i,t}}^{\infty}\varphi(z)\mathrm{d}z \tag{9-11}$$

$$=\frac{\exp\{a_{i,t}\}}{\sigma_u+\sigma_w}\Phi(c_{i,t})+\frac{\exp\{b_{i,t}\}}{\sigma_u+\sigma_w}\Phi(h_{i,t})$$

$$a_{i,t}=\frac{\sigma_v^2}{2\sigma_u^2}+\frac{\xi_{i,t}}{\sigma_u} \tag{9-12}$$

---

① Kumbhakar 和 Lovell(2000)指出，对于双边界随机前沿模型而言，对双边干扰项的分布假设并不会影响结论的稳健性，但指数分布的假设更为一般化。

$$b_{i,t} = \frac{\sigma_v^2}{2\sigma_w^2} - \frac{\xi_{i,t}}{\sigma_w} \qquad (9-13)$$

$$h_{i,t} = \frac{\xi_{i,t}}{\sigma_v} - \frac{\sigma_v}{\sigma_w} \qquad (9-14)$$

$$c_{i,t} = \frac{\xi_{i,t}}{\sigma_v} - \frac{\sigma_v}{\sigma_u} \qquad (9-15)$$

其中,$\varphi(\,\cdot\,)$和 $\Phi(\,\cdot\,)$分别为标准正态分布的概率密度函数和累积分布函数。

为了便于后续采用极大似然估计法进行参数估计,本章进一步将等式(9-11)进行自然对数化,可得到用于估计的对数似然函数如下:

$$\ln L(X,\theta) = -N \times \ln(\sigma_u + \sigma_w) + \sum_{i=1}^{N} \ln[\Phi(c_{i,t})e^{a_{i,t}} + \Phi(h_{i,t})e^{b_{i,t}}] \qquad (9-16)$$

在对数似然函数(9-16)中,$\theta$ 代表系列待估计参数,即 $\theta = [\beta, \sigma_v, \sigma_u, \sigma_w]'$。由于在估计 T＋1 交易制度引致的折价程度 $\Delta P_{i,t}$ 时需要依赖双边变量 $u_{i,t}$ 与 $w_{i,t}$ 的条件分布,本章基于 Kumbhakar 和 Parmeter(2009)、Parmeter(2018)的前期研究进一步给出 $u_{i,t}$ 与 $w_{i,t}$ 的条件分布,具体如下:

$$f(u_i \mid \xi_i) = \frac{\lambda \exp(-\lambda u_i)\Phi\left(\dfrac{u_i}{\sigma_v + h_{i,t}}\right)}{\Phi(h_{i,t}) + \exp(a_{i,t} - b_{i,t})\Phi(c_{i,t})} \qquad (9-17)$$

$$f(w_i \mid \xi_i) = \frac{\lambda \exp(-\lambda w_i)\Phi\left(\dfrac{w_i}{\sigma_v + c_{i,t}}\right)}{\exp(b_{i,t} - a_{i,t})\Phi(h_{i,t}) + \exp(a_{i,t} - b_{i,t})\Phi(c_{i,t})} \qquad (9-18)$$

其中,$\lambda = \sigma_u^{-1} + \sigma_w^{-1}$,根据期望计算法则便可得到 $u_i$ 与 $w_i$ 的条件期望如下:

$$E(u_i \mid \xi_i) = \frac{1}{\lambda} + \frac{\sigma_v[\varphi(-c_{i,t}) + c_{i,t}\Phi(c_{i,t})]}{\exp(b_{i,t} - a_{i,t})[\Phi(h_{i,t}) + \exp(a_{i,t} - b_{i,t})\Phi(c_{i,t})]} \qquad (9-19)$$

$$E(w_i \mid \xi_i) = \frac{1}{\lambda} + \frac{\sigma_v[\varphi(-h_{i,t}) + h_{i,t}\Phi(h_{i,t})]}{\Phi(h_{i,t}) + \exp(a_{i,t} - b_{i,t})\Phi(c_{i,t})} \qquad (9-20)$$

在上述条件期望的基础上,可得到 T＋1 交易制度引致的折价程度 $\Delta P_{i,t}$ 的估计值如下:

$$
\begin{aligned}
E(\Delta P_{i,t} \mid \xi_{i,t}) &= E[(1-\eta)[\bar{P}_{i,t} - \mu(x_{i,t})] + \eta[\underline{P}_{i,t} - \mu(x_{i,t})] \mid \xi_{i,t}] \\
&= E[(1-\eta)[\bar{P}_{i,t} - \mu(x_{i,t})] - \eta[\mu(x_{i,t}) - \underline{P}_{i,t}] \mid \xi_{i,t}] \\
&= E(w_{i,t} - u_{i,t} \mid \xi_{i,t})
\end{aligned}
$$

$$=E(w_{i,t}|\xi_{i,t})-E(u_{i,t}|\xi_{i,t}) \tag{9-21}$$

## 9.2　样本数据与研究设计

### 9.2.1　样本选择与数据来源

　　本章在 T＋1 交易制度变量的测度中,以 1995 年 1 月至 2019 年 3 月在上海证券交易所、深证证券交易所进行 IPO 的上市公司作为研究对象,但在实际样本时间区间的选择上,受制于易志高和茅宁(2009)投资者情绪指标的限制[①],最终的样本区间设定为 2003 年 1 月—2019 年 3 月。T＋1 交易制度测度研究中的上市公司财务相关的数据均来源于国泰安数据库(CSMAR),上司公司二级市场交易类数据均来源于万德金融数据库(WIND),样本频率为月度。为了保证样本数据的可靠性,本章剔除了 ST 和 PT 类上市公司,并且对数值型变量进行了首尾 1% 的缩尾处理。

### 9.2.2　变量定义

　　在前述理论分析中,根据开盘时刻投资者对股票资产的购买、出售意愿,本章将开盘价格划分成基准价格 $u(x_{i,t})$ 和受 T＋1 交易制度影响引致的折价程度 $\Delta P_{i,t}$。其中,$u(x_{i,t})$ 是由交易制度以外的因素引起的价格或收益变动。根据已有的资产定价研究文献,交易制度以外的影响股票资产价格的因素可分为以下类别:市值规模因素,主要包括个股的流通市值、股价表现以及账面市值比等;散户和投机因素,主要包括散户规模、股票的彩票特征(极端收益率、偏度和特质波动率);风险和流动性因素,主要包括系统性风险系数、流动性指标以及换手率等;市场风格因素,主要包括动量因子和反转因子;隔夜信息因素,考虑到信息的时效性以及覆盖的广泛性,主要以收盘至开盘时段的新闻数量来衡量,考虑到新闻覆盖的广泛性,本章的隔夜信息因素实质上也包含外围股市传递的信息,如美股涨跌情况;投资者情绪因素,以易志高和茅

---

　　① 投资者情绪指标源中包含投资者开户数量数据,中国股市投资者开户数据由中证登公司于2003 年 1 月起按月公布,所以在 2003 年以前无法计算该指标。

宁(2009)构建的中国股市投资者情绪指标衡量。表 9-1 给出了变量指标对应的经济含义及其计算方法。

表 9-1　变量的名称、含义及计算方法

| 类　　别 | 变量名称 | 含义或计算公式 |
|---|---|---|
| 市值规模 | 1. Size | 股票 $i$ 第 $t$ 月的对数总市值 |
| | 2. BM | 股票 $i$ 第 $t$ 月账面价值与流通市值的比值 |
| | 3. Price | 股票 $i$ 第 $t$ 月的对数收盘价 |
| 风险和流动性 | 4. Beta | 股票 $i$ 第 $t$ 月的系统性风险:$\beta_{i,t} = \dfrac{COV(R_{i,t}, R_{m,t})}{Var(R_{m,t})}$ |
| | 5. ILL | 股票 $i$ 第 $t$ 月的非流动性:$ILL_{i,t} = \dfrac{1}{T}\sum\limits_{t=1}^{T}\dfrac{|r_{i,d}^{t}|}{wl_{i,d}^{t}}10^{6}$ |
| | 6. TO | 股票 $i$ 第 $t$ 月的换手率 |
| 散户与投机 | 7. IVOL | 股票 $i$ 第 $t$ 月的特质波动率:$IVOL_{i,t} = \sqrt{\dfrac{1}{T}\sum\limits_{i=1}^{T}\varepsilon_{i,d}}$ 其中,$\varepsilon_{i,d}$ 为三因子模型中的随机误差项 |
| | 8. SKEW | 股票 $i$ 第 $t$ 月的偏度因素: $SKEW_{i,t} = \dfrac{1}{T-1}\sum\limits_{i=1}^{T}\left[\dfrac{(x_{i,t}-\mu_i)}{\sigma_i}\right]^3$ |
| | 9. MAX | 股票 $i$ 第 $t$ 月的最大五日收益率之和 |
| | 10. SEP | 股票 $i$ 第 $t$ 月的散户规模,等于股东人数除以流通股数$\times 10^4$ |
| 市场风格 | 11. REV | 股票 $i$ 第 $t$ 月的反转因素:$REV_{i,t} = Return_{i,t-1}$ |
| | 12. MOM | 股票 $i$ 第 $t$ 月的动量因素:$MOM_{i,t} = \sum\limits_{m=t-10}^{t} Return_{i,m}$ |
| 隔夜信息 | 13. OvrtInfo | 股票 $i$ 第 $t$ 月的平均新闻报道量 |
| 投资者情绪 | 14. SENT | 股票 $i$ 第 $t$ 月的投资者情绪指标 |

表 9-2 给出了表 9-1 中各变量数值特征的基本性描述统计。可见在样本范围内,中国 A 股上市企业的平均隔夜收益率达到了 -0.025 9,低于样本中位数 18.92%。样本企业隔夜收益率的这一分布特征表明,中国 A 股市场的隔夜收益呈现出左偏分

布特征,与 A 股上市公司总收益率的分布特征较为一致。

表 9 - 2　变量的描述性统计结果(4)

| 变　　量 | 平均值 | 标准差 | P1 | 中位数 | P99 |
|---|---|---|---|---|---|
| NON | −0.025 9 | 0.107 0 | −0.296 7 | −0.021 0 | 0.214 4 |
| Size(Log) | 22.346 7 | 1.148 6 | 20.169 8 | 22.206 5 | 25.867 7 |
| BM | 0.347 4 | 0.266 9 | 0.023 1 | 0.296 6 | 1.174 1 |
| Price(Log) | 3.537 9 | 1.074 2 | 1.402 0 | 3.459 1 | 6.690 5 |
| Beta | 1.062 6 | 0.583 1 | −0.281 6 | 1.075 9 | 2.417 8 |
| ILL | 0.001 8 | 0.077 6 | 0.000 0 | 0.000 4 | 0.014 8 |
| TO($\times 10^2$) | 55.556 7 | 57.045 8 | 2.808 1 | 37.436 9 | 274.306 7 |
| IVOL | 0.021 8 | 0.020 8 | 0.005 8 | 0.019 8 | 0.053 1 |
| SKEW | 0.001 3 | 0.769 8 | −1.896 3 | −0.024 1 | 2.157 3 |
| SEP | 0.286 8 | 4.829 1 | 0.003 0 | 0.038 2 | 1.078 1 |
| Max5 | 0.180 0 | 0.119 5 | 0.034 6 | 0.160 3 | 0.485 0 |
| REV | 0.017 9 | 0.173 1 | −0.385 9 | 0.010 9 | 0.441 8 |
| MOM | 0.208 0 | 0.608 3 | −0.927 2 | 0.127 9 | 1.753 9 |
| OvrtInfo | 3.755 1 | 3.791 2 | 0.000 0 | 3.000 0 | 16.000 0 |
| SENT | 36.843 1 | 6.371 8 | 21.480 0 | 37.120 0 | 49.200 0 |

## 9.2.3　实证模型设定

　　根据前述理论推导,在实证测度模型的设定中需要包含两大部分:第一,代表基准价格的 $u(x_{i,t})$ 部分;第二,代表受 T＋1 交易制度影响所产生的折价程度 $\Delta p_{i,t}$。而在变量定义中,我们将 $u(x_{i,t})$ 进一步拆分成受六大类因素影响的组合,因此最终的 T＋1 交易制度变量测度的双边随机前沿实证模型可设定为下式:

$$\text{NON}_{i,t} = \alpha + \beta_1 \text{Size}_{i,t} + \beta_2 \text{BM}_{i,t} + \beta_3 \text{Price}_{i,t} + \beta_4 \text{Beta}_{i,t} + \beta_5 \text{ILL}_{i,t} +$$

$$\beta_6 \text{TO}_{i,t} + \beta_7 \text{IVOL}_{i,t} + \beta_8 \text{SKEW}_{i,t} + \beta_9 \text{Max}_{i,t} + \beta_{10} \text{SEP}_{i,t} +$$

$$\beta_{11} \text{REV}_{i,t} + \beta_{12} \text{MOM}_{i,t} + \beta_{13} \text{OvrtInfo}_{i,t} + \beta_{14} \text{SENT}_{i,t} + w_{i,t} - u_{i,t} + \varepsilon_{i,t}$$

$$(9-22)$$

其中,$\text{NON}_{i,t}$代表隔夜收益率,反映了 $t+1$ 日开盘价与 $t$ 日收盘价比值的自然对数值;$w_{i,t} - u_{i,t}$反映了个股受 T+1 交易制度影响所产生的折价程度 $\Delta P_{i,t}$,也是本章节中重点测度的变量;$\varepsilon_{i,t}$为模型中的随机扰动项,模型中的其他变量均为影响 $u(x_{i,t})$的因素。实际上,式(9-22)将隔夜收益率分解成了受一般横截面收益率影响因素影响的基础价值部分、受 T+1 交易制度影响的部分以及随机扰动部分。

## 9.3 实证结果与分析

### 9.3.1 基准回归模型的估计

基于式(9-22)的 T+1 交易制度变量测度模型设定,本章估计出模型中的各类参数值,以检验双边随机前沿模型可能潜在的估计误差,我们分别采用不同的估计方法对基准模型进行了估计用以对比分析,这些方法主要包括普通最小二乘法(OLS)、差分估计法(FE)、极大似然估计法(MLE)等。表 9-3 给出了具体数值结果,可以看出表中的最小二乘法(OLS)得出的模型参数估计值与准极大似然法(QMLE)估计出的参数值在数值大小程度以及显著性上几乎一致,这表明模型(1)中的随机误差项与正态分布十分接近[①]。在前述的理论估计推导中,我们假设模型(4)的随机扰动项服从正态分布,而模型(1)和(3)中估计值的一致性充分表明模型(4)中随机扰动项正态分布假定的合理性。此外,考虑个股层面和时间层面的固定效应模型(2)中变量系数的估计值在显著性上也与其他模型整体一致,这说明在隔夜收益的定价中市值规模、风险和流动性、散户与投机因素、市场风格因素、隔夜信息以及投资者情绪等因素均发挥着重要的作用。值得注意的是,从衡量模型优劣的 AIC 准则来看,双边界随机前沿模型(4)在简练程度和拟合优度上均达到了相对最优(AIC 统计量为 6.5898)。

---

① 此处的极大似然法估计以随机扰动项服从正态分布为前提,因此,估计值是基于最大化正态分布密度函数而得到。

基于模型(4)的估计结果可以进一步发现,在1%或5%的显著性水平下,上市公司的规模($\beta=0.0924,p<0.01$)、股价($\beta=0.1426,p<0.01$)、散户持股比例($\beta=0.2130,p<0.05$)、股价的偏度($\beta=0.4970,p<0.01$)、极端收益率($\beta=0.2661,p<0.01$)、股票的流动性($\beta=0.5333,p<0.01$)、动量因子($\beta=0.8626,p<0.01$)、反转因子($\beta=1.5213,p<0.01$)等因素均对隔夜收益率表现出显著性的正向影响关系;而特质波动率($\beta=-2.5700,p<0.01$)、系统性风险($\beta=-1.1320,p<0.01$)、换手率($\beta=-0.0130,p<0.01$)以及投资者情绪($\beta=-6712,p<0.01$)等因素均对隔夜收益率产生了显著的负向影响关系;账面市值比以及隔夜新闻量对隔夜收益率的影响则未能通过给定水平下的显著性检验。实际上,中国股市存在负隔夜收益率现象,传统的金融学观点认为隔夜收益由隔夜信息驱动,并且隔夜收益更能反映上市公司基本面的变动。而在我们的实证结果中发现,在众多影响因素中恰恰是反映上市公司基本面情况的账面市值比因素和反应信息流动的隔夜信息量因素不显著,这一结果与张兵(2019)、Qiao 和 Dam(2020)的研究论断几乎一致,即中国股市的负隔夜收益并非由基本面因素或隔夜信息因素驱动,更可能是受 T+1 交易制度的影响所致。

表 9-3　基准模型的回归估计结果

| 解释变量 | (1)<br>OLS | (2)<br>FE | (3)<br>QMLE | (4)<br>SFA2 |
|---|---|---|---|---|
| Size | -0.0408* | 0.3122* | -0.0404* | 0.0924* |
| | (0.0155) | (0.0982) | (0.0155) | (0.0113) |
| Price | 0.0489** | -1.5029* | 0.0495** | 0.1426* |
| | (0.0201) | (0.1222) | (0.0201) | (0.0141) |
| BM | 0.3149* | -1.1454* | 0.3146* | 0.0423 |
| | (0.0655) | (0.1300) | (0.0653) | (0.0466) |
| SEP | 0.9731* | 3.0259* | 0.9687* | 0.2130** |
| | (0.1371) | (0.6537) | (0.1368) | (0.0961) |
| SKEW | 1.0252* | 1.0171* | 1.0240* | 0.4970* |
| | (0.0206) | (0.0225) | (0.0206) | (0.0158) |

（续表）

| 解释变量 | (1) | (2) | (3) | (4) |
|---|---|---|---|---|
| | OLS | FE | QMLE | SFA2 |
| Max5 | 0.321 7* | 0.325 8* | 0.321 8* | 0.266 1* |
| | (0.004 3) | (0.005 7) | (0.004 3) | (0.003 6) |
| IVOL | −3.045 1* | −2.954 9* | −3.047 3* | −2.570 0* |
| | (0.036 1) | (0.044 0) | (0.036 1) | (0.030 1) |
| ILL | 1.090 6* | 0.984 0* | 1.087 2* | 0.533 3* |
| | (0.133 9) | (0.151 4) | (0.134 1) | (0.115 3) |
| Beta | −1.625 2* | −1.711 4* | −1.623 6* | −1.132 0* |
| | (0.033 4) | (0.039 5) | (0.033 4) | (0.026 5) |
| TO | −0.018 8* | −0.020 5* | −0.018 8* | −0.013 9* |
| | (0.000 5) | (0.000 6) | (0.000 5) | (0.000 4) |
| REV | 4.087 8* | 4.098 0* | 4.074 4* | 1.521 3* |
| | (0.127 8) | (0.135 8) | (0.127 7) | (0.099 6) |
| MOM | 0.133 4* | 0.292 6* | 0.139 2* | 0.862 6* |
| | (0.036 2) | (0.047 2) | (0.036 2) | (0.027 9) |
| OvrtNews | 0.100 2* | 0.089 4* | 0.099 3* | 0.020 3 |
| | (0.020 4) | (0.023 0) | (0.0204 ) | (0.015 2) |
| CICSI | 1.868 4* | 4.071 7* | 1.854 8* | −0.671 2* |
| | (0.096 7) | (0.149 5) | (0.096 7) | (0.072 1) |
| Constant | −5.680 3* | −15.723 9* | −5.638 1* | 0.506 2 |
| | (0.475 6) | (1.894 8) | (0.475 3) | (0.358 3) |
| 样本观测 | 276 185 | 276 185 | 276 185 | 276 185 |
| AIC 统计量 | 6.770 8 | 6.770 8 | 6.770 8 | 6.589 8 |
| F 统计量 | 1 393.643 2 | 947.494 2 | — | — |
| 对数似然函数值 | $-9.37×10^5$ | $-9.33×10^5$ | $-9.37×10^5$ | $-9.09×10^5$ |

注：括号内数值为系数估计值的稳健型标准误；* 和 ** 分别代表在 1％和 5％的显著性水平下显著。

## 9.3.2　买卖双方议价能力的估计结果

在上述模型(4)的估计基础上,本章利用方差分解的思想进一步考察了开盘时刻股票交易双方的议价博弈能力,以及在隔夜收益的形成中买方和卖方各自所发挥的作用。表 9-4 给出了估计结果,可见反映股票买方议价能力的 $\sigma_u$ 高达 5.3897,而反映股票卖方议价能力的 $\sigma_w$ 在数值上仅为 4.3975,$\sigma_u$ 远大于 $\sigma_w$,两者的条件差值 $E(\sigma_u - \sigma_v | X) = 0.9922$,说明从供需理论出发,中国股票市场每日隔夜收益率的形成中,卖方处于弱势地位而买方则处于强势地位。从方差贡献比例的大小来看,开盘时刻股票买方的议价能力高达 60.03%,而卖方的议价能力仅为 39.97%。这背后的原因主要在于 T+1 交易制度限制了投资者对当日买入股票的卖出行为。这就对投资者的交易决策产生了两方面的影响:第一,当日买入股票的投资者若发生亏损,当日无法止损,最快只能在第二日开盘时卖出,从而造成开盘时刻的股票供给量相对增多;第二,投资者为了规避日内股价的波动风险,往往较少在开盘时刻便购入股票,实质上导致了每日开盘时刻股票需求量的相对下降。在上述两方面影响的相互作用下,开盘时刻股票的相对供给量要大于相对需求量,最终不可避免地会导致隔夜收益率的折价。

### 表 9-4　交易中买卖双方的议价效应分析

| 内　　容 | 变量的含义 | 符　　号 | 测度系数 |
|---|---|---|---|
| 议价机制 | 随机误差项 | $\sigma_v$ | 0.7276 |
| | 买方议价能力 | $\sigma_u$ | 5.3897 |
| | 卖方议价能力 | $\sigma_w$ | 4.3975 |
| 方差分解 | 随机项的总方差 | $\sigma_w^2 + \sigma_u^2 + \sigma_v^2$ | 48.9166 |
| | 总方差中买卖双方共同影响的比例 | $(\sigma_w^2 + \sigma_u^2)/(\sigma_w^2 + \sigma_u^2 + \sigma_v^2)$ | 0.9892 |
| | 买方议价能力影响比例 | $\sigma_u^2/(\sigma_w^2 + \sigma_u^2)$ | 0.6003 |
| | 卖方议价能力影响比例 | $\sigma_w^2/(\sigma_w^2 + \sigma_u^2)$ | 0.3997 |

### 9.3.3 买卖双方对开盘价影响的程度估计

更进一步,本章利用模型(4)中的参数估计值和表 9 - 4 中的方差估计值估算了 T＋1 交易制度对开盘时刻交易双方产生的潜在影响,即 $\Delta P_1$、$\Delta p_2$ 和 $\Delta P$ 的数值大小。上述三大因素的数值大小实际上反映了在 T＋1 交易制度的约束下,交易双方能够获得的隔夜收益率剩余相较于基准隔夜收益率 $E(OvrtR_i|X)=x_i'\hat{\beta}$ 变动的百分比。图 9 - 2 给出了 $\Delta P_1$ 和 $\Delta P_2$ 估计值随时间变化的条形分布,图 9 - 3 给出了 $\Delta P$ 估计值的密度分布,可以看出,在样本期间内由于 T＋1 交易制度的影响,开盘时刻交易双方处在明显的不对等地位,买方对交易的剩余攫取更多,而卖方对交易剩余的分成更低。上述不对等特征在股灾期间(2008 年和 2015 年)尤其突出,吴良等(2017)指出,在市场加速下跌、流动性匮乏期间,持有证券资产的卖方处于更加不利的地位,卖方投资者急于在开盘时卖出资产,而买方投资者受恐慌心理作用怯于购入

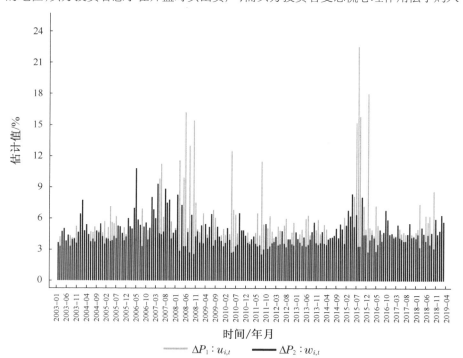

图 9 - 2　T＋1 交易制度对交易双方影响程度的分布情况

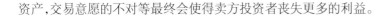

资产,交易意愿的不对等最终会使得卖方投资者丧失更多的利益。

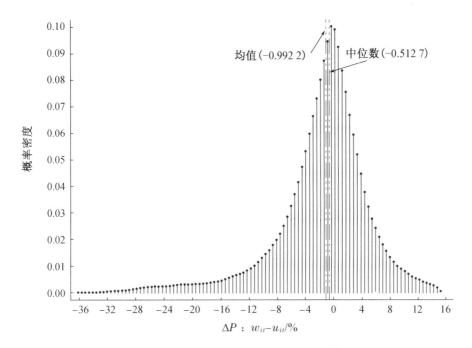

图 9‐3　T＋1 交易制度对交易双方净影响程度的分布情况

　　表 9‐5 详细地给出了 T＋1 交易制度对开盘时刻买卖双方的影响,可以看出, T＋1 交易制度对买方的平均影响 $E(\Delta P_1 | X)$ 高达 5.389 7%,它表明 T＋1 交易制度在开盘时刻给买方带来的优势地位会使得最终的隔夜收益率低于基准收益率 5.389 7%。同理,T＋1 交易制度对卖方的平均影响 $E(\Delta P_2 | X)$ 则达到了 4.397 5%, 说明 T＋1 交易制度下证券卖出方的弱势地位只能使得隔夜收益率高出基准收益率 4.397 5%。受交易意愿的影响,交易双方的博弈过程最终会使得隔夜收益低于基准收益 0.992 2%。上述结论可进一步理解为 T＋1 交易制度导致的买卖不对称促成了隔夜收益的折价,而这一折价程度达到了平均每月—0.992 2%的水平,即 T＋1 交易制度导致了中国股票市场的隔夜收益率年均折价 11.906 4%。中国股市在过去 40 年经历了长足的发展,但市场的整体赚钱效应较弱,上证指数 10 年不涨,依旧在 3000 点附近徘徊,其中隔夜折价便是促成这一现象的重要原因之一(张兵,2019)。

表 9 - 5　T＋1 交易制度对开盘时刻交易双方的影响

%

| 变　量 | 平均值 | 标准差 | 变异系数 | $Q_1$ | 中位数 | $Q_4$ |
|---|---|---|---|---|---|---|
| 对买方的影响 $\Delta P_1$ | 5.389 7 | 4.997 1 | 0.927 2 | 2.421 7 | 3.024 7 | 6.339 8 |
| 对卖方的影响 $\Delta P_2$ | 4.397 5 | 3.855 0 | 0.876 6 | 2.421 7 | 2.512 0 | 4.806 1 |
| 净影响 $\Delta P$ | −0.992 2 | 7.179 0 | −7.235 4 | −3.918 1 | −0.512 7 | 2.384 3 |

注:变异系数反映了变量的离散程度,变异系数绝对值越大,变量越离散;$Q_1$ 和 $Q_4$ 分别代表 25%、75%分位数。

### 9.3.4　稳健性检验

由于 T＋1 交易制度对股票的影响是客观可见的交易约束,投资者当日买入股票只能持有至下一个交易日卖出。T＋1 交易制度对股票资产施加的约束特性和 Longstaff(1995)、Finnerty(2002)以及 Ghaidarov(2009)等提出的受限制股票特征较为一致。由于股票交易权利的不完整性,其在出售时必然存在一定程度的折价 (Ghaidarov,2009),其折价大小可表述为受限制期限内一系列无风险资产的远期价值,可表示为以下等式:

$$\text{DLOM} = V_0 e^{-qT} \left[ 2N\left(\frac{v_T}{2}\right) - 1 \right] \qquad (9-23)$$

$$V_T = \sqrt{\ln\left[ 2(e^{T\sigma^+} - \sigma^{2T} - 1) \right] - 2\ln(\sigma^2 T)} \qquad (9-24)$$

因此,我们可将折价率定义为这一系列无风险资产远期价值与该股票不受限制的内在价值 $V_0$ 的比值,即:

$$\text{Discount Rate} = \frac{V_0 e^{-qT} \left[ 2N\left(\frac{v_T}{2}\right) - 1 \right]}{V_0} = e^{-qT} \left[ 2N\left(\frac{v_T}{2}\right) - 1 \right] \qquad (9-25)$$

表 9 - 6 给出了受限制股票的日均折价率与年化折价率的估计值。需要说明的是,为了观察受限制股票的折价率如何受股票收益率波动变化的影响,我们报告了不同波动率情景下折价率估算值。但实际上,根据中国 A 市场股票收益率的日均波动情况,本章发现 1995 年 1 月—2019 年 12 月这一段样本范围内 A 股的日均波动率维

持在 3.04％左右,基于这一波动数值,可判断 T＋1 交易制度造成的交易约束使得 A 股股票再售时产生了每日 0.06％的折价,或每年 14.96％的折价。而这一折价率与本章正文部分的估算值较为接近,就年度层面而言,两者仅相差 3.05％个单位。

表 9－6　受限制交易股票的折价率估算值

| 类　别 | 股票收益波动率 | | | | |
| --- | --- | --- | --- | --- | --- |
| | 3％ | 6％ | 9％ | 12％ | 15％ |
| 日折价率/％ | 0.06 | 0.08 | 0.13 | 0.17 | 0.22 |
| 年化折价率/％ | 14.96 | 21.07 | 33.06 | 43.91 | 54.82 |

注:这里假设股票在日内无分红,且类期权的执行价格为投资者买入时的价格,即 $q=0,X=S$。

## 9.4　本章小结

由于中国股票市场长期以来实行 T＋1 交易制度,因而缺乏其他交易结算制度下的数据积累,即使历史上短期实施过 T＋0 交易制度,也因为当时股票市场刚刚成立上市公司较少导致可观测的数据较少。这就使得学术研究无法通过长期的对比分析来考察 T＋1 交易制度对股票市场质量和投资者保护等方面产生的影响。如何从股票市场历史数据中分离、量化 T＋1 交易制度因素便是实证研究的主要障碍。本章从股票资产开盘时刻的供给需求关系出发,将股票隔夜收益率分解成了受一般横截面收益率影响因素影响的基础价值部分、受 T＋1 交易制度影响的部分以及随机扰动部分。借助这一新颖的视角,本章对难以量化的 T＋1 交易机制的影响问题进行研究,证实了 T＋1 交易机制是中国 A 股市场隔夜收益率长期为负的根本原因。并且,通过理论推导得到了 T＋1 交易制度折价率测度模型,最终量化估算出 T＋1 交易制度平均每年导致隔夜收益率折价 11.91％。除此之外,本章利用方差分解思想度量了中国 A 股市场开盘时刻交易双方的议价能力,结果发现开盘时刻股票买方的议价能力高达 60.03％,而卖方的议价能力仅为 39.97％,这说明从供需理论出发,中国股票市场每日隔夜收益率的形成中,卖方处于弱势地位而买方则处于强势地位。

最后,本章借助 Ghaidarov(2009)的受限制股票的折价率估算模型,再次验证了 T＋1 交易制度导致 A 股市场股票折价率的稳健性。本章的研究启示在于,T＋1 交易制度造成了投资者买卖权利的不对等性,促成了 A 股市场的股票再售过程中的长期折价现象产生,较高的制度运行成本不利于股市的稳定健康发展。

# 第 10 章　T＋1 交易制度与投资者利益

　　T＋1 交易制度的设计初衷是为了维护市场稳定、保护投资者利益,但近年来一系列事件暴露了 T＋1 交易制度的缺陷,并引发了该制度对股票市场质量和投资者利益影响的广泛争议。本章选用 1995 年至 2019 年我国 A 股市场数据,以投资者潜在账面收益衡量投资者利益,检验了我国股票市场隔夜收益率对投资者利益的影响。研究发现,投资者潜在账面收益与股票的隔夜收益率在短期内存在显著、持续的正相关关系,且在控制了公司属性的变量后,隔夜收益率依旧能够有效解释投资者的账面盈亏情况。隔夜收益率与投资者潜在账面收益的正相关关系在不同市场走势下稳定存在,下跌行情中隔夜收益率对投资者潜在账面收益的影响较上涨行情更为显著。T＋1 交易制度能有效解释隔夜收益率对投资者潜在账面收益的影响,这一交易制度通过强化我国负隔夜收益现象,对投资者潜在账面收益产生显著的负面影响,这一影响在下跌行情中尤为显著。本章的行文结构如下:10.1 小节是引言,10.2 小节是文献梳理,10.3 小节是研究设计,10.4 小节是实证结果与分析,10.5 小节是稳健性检验,10.6 小节是本章小结。

## 10.1　引　言

　　投资者保护对中国资本市场的健康发展至关重要,2020 年施行的新《证券法》中对投资者权益保护的突出强调,进一步体现了投资者利益保护的重要性。资产收益是投资者利益的直接体现,而个股总收益中隔夜收益率占据主要部分,并对个股收益率具有显著的正向预测能力(Cliff,2008),因此隔夜收益率是股市中投资者盈利的主要来源,对投资者的回报至关重要(Bruce,2018)。

　　本书的第 2 章业已发现 T＋1 交易制度下隔夜收益率显著为负,且与全天收益率存在显著的正相关关系。而负隔夜收益率是否会反向影响投资者的收益水平,造成投资者的亏损呢? 影响程度如何? 现有研究对此鲜有关注。这些问题的研究不仅有助于加深对中国股市特殊性的认知,而且对当前资本市场深化改革、保护投资者的权益具有重要意义。中国股市历经 30 年蓬勃发展,为实体经济提供了大量的融通资金,然而,中国股市投资者整体的赚钱效应并不显著,上证指数历经 10 年涨跌至今仍在 3 000 点徘徊。长期的负隔夜收益是否是我国投资者高亏损率、弱赚钱效应的原因? 随着我国对投资者权益保护的逐步重视,上述问题值得深入研究。因此,本章以中国 A 股市场为研究对象,以投资者潜在账面收益衡量投资者利益,运用分组检验、Fama-macbeth 方法研究了我国股票市场隔夜收益率对投资者账面回报的影响。本章发现,我国资本市场中投资者的短期收益与个股隔夜收益率存在显著稳健的正相关关系,特别是在下跌行情中,隔夜收益率对投资者潜在账面收益的影响更显著。为了解释隔夜收益率的影响原因,本章运用 CARR 模型将隔夜收益率分解为基础隔夜收益率和交易制度对隔夜收益的折价率,从交易制度视角为隔夜收益率对投资者利益的影响提供有效解释,并以 DID 双重差分法进行稳健性检验。

　　本章直接研究我国独特的负隔夜收益现象及其对投资者的影响,而以往的研究视角主要是隔夜收益率的资产定价能力,本章聚焦于市场中的投资者,研究隔夜收益率如何影响投资者的实际利益;本章还对投资者利益度量进行了创新。受制于股票账户数据的非公开性,以往研究主要围绕特定视角、事件构造衡量投资者利益的指标,或以计算实验模拟的投资者收益率衡量,在代表性和与实际交易的契合度上存疑,且无法从样本外和更广泛的层面进行实证检验。本章选用潜在账面损益(CGO)衡量投资者利益,该指标以实际交易的经换手率加权的收盘价为基础,由于换手率能近似衡量投资者的持股时间和出售概率(Wang 等,2017),因此与以往研究中的超额累积收益率、个人模拟收益率等指标相比,潜在账面损益(CGO)更真实地反映了投资者的平均账面损益情况,在衡量投资者不同持股周期的盈亏水平上更为灵活。

　　本章还拓展了投资者利益的研究维度。交易制度、股价短期变化直接影响投资者的决策和回报,与投资者的实际收益密切相关,以往学者主要从股东行为、股权结构、法律监管等视角研究投资者利益的影响因素,对前两者缺少关注。本章从交易制度视角解释负隔夜收益率对投资者收益的影响路径,并通过计算交易制度对隔夜收益的折价水平,量化了投资者收益的边际变化,建立了交易制度、定价因子与投资者利益之间的关联,直观地刻画了在隔夜收益率和交易制度的共同影响下投资者的盈亏变化,弥补以往研究中关于交易制度、资产价格对投资者利益影响的缺失。

## 10.2　文献梳理

已有研究从资产定价视角对隔夜收益率进行了充分讨论,但鲜有文献关注隔夜收益率对投资者利益的影响。现有研究认为,欧美成熟股市中投资者的回报主要来源于隔夜期间的正向收益率(Bruce,2018)。Lachance(2015)和 Hendershott(2018)实证发现,股票的隔夜收益能够显著而持续地预测资产的预期收益,并与资产未来的收益率存在显著的正向关联。这一定价能力的潜在原因是,不同时间内投资者的异质性交易行为对股价变化的影响,例如,机构投资者热衷于在收盘前进行买入交易,而散户投资者热衷于在开盘时刻进行卖出交易,二者的博弈导致股票的隔夜收益率呈显著的正向趋势,并使预期收益具有可预测性(Lou 等,2019)。国内的研究发现,隔夜信息对资本市场收益率和波动性均有显著影响(王春峰,2011),特别是我国股票价格低开高走的负隔夜收益率跌掉了近一半的日内正收益(张兵,2019)。这一现象对投资者的总收益会有怎样的影响? 是否侵蚀了投资者的利益? 现有研究甚少,并无确切结论。

相关研究缺失的原因不仅在于学者对隔夜收益异象的忽视,还在于投资者利益度量上的困难。由于股票账户交易数据属于个人隐私,交易所不对外公开,直接获取数据较为困难,因而已有的关于投资者利益的研究主要选取特定视角对其进行衡量。例如,以控股股东的掏空行为(其他应收款/总资产)来衡量中小投资者收益是否得到了保护,掏空程度越低,表明中小投资者被保护得越好(李善民,2016);以 Facebook收购 WhatsApp 事件为基础,分别以事件的短期、中期和长期股票收益来衡量双重股权结构对中小投资者利益的保护(李海英,2017);以 IPO 事件前后的累积超额收益率来衡量投资者利益(张晓东,2017);或以计算实验模拟出的投资者财富变化来衡量投资者利益(周耿等,2019)。

综上所述,现有关于隔夜收益率与投资者利益的研究存在两方面的局限性。其一,大多数资产定价类文献以股票总收益为研究对象,未能从市场微观结构视角对隔夜收益率的形成机制进行深入研究,也未对中国股市独特的负隔夜收益异象予以足够重视,关于隔夜收益率对投资者利益影响的研究更为匮乏。其二,以往相关的研究仅停留于浅层的路径推导、理论描述或仅基于模拟实验环境的研究,在隔夜收益率对投资者利益的影响、投资者在个股层面的损益等方面缺少基于实际交易数据支撑的实证研究和衡量指标。因此,本章将基于市场实际交易数据,研究中国资本市场独特的负隔夜收益率现象,并构造个股层面的投资者利益度量指标,分析负隔夜收益率与投资者利益之间的关系,以补充现有研究的不足。

## 10.3　研究设计

### 10.3.1　样本选择

本章以 1995 年 1 月—2019 年 12 月间我国沪、深两市 A 股上市公司为研究对象,在剔除 ST 和* ST 类企业、上市不满 1 年的公司、金融行业和公共事业行业公司后共计 3 273 家上市公司。上市公司股票交易数据、财务数据等均来自 Wind 数据库。为了尽可能地减轻异常值所造成的影响,本章对数值型变量进行了首尾 1% 的缩尾处理。由于多数股票市场在 1 个月内已对信息作出反应,并且日交易数据和高频数据会混杂微观结构因素的影响(如买卖价差反弹和异质性交易等)而导致估计偏误(Hou 和 Moskowitz,2005),因此本章选用周频度交易数据。

### 10.3.2　变量设计

#### 1. 投资者利益
本章采用投资者潜在账面收益(capital gains overhang,CGO)来衡量投资者利益,它反映了个股持有者的平均账面盈亏水平。通过计算当前市场价格与持有者平均买入成本的差值,可以获得投资者平均的账面盈利情况(Wang 等,2017)。但由于账户交易信息获取困难,投资者持股成本无法精确计算,因此本章借鉴 Grinblatt 和 Han(2005),以换手率($V_{i,t}$)衡量投资者的买卖概率,并结合根据同期收盘价($P_{i,t}$)计算出的投资者持股的心理参考价格(Reference Price)作为投资者买入成本的粗略估计。心理参考价格的计算是基于前景理论和处置效应理论,该理论认为投资者有其各自心理上的参考价格(Reference Price)作为判断盈亏的基准,并随着不同时期交易换手而动态变化(Grinblatt 和 Han,2005)。参考价格计算方法见公式(10-1)。

$$\mathrm{RP}_{i,t} = \frac{1}{k} \sum_{n=1}^{T} \left[ V_{i,t-n} \prod_{\Omega=1}^{n-1} (1 - V_{i,t-n+\Omega}) \right] P_{i,t-1} \qquad (10-1)$$

$k$ 是使过去价格的权重总和为 1 的常数,$V_{i,t-n}$ 代表个股 $i$ 在第 $t-n$ 周的换手率,$P_{i,t-1}$ 代表个股 $i$ 在 $t-1$ 时刻的收盘价,因此 $\mathrm{RP}_{i,t}$ 是投资者持股 $n$ 周后在 $t$ 时期心理参考价格的估计值。考虑到中国股市中投资者主要为中小投资者,持股周期短、换手率高,本章将持股周期 $T$ 设置为 3、12、22 和 52 周,以考察投资者持股 1 个月、一个季度、半年和 1 年内,隔夜收益率对不同持股周期的投资者损益的影响。因此,根据个股的市场收盘价($P_{i,t-1}$)与参考价格($\mathrm{RP}_{i,t}$)计算出的收益率,即投资者 $t-n$ 日至 $t$ 日期间从个股 $i$ 获得的潜在账面损益($\mathrm{CGO}_{i,t}^{T}$),也就是投资者利益。具体参见式(10-2)。

$$\mathrm{CGO}_{i,t}^{T} = \frac{P_{i,t-1} - \mathrm{RP}_{i,t}}{P_{i,t-1}} \qquad (10-2)$$

2. 隔夜收益率

隔夜收益率是本章的核心变量,其计算方式与本书前面章节中所述相同,本章参照 Aboody 等(2018)的计算方法得到个股的周隔夜收益率。

3. 控制变量

本章参考现有文献,从市场风险、投资者结构、公司价值、流动性等方面选取包括公司规模(Size)、账面市值比(BM)、特质波动率(IVOL)、异常换手率(HB)、对数收盘价(lnPrice)、系统风险(Beta)、流动性(ILL)、权离散度(Disp)等变量作为控制变量。规模(Size)、股权离散度(Disp)较高的公司更受中长期投资者和价值投资者的青昧;短期投资者和投机者偏好的公司,其异常换手率(HB)和特质波动率(IVOL)会更高。根据现有研究结果,我国 A 股市场中短期投资者更不易获得正向收益。本章推测隔夜收益率更易影响短期持股的投资者收益,而对中长期投资者影响较低。变量定义见表 10 - 1。

**表 10 - 1　变量的定义及计算方法**

| 变量的类型 | 变量的定义 | 计算方法 |
|---|---|---|
| 被解释变量 | 潜在账面损益(CGO) | $\mathrm{CGO}_{i,t}=(P_{i,t-1}-\mathrm{RP}_{i,t})\div P_{i,t-1}$,其中,$P_{i,t-1}$ 代表个股 $i$ 在 $t-1$ 时刻的收盘价,$\mathrm{RP}_{i,t}=\dfrac{1}{k}\sum\limits_{n=1}^{T}[V_{i,t-n}\prod\limits_{\Omega=1}^{n-1}(1-V_{i,t-n+\Omega})]P_{i,t-1}$ 是以个股换手率 $V_{i,t-n}$ 为权重的加权得到的 $t$ 时刻参考价格 |
| 核心解释变量 | 隔夜收益率(NON) | 今日开盘价与昨日收盘价比值的对数:$\mathrm{NON}_{i,t}=\ln\left(\dfrac{\mathrm{Open}_{i,t}}{\mathrm{Close}_{i,t-1}}\right)\times100\%$ |
| 控制变量 | 规模(Size) | 每周上市公司 A 股流通市值的对数值 |
| | 账面市值比(BM) | 净资产与每股股价的比率 |
| | 特质波动率(IVOL) | 经风险因子调整后的周内交易日收益率的残差的标准差 |
| | 流动性(ILL) | Amihud 非流动性指标 |
| | 对数收盘价(lnPrice) | 周收盘价的对数值 |
| | 系统风险(Beta) | 取最近 100 个周为样本区间,分别计算指定证券每个周的周收益率 $X_i$ 和上证指数每个周的周收益率 $Y_i$,然后按照下面公式计算 Beta:$\mathrm{Beta}=\left[100\sum X_iY_i-\left(\sum X_i\right)\left(\sum Y_i\right)\right]\div\left[100\sum X_i^2-\left(\sum X_i\right)^2\right]$ |
| | 股权离散度(Disp) | 股东人数与流通股股数的比值乘以 10 000 |
| | 异常换手率(HB) | 当周换手率高于前期平均水平时以及市场平均水平时的部分 |

## 10.4　实证结果与分析

### 10.4.1　描述性统计

　　表 10‑2 为主要变量的描述性统计结果。样本公司的周隔夜收益率均值为 −0.57%，峰度为 5.37，具有尖峰的特点。平均对数流通市值为 20.93 万元，其中最小的公司对数流通市值与最大的公司相差 13.20 万元。账面市值比的横截面跨度巨大差异说明中国的价值股与成长股存在较大的差异。异常换手率的最小值和最大值也存在较大差异（最小为 −35.43，最大值 37.20），说明对于不同公司而言，投资者的意见分歧存在较大差异。特质波动率差异较大说明我国个股之间的特质风险存在显著差异。

表 10‑2　变量的描述性统计结果(5)

| 变 量 | 平均值 | 标准差 | 中位数 | 最小值 | 最大值 | 偏 度 | 峰 度 |
|---|---|---|---|---|---|---|---|
| $CGO^3$ | −1.09 | 5.27 | −0.13 | −2 0.00 | 9.99 | −0.99 | 4.64 |
| $CGO^{12}$ | −3.26 | 10.29 | −1.81 | −37.82 | 18.38 | −0.80 | 4.06 |
| $CGO^{22}$ | −4.73 | 12.57 | −2.96 | −47.82 | 21.29 | −0.84 | 4.19 |
| $CGO^{52}$ | −6.83 | 15.51 | −4.42 | −60.96 | 24.22 | −0.91 | 4.30 |
| NON | −0.57 | 2.72 | −0.42 | −9.98 | 8.18 | −0.28 | 5.37 |
| Size | 20.93 | 2.60 | 21.41 | 24.72 | 11.52 | −2.22 | 8.25 |
| lnPrice | 6.35 | 12.69 | 3.49 | 1.41 | 94.34 | 5.27 | 32.43 |
| BM | 0.35 | 0.24 | 0.29 | 0.01 | 1.19 | 1.25 | 4.57 |
| HB | −0.70 | 9.84 | −0.50 | −35.43 | 37.20 | 0.20 | 7.28 |
| Beta | 1.06 | 0.33 | 1.06 | 0.24 | 1.92 | 0.02 | 3.07 |
| IVOL | 1.91 | 1.24 | 1.59 | 0.28 | 6.27 | 1.30 | 4.58 |
| ILL | 1.45 | 2.59 | 0.52 | 0.02 | 16.48 | 3.64 | 18.22 |
| Disp | 2.05 | 1.97 | 1.27 | 0.16 | 9.34 | 1.68 | 5.45 |

表 10‐3 为相关变量的皮尔森相关系数矩阵。从表 10‐3 中可以看出,主要变量间的相关系数绝对值基本小于 0.30,其中价格对数和规模间的相关系数为−0.65,流动性和股权离散度间的相关系数为 0.45。总体而言,各变量间的相关系数不高。

表 10‐3  相关系数矩阵

| 相关系数 | NON | Size | LN_PRICE | BM | HB | Beta | IVOL | ILL | Disp |
|---|---|---|---|---|---|---|---|---|---|
| NON | 1 | | | | | | | | |
| Size | −0.02* | 1 | | | | | | | |
| lnPrice | 0.02* | −0.65* | 1 | | | | | | |
| BM | 0.01* | −0.15* | 0.06* | 1 | | | | | |
| HB | −0.01* | 0.12* | −0.08* | −0.01* | 1 | | | | |
| Beta | −0.01* | −0.04* | 0.05* | 0.14* | −0.02* | 1 | | | |
| IVOL | −0.08* | 0.05* | −0.02* | −0.20* | 0.24* | −0.06* | 1 | | |
| ILL | −0.01* | −0.13* | −0.11* | −0.10* | −0.05* | −0.10* | −0.05* | 1 | |
| Disp | 0.05* | −0.14* | −0.14* | −0.13* | −0.02* | 0.01* | −0.01* | 0.45* | 1 |

注:* 表示在 1％的显著性水平下显著。

### 10.4.2  隔夜收益率对投资者利益的影响

1. 分组检验

表 10‐4 按照周隔夜收益率的高低划分为 10 组,考察不同隔夜收益率组合下,当投资者持股 3、12 和 22 周时,隔夜收益率对未来 1、4、12 和 52 周的潜在账面损益的影响。从表 10‐4 中可以看出,隔夜收益率高低组合之间,投资者的潜在账面损益(CGO)存在显著的正向差异,并在短期内存在显著的持续性。以持股 3 周为例,高低隔夜收益率组未来 1、4、12 和 52 周的潜在账面损益($CGO_{i,t+i}^{T}$)之差分别为 1％显著水平下的 0.76％、0.54％、0.13％和 0.11％,即该差异在未来 1 年内存在持续的显著性。当持股周期延长至 12 周和 22 周时,高低组未来 1～52 周的潜在账面损益($CGO_{i,t+i}^{T}$)在 1％的水平下依旧存在显著的正向差异。

表 10 - 4 单变量分组检验

| 分组 | $\text{CGO}^3_{i,t+i}/\%$ | | | | $\text{CGO}^{12}_{i,t+i}/\%$ | | | | $\text{CGO}^{22}_{i,t+i}/\%$ | | | |
|---|---|---|---|---|---|---|---|---|---|---|---|---|
| | $w_{t+52}$ | $w_{t+1}$ | $w_{t+4}$ | $w_{t+12}$ | $w_{t+52}$ | $w_{t+1}$ | $w_{t+4}$ | $w_{t+12}$ | $w_{t+52}$ | $w_{t+1}$ | $w_{t+4}$ | $w_{t+12}$ |
| L | −1.05 | −1.62 | −1.26 | −1.17 | −2.59 | −3.77 | −3.81 | −3.44 | −3.90 | −5.04 | −5.12 | −5.03 |
| 2 | −1.12 | −1.24 | −1.15 | −1.10 | −3.05 | −3.41 | −3.48 | −3.27 | −4.55 | −4.84 | −4.90 | −4.82 |
| 3 | −1.22 | −1.15 | −1.10 | −1.08 | −3.41 | −3.47 | −3.34 | −3.22 | −5.01 | −5.02 | −4.89 | −4.81 |
| 4 | −1.30 | −1.07 | −1.09 | −1.04 | −3.63 | −3.48 | −3.29 | −3.13 | −5.27 | −5.10 | −4.93 | −4.68 |
| 5 | −1.31 | −1.04 | −1.06 | −1.04 | −3.75 | −3.48 | −3.22 | −3.13 | −5.49 | −5.20 | −4.89 | −4.69 |
| 6 | −1.30 | −1.01 | −1.07 | −1.01 | −3.78 | −3.49 | −3.20 | −3.04 | −5.56 | −5.25 | −4.93 | −4.61 |
| 7 | −1.24 | −0.99 | −1.04 | −1.00 | −3.73 | −3.41 | −3.15 | −3.02 | −5.48 | −5.16 | −4.87 | −4.57 |
| 8 | −1.16 | −1.00 | −1.05 | −1.02 | −3.60 | −3.35 | −3.18 | −3.07 | −5.37 | −5.12 | −4.90 | −4.62 |
| 9 | −1.00 | −1.02 | −1.06 | −1.04 | −3.32 | −3.17 | −3.22 | −3.11 | −5.03 | −4.88 | −4.85 | −4.67 |
| H | −0.29 | −1.08 | −1.13 | −1.06 | −2.04 | −2.41 | −3.31 | −3.22 | −3.55 | −3.87 | −4.64 | −4.81 |
| H−L | 0.76* (15.15) | 0.54* (15.95) | 0.13* (5.29) | 0.11* (4.83) | 0.55* (6.21) | 1.36* (19.82) | 0.50* (9.97) | 0.22* (5.04) | 0.34* (3.29) | 1.17* (13.88) | 0.47* (7.65) | 0.22* (4.19) |
| 样本观测 | 1 221 | 1 213 | 1 207 | 1 183 | 1 218 | 1 210 | 1 205 | 1 180 | 1 208 | 1 200 | 1 197 | 1 170 |

注:括号内为 $t$ 统计量值；* 表示在 1% 的显著性水平下显著。

本章进一步控制与企业属性相关的变量后比较高低组隔夜收益率中投资者潜在账面收益的差异,以排除企业属性、投资者结构和市场风险的影响。本章选取异常换手率(HB)、特质波动率(IVOL)、账面市值比(BM)、公司规模(Size)、流动性(ILL)、系统风险(Beta)、对数价格 lnPrice)、股权离散度(Disp)等代表企业属性的变量,先后按照企业属性和隔夜收益率大小将样本分成 3、5 等级组合,并最终形成 15 个投资组合,计算持股周期分别为 3、12 周时各组合未来一周的等权平均潜在账面损益($\text{CGO}^3_{i,t+1}$、$\text{CGO}^{12}_{i,t+1}$)及高低组差额。由表 10 - 5 可以看出,在控制了企业属性、投资者结构及市场和个股风险的变量后,隔夜收益率依旧能有效解释潜在账面损益的差异;特别是在持股周期为 3 周的情况下,隔夜收益率高低组的潜在账面损益($\text{CGO}^3_{i,t+1}$)在 1% 的水平下存在显著的正向差异,单、双变量检验结果说明隔夜收益率对投资者潜在账面收益具有稳健且显著的解释力。

表 10-5　双变量分组

| 变量 | 分组 | CGO$^3_{i,t+1}$ | | | | CGO$^{12}_{i,t+1}$ | | | |
|---|---|---|---|---|---|---|---|---|---|
| | | L | H | H-L | t 统计量 | L | H | H-L | t 统计量 |
| Size | L | -1.36 | -1.07 | 0.29* | 6.95 | -3.78 | -3.77 | 0.01 | 0.09 |
| | 2 | -1.00 | -0.72 | 0.28* | 6.91 | -2.66 | -2.86 | -0.20 | -2.88 |
| | H | -0.71 | -0.20 | 0.51* | 11.54 | -1.54 | -1.52 | 0.02 | 0.29 |
| BM | L | -0.89 | -0.17 | 0.72* | 14.70 | -1.82 | -1.26 | 0.56* | 6.24 |
| | 2 | -1.10 | -0.79 | 0.31* | 7.41 | -2.96 | -3.00 | -0.04 | -0.49 |
| | H | -1.37 | -1.03 | 0.33* | 8.72 | -4.15 | -3.90 | 0.25* | 3.60 |
| IVOL | L | -1.66 | -1.47 | 0.19* | 5.72 | -4.29 | -4.41 | -0.11 | -1.90 |
| | 2 | -1.35 | -1.00 | 0.34* | 8.77 | -3.43 | -3.30 | 0.13*** | 1.79 |
| | H | -0.70 | 0.23 | 0.93* | 18.04 | -1.80 | -0.92 | 0.88* | 9.56 |
| ILL | L | -1.65 | -1.47 | 0.18* | 5.57 | -1.74 | -1.61 | 0.13 | 1.52 |
| | 2 | -1.35 | -1.02 | 0.33* | 8.59 | -3.04 | -3.12 | -0.07 | -1.00 |
| | H | -0.71 | 0.22 | 0.93* | 17.99 | -3.55 | -3.32 | 0.24* | 3.35 |
| HB | L | -2.27 | -1.92 | 0.40* | 9.74 | -3.68 | -3.88 | -0.15 | -1.99 |
| | 2 | -1.27 | -1.07 | 0.22* | 5.92 | -3.79 | -3.98 | -0.11 | -1.42 |
| | H | 0.14 | 0.62 | 0.49* | 9.46 | -1.29 | -0.81 | 0.55* | 5.67 |
| Beta | L | -1.03 | -0.40 | 0.64* | 13.82 | -2.46 | -2.00 | 0.45* | 5.08 |
| | 2 | -1.04 | -0.69 | 0.36* | 8.04 | -2.87 | -2.81 | 0.06 | 0.70 |
| | H | -1.28 | -0.79 | 0.48* | 10.23 | -3.53 | -3.23 | 0.28* | 3.26 |
| Disp | L | -0.81 | -0.32 | 0.49* | 10.81 | -1.89 | -1.64 | 0.25* | 2.98 |
| | 2 | -1.09 | -0.67 | 0.42* | 9.34 | -3.04 | -2.89 | 0.15*** | 1.88 |
| | H | -1.27 | -0.99 | 0.28* | 6.59 | -3.40 | -3.53 | -0.13 | -1.66 |
| lnPrice | L | -1.43 | -1.02 | 0.41* | 9.64 | -4.08 | -3.81 | 0.28* | 3.67 |
| | 2 | -1.05 | -0.73 | 0.32* | 7.49 | -2.74 | -2.89 | -0.15 | -1.99 |
| | H | -0.72 | -0.25 | 0.47* | 11.11 | -1.51 | -1.49 | 0.02 | 0.22 |

注:* 和 *** 分别表示在 1% 和 10% 的显著性水平下显著。

### 2. 回归检验

为了佐证上述分组检验的结果,本章进一步以持股 $T$ 周的潜在账面损益($CGO_{i,t+1}^T$)为被解释变量($T=3$、12、22、52)、以隔夜收益率($NON_{i,t}$)为核心解释变量、以与企业属性相关的变量为控制变量,逐个纳入 Fama-MacBeth 回归模型,检验隔夜收益率在短期内对投资者利益的影响,如式(10-3),回归结果见表 10-6。

$$CGO_{i,t+1}^T = \alpha_{i,t} + \beta_1 NON_{i,t} + \beta_2 Size_{i,t} + \beta_3 BM_{i,t} + \beta_4 HB_{i,t} + \beta_5 IVOL_{i,t} +$$
$$\beta_6 ILL_{i,t} + \beta_7 \ln Price_{i,t} + \beta_8 Beta_{i,t} + \beta_9 Disp_{i,t} + \varepsilon_{i,t} \quad (10-3)$$

**表 10-6　隔夜收益率的 Fama-MacBeth 回归结果**

| 变量 | $CGO_{i,t+1}^3$ | | | | | $CGO_{i,t+1}^{12}$ | | $CGO_{i,t+1}^{22}$ | $CGO_{i,t+1}^{52}$ |
|---|---|---|---|---|---|---|---|---|---|
| | (1) | (2) | (3) | (4) | (5) | (6) | (7) | (8) | (9) |
| NON | 0.07* (11.97) | 0.07* (13.50) | 0.07* (13.48) | 0.08* (15.69) | 0.09* (16.41) | 0.03* (2.89) | 0.06* (6.15) | 0.00 (0.08) | −0.02 (−1.35) |
| Size | 0.13* (4.62) | 0.18* (6.75) | 0.30* (12.72) | 0.37* (15.37) | | 0.63* (10.07) | | 0.89* (10.95) | 1.18* (10.20) |
| BM | −1.30* (−12.23) | −1.52* (−13.60) | −1.32* (−10.68) | −1.78* (−15.01) | | −4.56* (−17.64) | | −7.25* (−22.97) | −11.95* (−30.23) |
| HB | 0.12* (35.73) | 0.11* (37.84) | 0.11* (37.22) | | | 0.12* (22.01) | | 0.09* (14.05) | 0.08* (8.68) |
| IVOL | 0.34* (17.70) | 0.32* (19.73) | 0.35* (24.15) | | | 0.89* (29.28) | | 1.12* (30.26) | 1.36* (28.98) |
| ILL | 0.00 (0.02) | 0.01 (0.23) | | | | 0.11* (2.98) | | 0.21* (4.34) | 0.22* (3.95) |
| lnPrice | 0.04* (4.03) | 0.05* (3.95) | | | | 0.15* (6.33) | | 0.26* (9.37) | 0.49* (15.14) |
| Beta | −0.57* (−9.15) | | | | | −1.89* (−15.41) | | −2.66* (−17.45) | −3.76* (−19.43) |
| Disp | −0.16* (−8.87) | | | | | −0.47* (−11.39) | | −0.58* (−10.83) | −0.61* (−8.11) |

**（续表）**

| 变　量 | $CGO_{i,t+1}^{3}$ | | | | | $CGO_{i,t+1}^{12}$ | | $CGO_{i,t+1}^{22}$ | $CGO_{i,t+1}^{52}$ |
|---|---|---|---|---|---|---|---|---|---|
| | (1) | (2) | (3) | (4) | (5) | (6) | (7) | (8) | (9) |
| CONS | −3.05* | −4.68* | −7.32* | −8.14* | −1.04* | −14.07* | −3.21* | −19.69* | −25.52* |
| | (−4.82) | (−8.08) | (−13.82) | (−15.23) | (−9.87) | (−10.24) | (−14.91) | (−11.19) | (−10.25) |
| 样本观测 | 1 237 079 | 1 499 926 | 1 499 926 | 1 678 899 | 1 750 280 | 1 236 371 | 1 741 069 | 1 233 940 | 1 223 742 |
| F 统计量 | 275.55 | 371.28 | 539.18 | 192.65 | 269.26 | 317.74 | 37.88 | 329.49 | 307.34 |
| Adj-$R^2$ | 0.25 | 0.21 | 0.19 | 0.08 | 0.02 | 0.26 | 0.01 | 0.27 | 0.31 |

注:括号内为 $t$ 值; * 表示在 1% 的显著性水平下显著。

表 10-6 中的回归结果支持了表 10-5 中的分组检验,隔夜收益率($NON_{i,t}$)与投资者潜在账面收益($CGO_{i,t+1T}$)存在显著的正相关关系,在控制公司特征后,隔夜收益率能有效解释投资者的预期回报。当持股周期为 3 和 12 周时,隔夜收益率与投资者账面收益为 1% 显著性水平下的 0.07 和 0.03,而随着持股周期延长至 22 周和 52 周时,相关关系则不明显,说明隔夜收益率仅在超短期内与投资者潜在账面收益存在正相关关系,即隔夜收益率仅影响超短期内的投资者利益。在与企业特征相关的控制变量中,账面市值比(BM)、系统风险(Beta)和股权离散度(Disp)与投资者潜在账面收益(CGO)存在显著的负相关关系,而规模(Size)、异常换手率(HB)、特质波动率(IVOL)、对数收盘价(lnPrice)与投资者潜在账面收益(CGO)存在显著的正相关关系。

### 10.4.3　牛、熊市下的检验

为了研究在不同市场走势下隔夜收益率对投资者潜在账面收益的影响的稳健性,本章分别进行了牛、熊市时期的检验。结合我国独特的 T＋1 回转交易制度可以推测,由于我国股市长期存在负隔夜收益现象(即开盘下跌),在股市下跌行情(熊市)中,当日具有追涨或抄底意图的买方的个人投资者遭遇大幅下跌时(特别是当日股票价格短暂回升后的大幅下跌),无法及时卖出止损规避风险,导致短期内遭受较大损失;在股市上涨行情(牛市)中,账面收益增加时,投资者在 T＋1 交易制度下仅需承担不能及时卖出兑现收益的风险。即 T＋1 交易制度会导致不同市场走势下隔夜收益率对投资者利益影响的非对称性,股市下行期间,投资者更易受到负隔夜收益率的负面影响而产生更大的损失。特别是我国主要交易群体的个人投资者缺少有效的卖空和风险对冲工具,且在市场剧烈波动时更易盲目追涨杀跌(陈炜,2013)。因此,本章推测在下跌行情(熊市)中,投资者潜在账面收益更易受到隔夜收益率的影响。

本章基于 Pagan 和 Sossounov(2003)的 BB 法则,参考张兵(2019)的方法选用 Wind 全 A 指数(除金融、石油石化股外)作为划分股市波峰、波谷的数据样本;参照何兴强(2006)的方法划分市场中的牛、熊市周期。具体如下:

(1) 原始数据不进行平滑处理,将当月指数水平与前后 5 个月比较,以时间窗口内指数水平最高和最低的点位作为波峰和波谷,令 $t=1、2……n$。当选取的峰点(谷点)到谷点(峰点)之间可能会得到两个甚至多个峰点或谷点时,以同一时间窗口内最高(低)的峰点(谷点)为唯一峰点(谷点)。

(2) 将峰(谷)点与谷(峰)点间的单向运动最少时间设定为 5 个月,少于 5 个月的峰(谷)点忽略不计。

(3) 当峰(谷)点与谷(峰)点的单向时长少于 5 个月时,则该区间内的涨跌幅须大于 20%才可计入一次牛、熊市。20%的价格涨跌幅是判断大牛(熊)行情的常用标准(Edvards 等,2003)。

(4) 剔除完整周期小于 10 个月的牛、熊市周期。

根据上述原则,本章将样本区间划分为 11 个上行区间(谷到峰)和 12 个下行区间(峰到谷),见表 10 - 7。

表 10 - 7　根据 BB 法则划分的波峰和波谷时间点

| 牛市区间 | 市场走势 | 收益率/% | 熊市区间 | 市场走势 | 收益率/% |
|---|---|---|---|---|---|
| 1995 - 01—1995 - 09 | 波谷→波峰 | 28.19 | 1995 - 09—1996 - 02 | 波峰→波谷 | -31.53 |
| 1996 - 02—1997 - 05 | 波谷→波峰 | 115.69 | 1997 - 05—1997 - 09 | 波峰→波谷 | -19.92 |
| 1997 - 09—1998 - 06 | 波谷→波峰 | 22.83 | 1998 - 06—1999 - 02 | 波峰→波谷 | -21.81 |
| 1999 - 02—2001 - 06 | 波谷→波峰 | 78.88 | 2001 - 06—2002 - 01 | 波峰→波谷 | -41.83 |
| 2002 - 01—2002 - 07 | 波谷→波峰 | 17.08 | 2002 - 07—2003 - 11 | 波峰→波谷 | -30.40 |

（续表）

| 牛市区间 | 市场走势 | 收益率/% | 熊市区间 | 市场走势 | 收益率/% |
|---|---|---|---|---|---|
| 2003 - 11—2004 - 03 | 波谷→波峰 | 21.25 | 2004 - 03—2005 - 07 | 波峰→波谷 | −54.39 |
| 2005 - 07—2008 - 01 | 波谷→波峰 | 172.68 | 2008 - 01—2008 - 11 | 波峰→波谷 | −103.71 |
| 2008 - 11—2010 - 04 | 波谷→波峰 | 83.08 | 2010 - 04—2010 - 07 | 波峰→波谷 | −19.95 |
| 2010 - 07—2011 - 03 | 波谷→波峰 | 29.36 | 2011 - 03—2012 - 11 | 波峰→波谷 | −45.17 |
| 2012 - 11—2015 - 06 | 波谷→波峰 | 128.23 | 2015 - 06—2016 - 02 | 波峰→波谷 | −58.62 |
| 2016 - 02—2017 - 10 | 波谷→波峰 | 20.17 | 2017 - 10—2018 - 10 | 波峰→波谷 | −38.65 |
| 2018 - 10—2019 - 04 | 波谷→波峰 | 28.74 | | | |

表 10 - 8 为划分牛、熊市走势后的回归结果。当持股周期为 3 周时，隔夜收益率在 1％的显著性水平下与投资者账面收益分别呈 0.09(熊市)和 0.06(牛市)的边际正相关；当持股周期为 12 周时，隔夜收益率仅在熊市中以 1％的显著性水平与投资者账面收益呈 0.04 的边际正相关。这说明不同市场走势中，隔夜收益率与投资者账面收益水平存在稳健的正相关性；特别是熊市期间，隔夜收益率对投资者账面收益的影响更为显著，相对于牛市，熊市中隔夜收益率越低的股票，投资者所得收益的边际下降幅度越大，遭受的损失也越多。

表 10 - 8　不同走势下隔夜收益率对投资者账面收益的影响

| 变　量 | $CGO_{i,t+1}^3$ | | $CGO_{i,t+1}^{12}$ | |
|---|---|---|---|---|
| | 熊市 | 牛市 | 熊市 | 牛市 |
| | (1) | (2) | (3) | (4) |
| NON | 0.09* (10.49) | 0.06* (6.59) | 0.04* (2.96) | 0.02 (1.58) |
| CONS | −4.70* (−4.68) | −1.63*** (−1.88) | −21.26* (−9.77) | −8.36* (−4.15) |
| 控制变量($N$＝8) | 控制 | 控制 | 控制 | 控制 |
| 样本观测 | 585 193 | 651 886 | 585 173 | 651 198 |
| F 统计量 | 96.37 | 139.93 | 130.46 | 148.24 |
| Adj-$R^2$ | 0.24 | 0.27 | 0.25 | 0.28 |

注：括号内为 $t$ 值，*、*** 分别表示在 1％、10％的显著性水平下显著。

### 10.4.4　隔夜收益率对投资者利益的影响解释：基于 T＋1 交易制度视角

本章认为隔夜收益之所以成为投资者亏损的主要来源是由于我国独特的 T＋1
交易制度。T＋1 交易制度限制当日买方投资者的卖出行为,因此在开盘时,理性的
买方投资者会预测卖方交易的强度并对卖出限制要求额外补偿,即 T＋1 交易制度
对隔夜收益率的折价(张兵,2019;Qiao 和 Dam,2020)。本章认为,制度折价对隔夜
收益率的负向影响使其成为投资者收益水平降低的原因。本章借鉴 Qiao 和 Dam
(2020)的研究,通过计算交易制度对隔夜收益的折价程度、结合隔夜收益率对投资者
账面损益的边际影响,量化 T＋1 制度下隔夜收益对投资者利益造成的潜在损失,这
是本章在 Qiao 和 Dam(2020)研究基础上的进一步探索。

以上证综指(SSE)为样本计算 T＋1 制度导致的市场隔夜折价率,以衡量 T＋1
制度对投资者账面收益造成的负面影响。根据 Qiao 和 Dam(2020)的假设,指数当日
最高价与最低价的差值($L_t$)可以衡量投资者买卖交易动机强度,资产的开盘价可分
解为基础价值($V_t^o$)和 T＋1 制度造成的折价($D_t$)两部分,用公式表示如下:

$$P_t^o = V_t^o + D_t \qquad (10-4)$$

至收盘时刻,买、卖双方权利对等,T＋1 交易制度的折价逐渐降低至 0,收盘价
格($P_t^c$)回归至基础价值($V_t^c$),因此隔夜收益率的无条件期望为:

$$E(R_t^o) = E(V_t^o - V_{t-1}^c) - E(D_t) = E(R_t^{o,V}) - E(D_t) \qquad (10-5)$$

其中,$R_t^o$ 为个股在 $t$ 周的开盘价;$D_t$ 为日内价格差值($L_t$)的条件期望函数,即:

$$E(D_t) = \beta \times F_t, F_t = E(L_t | f_{t-1}^-) \qquad (10-6)$$

$f_{t-1}^-$ 为开盘时刻的信息集,$F_t$ 为已知开盘时刻前期信息条件下 $L_t$ 的期望值,根
据前述分析可得 $\beta$ 值为正。$R_t^{o,V} = V_t^o - V_{t-1}^c$ 为隔夜时段的股票基础价值,$E(D_t)$ 为 $t$
时刻 T＋1 交易制度的折价期望,二者预期为正,当 T＋1 交易制度造成的折现率足
够大[$E(D_t) > E(R_t^{o,V})$]时,出现负隔夜收益率现象。

借鉴 Qiao 和 Dam(2020)的方法,本章采用 CARR 模型估计了式(10-7)中的 $\beta$
参数值,反映了 T＋1 交易制度对隔夜收益折价的影响,具体模型设定如下:

$$R_t^o = \alpha + \beta \times F_t \qquad\qquad (10-7)$$

$$F_t = \lambda_t \varepsilon_t \qquad\qquad (10-8)$$

$$\lambda_t = \bar{\omega} + \theta F_{t-1} + \gamma \lambda_{t-1} \qquad\qquad (10-9)$$

其中,$\lambda_t$ 为基于前期信息和股价价差的期望;$\varepsilon_t$ 为单位均值为正态分布的时序干扰项。参考 Chou(2005)、Engle 和 Russell(1998)的研究,如果误差项遵从指数分布,CARR 模型的准极大似然估计可以通过指定具有正态分布项范围的平方根的GARCH 模型来完成。本章假设误差项遵从指数分布,选取 1995 年 1 月至 2019 年 12 月的上证综指日最高、最低对数价格差($L_t$)为初始样本,考察了 T＋1 交易制度对投资者潜在账面收益的影响。

表 10‐9 报告了 $L_t$ 在市场总体和牛熊市期间的均值;基于 CARR(1,1)模型测算的 T＋1 制度折价参数 $\alpha$、$\beta$ 的极大似然估计值。$\beta$ 代表了基于隔夜收益率计算出的 T＋1 制度平均折价率,其中市场总体样本得到的 $\beta$ 的估计值为 1％显著性水平下的 $-0.057$,符合理论预期。$\alpha$ 表示基础隔夜收益率,其在 1％的显著性水平下为 $0.070\%$,是大于 0 且绝对值小于 T＋1 交易制度期望折价水平[$E(D_t)$]绝对值的常数。

在股市下跌行情(熊市)中,当日具有追涨或抄底意图的买方的个人投资者遭遇大幅下跌时(特别是当日股票价格短暂回升后的大幅下跌),无法及时卖出止损规避风险,导致短期内遭受较大损失;在股市上涨行情(牛市)中,账面收益增加时,投资者在 T＋1 交易制度下仅需承担不能及时卖出兑现收益的风险。即 T＋1 交易制度会导致不同市场走势下隔夜收益率对投资者利益影响的非对称性。本文据此将样本进一步划分成牛、熊市时期,分别计算 T＋1 交易制度的折价水平。表 10‐9 中第 3～4 行显示牛、熊市的日最高、最低价格对数差($L_t$)的均值分别为 1.90％和 1.80％,与总样本结果基本一致。牛市行情中 $\alpha^{\text{Bull}}$ 和 $\beta^{\text{Bull}}$ 的估计值并不显著,熊市时期 $\alpha^{\text{Bear}}$、$\beta^{\text{Bear}}$ 的估计值分别为 0.095％、$-0.108$,在 1％和 10％的显著性水平下显著,说明 T＋1 交易制度在熊市中对隔夜资产价格的影响更显著,导致了更高的隔夜收益折价率。根据式(10‐7)可得,总样本中 T＋1 日期望折价水平 $E(D_t) = \beta E(L_t) \approx -0.057 \times 0.019 \times 100\% \approx -0.108\%$,周折价水平 $E(D_t)^{\text{Week}}$ 为 0.108％×5＝0.542％,即 T＋1 交易制度导致了周隔夜收益率平均折价为 0.542％。同理,牛、熊市中 T＋1 周期望折价水平分别为－0.038％、－0.195％。

　　表 10-9 中的第 6 列为总样本和牛、熊市周期中隔夜收益率对投资者利益的回归结果。在控制了企业特征后,当持股周期为 3 周时,周隔夜收益率每增长 1％将导致周投资者账面收益在 1％的显著性水平下增长 0.06％。隔夜收益率在 1％的显著性水平下与投资者账面收益分别呈 0.09(熊市)和 0.04(牛市)的边际正相关,特别是熊市期间,隔夜收益率对投资者账面收益的影响更为显著,相对于牛市,熊市中隔夜收益率越低的股票,投资者所得收益的边际下降幅度越大,遭受的损失也越多。

　　结合表 10-9 中第 2～5 列的参数估计值计算出的周制度折价水平 $E(D_t)_{Week}$ 和第 6 列隔夜收益率对投资者账面收益的边际回归系数 $\gamma_{or\text{-}cgo}$。表 10-9 中第 7 列为 T＋1 交易制度对投资者造成的实际损益水平:对于总体市场而言,周隔夜收益率每降低 1％,周投资者账面收益率就会降低 0.06％,因此 T＋1 交易制度对隔夜收益率的折价将造成投资者周账面收益率降低 0.032％;对于熊市(牛市)时期而言,T＋1 交易制度的周折价率每增加 1％,投资者周账面收益率就会降低－0.087 0％(－0.007 6％),熊市中交易制度导致的投资者边际亏损程度高于牛市时期和总样本中的平均水平。

表 10-9　牛、熊市上证指数(SSE)的对数价格差值与 T＋1 折现率估计

| 市场走势 | $L_t/\%$ | $R_t^o=\alpha+\beta\times F_t+\varepsilon_t$ | | $E(D_t)^{Week}/\%$ | $\gamma_{OR\text{-}CGO}$ | $\Delta CGO/\%$ |
| --- | --- | --- | --- | --- | --- | --- |
| | | $\alpha/\%$ | $\beta$ | | | |
| 市场总体 | 0.019 | 0.070*<br>(2.75) | －0.057*<br>(－4.53) | －0.542 | 0.060*<br>(8.79) | －0.032 0 |
| 牛市 | 0.019 | 0.046<br>(1.30) | －0.020<br>(－1.16) | －0.038 | 0.040*<br>(3.79) | －0.007 6 |
| 熊市 | 0.018 | 0.095*<br>(2.65) | －0.108*<br>(－6.02) | －0.195 | 0.090*<br>(6.40) | －0.087 0 |

　　注:括号内为 $t$ 值;* 表示在 1％的显著性水平下显著。

　　可以说,T＋1 交易制度对隔夜收益率造成的折价导致我国 A 股市场的实际隔夜收益率显著小于理论上未实施 T＋1 交易制度的基础隔夜收益率。由于投资者账面收益率与隔夜收益率间的正相关关系,T＋1 交易制度降低了隔夜收益率并进一步

导致投资者账面收益的同步降低,因此,T+1 交易制度有效地解释了我国股市负隔夜收益率造成的投资者利益损失。

# 10.5　稳健性检验

本小节将为 T+1 交易制度视角下隔夜收益率负面影响投资者利益的解释提供稳健性检验。

表 10-10 分别报告了我国实施 T+0 交易制度时期的港股和 A 股市场中,持股周期为 3、12 周时,隔夜收益率对投资者账面收益的影响。从表 10-10 中可以看出,与表 10-5 中 T+1 时期中的回归结果相同,隔夜收益率与投资者账面收益在两市中皆存在显著稳健的正相关关系。T+1 交易制度并未改变隔夜收益率对投资者账面收益的正向影响方向,而是通过降低隔夜收益率造成了投资者账面收益的同步降低,导致交易者的损失。

表 10-10　T+0 时期隔夜收益率对投资者账面收益的回归

| 变　量 | 港股市场(T+0 制度) | | A 股市场(T+0 时期) | |
|---|---|---|---|---|
| | $CGO_{t,t+1}^{3}$ | $CGO_{t,t+1}^{12}$ | $CGO_{t,t+1}^{3}$ | $CGO_{t,t+1}^{12}$ |
| | (1) | (2) | (3) | (4) |
| NON | 0.06* | 0.04*** | 0.72*** | 2.02 |
| | (6.63) | (1.87) | (2.06) | (1.32) |
| CONS | −3.83* | −11.99* | 335.50 | −533.90 |
| | (−8.71) | (−13.19) | (1.22) | (−0.65) |
| 控制变量($N=8$) | 控制 | 控制 | 控制 | 控制 |
| 样本观测 | 44 805 | 44 805 | 10 912 | 10 596 |
| F 统计量 | 62.73 | 119.34 | 2.27 | 1.59 |
| Adj-$R^2$ | 0.38 | 0.42 | 0.58 | 0.61 |

注:括号内为经 Newey-West 调整后的 t 值;*、*** 分别表示在 1%、10% 的显著性水平下显著。

为了进一步明确 T+1 交易制度对投资者回报的影响路径,本章根据式

(10-10)、式(10-11)中的模型,设置代表 T+1 交易制度的虚拟变量,运用横截面回归和 DID 双重差分方法直接检验 T+1 交易制度对投资者账面收益的影响。

$$\text{CGO}_{i,t}^3 = \beta_0 + \beta_1 D_t + \beta_2 Treated + \gamma D_t \times Treated + \sum X_{i,t} + \varepsilon_i \quad (10-10)$$

$$\text{CGO}_{i,t}^3 = \alpha_0 + \alpha_1 D_t + \alpha_2 \text{NON}_{i,t} + \lambda D_t \times \text{NON}_{i,t} + \sum X_{i,t} + \varepsilon_i \quad (10-11)$$

式(10-10)检验了 T+1 交易制度对投资者账面收益的独立影响,式(10-11)检验了隔夜收益率和 T+1 交易制度对投资者账面收益的共同作用。其中,$\text{CGO}_{i,t}^3$ 表示投资者持股 3 周时在第 $t$ 周从股票 $i$ 获得的回报;$D_t$ 为虚拟变量,实行 T+1 制度时期,$D_t=1$,实行 T+0 制度时期,$D_t=0$;$Treated$ 为组间虚拟变量,$Treated=1$ 时为 T+1 制度时期的标的股票,即处理组,$Treated=0$ 时为 T+0 制度时期的标的股票,即控制组;$\sum X_{i,t}$ 代表与企业属性相关的控制变量。本章重点关注交互项 $D_t \times Treated$、$D_t \times \text{NON}_{i,t}$ 的回归系数 $\gamma$ 和 $\lambda$,二者分别度量了在考虑控制组的变化后 T+1 制度对投资者账面收益的独立影响,以及 T+1 制度、隔夜收益率对投资者账面收益的共同作用。

上海证券交易所于 1992 年 5 月实施 T+0 交易制度,随后 1993 年 11 月深圳交易所实行 T+1 交易制度,因此本章设置的观测区间为 1992—1995 年,实验期为 1992 年 5 月—1994 年 12 月,非实验对比期为 1993 年 11 月—1994 年 12 月(见表 10-11)。表 10-12 报告了 DID 双重差分的回归结果,回归(2)中交互项 $D_t \times \text{NON}_{i,t}$ 系数在 1% 的显著性水平下为 0.02,回归(1)的 DID 检验中交互项 $D_t \times Treated$ 回归系数在 1% 的显著性水平下为 -1.941,说明 T+1 交易制度并未改变隔夜收益率对投资者账面收益的正向影响方向,而是通过降低隔夜收益率造成了投资者账面收益的负向变化,这一结果佐证了表 10-10 中的结论。

表 10-11　双重差分法设定

| 区　间 | 上海 A 股<br>$Treated=0$ | 深圳 A 股<br>$Treated=1$ |
|---|---|---|
| 1993-11-01—1994-12-30　Time=0 | 0 | 0 |
| 1992-05-01—1993-10-30　Time=1 | 0 | 1 |

表 10‐12　T＋1 制度下隔夜收益率对投资者账面收益的影响

| $CGO_{i,t+1}^{3}$ | | | |
|---|---|---|---|
| (1) DID 检验 | | (2) T＋1 实施前后 | |
| Treated | 0.69* (7.77) | $D_t$ | 0.28* (5.52) |
| $D_t$ | −0.32 (−1.57) | NON | 0.32* (46.20) |
| Treated×$D_t$ | −1.94* (−5.87) | NON×$D_t$ | 0.02* (2.76) |
| CONS | −4.38* (−3.38) | CONS | 15.74* (67.3) |
| 控制变量($N=6$) | 控制 | 控制变量($N=6$) | 控制 |
| 样本观测 | 23 248 | 样本观测 | 673 459 |
| Adj-$R^2$ | 0.12 | Adj-$R^2$ | 0.18 |

注:括号内为经 Newey-West 调整后的 $t$ 值;* 表示在 1%的显著性水平下显著。

因此,本章的实证结果表明,在我国资本市场中,T＋1 交易制度没有影响隔夜收益率与投资者账面收益的正相关关系,隔夜收益越低的股票组合,投资者账面收益越低。然而,该制度通过降低个股隔夜收益率强化了我国股市中的负隔夜收益现象,降低了投资者账面收益,加剧了投资者的损失。

# 10.6　本章小结

资本市场良性运行的基础之一是投资者从金融资产中获得的投资收益得以保护。隔夜收益率是股票收益的重要组成部分,因此研究隔夜收益率对投资者利益的影响,并从市场微观结构视角进行解释和分析,具有重要的现实意义。本章研究提供了隔夜收益率对投资者利益影响的直接证据,从而为我国资本市场投资者利益的保护和交易制度的健全完善提供了初步的参考方案。

　　本章研究发现:① 投资者账面收益与个股隔夜收益率在短期内具有持续显著的正相关关系,在控制企业属性后,隔夜收益率依旧能够有效解释投资者账面收益。② 隔夜收益率与投资者账面收益的正向关系在牛、熊两市皆显著存在,特别是在熊市时期,隔夜收益率对投资者账面收益的影响更为显著。鉴于我国股市"牛短熊长"的特征,我国市场长期的负隔夜收益率使得我国投资者的利益更难以得到有效保障。③ T＋1交易制度能有效解释隔夜收益率对投资者利益的影响。T＋1 交易制度并未改变投资者账面收益与隔夜收益率的正相关关系,而是通过降低隔夜收益率、加剧股票的隔夜负收益程度,进而降低了投资者账面收益、加剧投资者损失。

# 附　录

附表 1-1　部分变量的定义

| 变　量 | 定　义 |
|---|---|
| LNON | 前一个月隔夜收益，$NON_t = \ln(Open_t / Close_{t-1}) \times 100$ 的滞后顶 |
| LTRA | 前一个月日内收益，$TRA_t = \ln(Close_t / Open_t) \times 100$ 的滞后顶 |
| Size | 规模，等于流通市值的自然对数 |
| BM | 账面市值比，等于账面市值除以股票总市值 |
| lnPrice | 除权价对数 |
| IVOL | 特质波动率，根据 $IVOL_t = \sqrt{\dfrac{1}{N-1} \sum\limits_{d=1}^{N} (\varepsilon_{d,t} - \mu)^2}$ 得到 |
| ILL | 流动性，根据 $ILL_t = \dfrac{1}{N} \sum\limits_{t=1}^{N} \dfrac{\mid r_d \mid}{VOL_d} \times 106$ 得到 |
| MOM | 动量效应，等于前 11 个月个股的累计收益 |
| Disp | 股东离散度，等于股东人数与流通股股数的比值乘以 10 000 |
| Ins | 机构持股比例，等于机构持股数除以流通股总数 |
| Senti | 新闻情绪，由标题情感得分和正文内容情感得分加权二而成 |
| Limit | 套利限制，主要包括价格涨跌限制、融资融券、股指期货、是否停牌、非流动性以及交易量 |
| Turn | 换手率，等于月内交易量与流通股的比例 |
| HB[1] | 换手率中异质信念部分，即异常换手率 |
| HB[2] | 换手率中异质信念部分，换手率和期望值的差异 |

（1）套利限制指标（Limit）主要包括价格涨跌限制、融资融券指标、股指期货指数、公司是否停牌、非流动性以及交易量。

① 价格涨跌限制。1996 年 12 月,中国股票市场开始施行股票交易的日涨跌幅限制,记每一只股票在月内达到涨跌幅限制的次数为 $n$,若月内没有达到涨跌幅限制则记为 0。

② 融资融券指标。影响股票成为融资融券的因素除了套利因素以外,还包含投机因素、公司的基本面等因素,为了更好地刻画融资融券所代表的套利特征,参考康立等的做法,用公司 Beta 值作为套利特征的替代变量。Beta 值根据个股的超额收益率做 CAPM 回归(设滚动窗口为 24 个月)得到,Beta 值越大,则融券量越多。每月将 Beta 值从大到小进行标准化处理,标准化后的数值越小,意味着原始 Beta 值越大,套利限制越小。

③ 股指期货指数。沪深 300 指数(CSI300)自 2010 年 4 月开始发布,如果股票在沪深 300 指数之内,则面临的套利限制较小。对于股指期货采用虚拟变量 0、1 表示,股票属于沪深 300 指数则标记为 0,不属于则标记为 1。

④ 公司是否停牌。公司是否停牌数据选取每个月停牌超过 15 天的公司作为每个月停牌,停牌意味着套利限制比较大,非停牌意味着套利限制比较小。每个月停牌则将其标记为 1,不属于停牌则标记为 0。

同时,也考虑了其他的套利限制指数。Sadka 和 Scherbina (2010)认为,流动性的增加会减小套利的成本,增加价格的披露。Mashruwala et al. (2006)认为,更多的交易量意味着更小的交易成本从而促进了交易的增加。对于非流动性、交易量,每个月份与 beta 值的处理类似,按其指标对应的套利限制难易程度从大到小排序后进行标准化处理。最后,每个月份将每个股票所代表的 6 个指标的数值加总,得到总的套利限制因子。

(2) 构造第一个异质信念指标 $HB^1$。该指标度量了当月换手率高于前期平均水平以及市场平均水平的部分,即异常换手率。

$$HB^1_{i,t} = Turn_{i,t} - \frac{1}{12}\sum_{\tau=t-12}^{t-1} Turn_{i,\tau} - Turn^M_t \qquad (附 1-1)$$

其中,$Turn_t$ 表示个股在第 $t$ 月的换手率,这里减去过去 12 个月换手率的均值。$Turn^M_t$ 为市场换手率,用个股换手率的平均数表示。

（3）参考 Connolly 和 Stivers(2003)和朱宏泉等(2016)的方法,构建第二个异质信念指标 $HB^2$。

$$\text{Turn}_{i,d} = \kappa_i + \gamma_1 \text{Turn}_{i,d-1} + \gamma_2 |\text{Return}_{i,d}|^+ + \gamma_3 |\text{Return}_{i,d}|^- +$$
$$\gamma_4 |\text{Return}_{i,d-1}|^+ + \gamma_5 |\text{Return}_{i,d-1}|^- + \gamma_6 |\text{Return}_d^M|^+ +$$
$$\gamma_7 |\text{Return}_d^M|^- + \gamma_8 |\text{Return}_{d-1}^M|^+ + \gamma_9 |\text{Return}_{d-1}^M|^- + \mu_{i,d} \qquad (\text{附}1-2)$$

其中,$\text{Turn}_{i,d}$ 是个股在第 $d$ 天的换手率,$\text{Return}_{i,d}$ 和 $\text{Return}_d^M$ 分别为个股收益率和市场收益率。由于正负收益对交易行为会产生非对称的影响,需区别对待。当 $\text{Return}_{i,d} > 0$ 时,$|\text{Return}_{i,d}|^+ = \text{Return}_{i,d}$,同时 $|\text{Return}_{i,d}|^- = 0$;当 $\text{Return}_{i,d} < 0$ 时,$|\text{Return}_{i,d}|^- = |\text{Return}_{i,d}|$,同时 $|\text{Return}_{i,d}|^+ = 0$。$|\text{Return}_d^M|^+$ 和 $|\text{Return}_d^M|^-$ 的定义与个股收益相似。

在每个月,本文先用前 12 个月的日数据拟合得到 $\kappa$ 和 $\gamma$ 的参数估计。然后用参数和本月交易数据带入(附 1-2)式得到换手率的预测值。

$$\text{Turn}_{i,d}^f = \kappa_i + \gamma_1 \text{Turn}_{i,d-1} + \gamma_2 |\text{Return}_{i,d}|^+ + \gamma_3 |\text{Return}_{i,d}|^- +$$
$$\gamma_4 |\text{Return}_{i,d-1}|^+ + \gamma_5 |\text{Return}_{i,d-1}|^- + \gamma_6 |\text{Return}_d^M|^+ +$$
$$\gamma_7 |\text{Return}_d^M|^- + \gamma_8 |\text{Return}_{d-1}^M|^+ + \gamma_9 |\text{Return}_{d-1}^M|^- \qquad (\text{附}1-3)$$

对日数据求和得到月度换手率的预测值 $\text{Turn}_t^f$。第 $t$ 月的异质信念为 $HB^2$,可以表示为:$HB_t^2 = \text{Turn}_t - \text{Turn}_t^f$。

# 参考文献

[1] Aboody D, Even-Tov O, Lehavy R, Trueman B. Overnight Returns and Firm-Specific Investor Sentiment[J]. Journal of Financial and Quantitative Analysis, 2018, 53(2): 485 – 505.

[2] Acharya V V, Pedersen L H. Asset Pricing with Liquidity Risk[J]. Journal of financial Economics, 2005, 77(2): 375 – 410.

[3] Adrian R P, Kirill A S. A Simple Framework for Analysing Bull and Bear Markets[J]. Journal of Applied Econometrics, 2003, 18(1): 23 – 46.

[4] Aharoni G, Grundy B, Zeng Q. Stock Returns and the Miller Modigliani Valuation Formula: Revisiting the Fama French Analysis [J]. Journal of Financial Economics, 2013, 110: 347 – 357.

[5] Alexander G J, Eun C S, Janakiramanan S. Asset Pricing and Dual Listing on Foreign Capital Markets: A Note[J]. Journal of Finance, 1987, 42(1): 151 – 158.

[6] Amihud Y. Illiquidity and Stock Returns: Cross-Section and Time-Series Effects [J]. Journal of Financial Markets, 2002, 5(1): 31 – 56.

[7] Ang A, Hodrick R J, Xing Y, et al. The Cross-section of Volatility and Expected Returns[J]. The Journal of Finance, 2006, 61(1): 259 – 299.

[8] Ang A, Hodrick R J, Xing Y, et al. High Idiosyncratic Volatility and Low Returns: International and Further US Evidence [J]. Journal of Financial Economics, 2009, 91(1): 1 – 23.

[9] Aretz K, Bartram S M. Making Money While You Sleep? Anomalies in

International Day and Night Returns[J]. Social Science Electronic Publishing, 2015, 80(1): 105 - 107.

[10] Asness C S, Moskowitz T J, Pedersen L H. Value and Momentum Everywhere [J]. Journal of Finance, 2013, 68(3): 929 - 985.

[11] Bailey W, Jagtiani J. Foreign Ownership Restrictions and Stock Prices in the Thai Capital Market [J]. Journal of Financial Economics, 1994, 36 (1): 57 - 87.

[12] Baker M, Wurgler J. Investor Sentiment and the Cross-section of Stock Returns [J]. The Journal of Finance, 2006, 61(4): 1645 - 1680.

[13] Banz R W. The Relationship between Return and Market Value of Common Stocks[J]. Journal of Financial Economics, 1981, 9(1): 3 - 18.

[14] Barber B M, Odean T. All that Glitters: The Effect of Attention and News on the Buying Behavior of Individual and Institutional Investors[J]. The Review of Financial Studies, 2008, 21(2): 785 - 818.

[15] Barinov A. Turnover: Liquidity or Uncertainty? [J]. Management Science, 2014, 60(10): 2478 - 2495.

[16] Basu S. The Relationship between Earnings' Yield, Market Value and Return for NYSE Common Stocks: Further Evidence [J]. Journal of Financial Economics, 1983, 12(1): 129 - 156.

[17] Berkman H, Koch P D, Tuttle L, et al. Paying Attention: Overnight Returns and the Hidden Cost of Buying at the Open [J]. Journal of Financial and Quantitative Analysis, 2012, 47(4): 715 - 741.

[18] Bing Z. T + 1 Trading Mechanism Causes Negative Overnight Return[J]. Economic Modelling, 2019, In Press.

[19] Blume L, Easley D, O'hara M. Market Statistics and Technical Analysis: The Role of Volume[J]. The Journal of Finance, 1994, 49(1): 153 - 181.

[20] Branch B S, Ma A. Overnight Return, the Invisible Hand Behind Intraday

Returns? [J]. Journal of Applied Finance, 2012, 22: 90 - 100.

[21] Bruce K. How to Increase Global Wealth Inequality for Fun and Profit[J]. SSRN Electronic Journal,2018.

[22] Cai C X, Mcguinness P B, Zhang Q. The Pricing Dynamics of Cross-Listed Securities: The Case of Chinese A-and H-Shares[J]. Journal of Banking and Finance, 2011, 35(8): 2123 - 2136.

[23] Campbell J Y, Shiller R J. The Dividend-Price Ratio and Expectations of Future Dividends and Discount Factors[J]. The Review of Financial Studies, 1988, 1 (3): 195 - 228.

[24] Campbell J Y. Financial Decisions and Markets: A Course in Asset Pricing [M]. New Jersey: Princeton University Press, 2017.

[25] Chan K, Chockalingam M, Lai K W L. Overnight Information and Intraday Trading Behavior: Evidence from Nyse Cross-Listed Stocks and Their Local Market Information[J]. Journal of Multinational Financial Management, 2000, 10: 495 - 509.

[26] Chan K, Tong W, Zhang S. Trading Restriction, Tick Size and Price Discovery of Cross-Listed Firms: Evidence from a Natural Experiment in China[J]. Social Science Electronic Publishing, 2013, 90(2): 256 - 263.

[27] Chang C, Lee J-H. Market Stability and Trading Mechanism: Evidence from Taiwan Futures Market [J]. JingJi Lun Wen Cong Kan, 2014, 42 (1): 49 - 101.

[28] Chen C R, Lung PP, Wang F A. Stock Market Mispricing: Inflation Illusion or Resale Option? [J]. SSRN, 2006.

[29] Chen X, Liu Y, Zeng T. Does the T + 1 rule really reduce speculation? Evidence from Chinese Stock Index ETF[J]. Accounting & Finance, 2017, 57 (5): 1287 - 1313.

[30] Chordia T, Subrahmanyam A, Anshuman V R. Trading Activity and Expected

Stock Returns[J]. Journal of Financial Economics, 2001, 59(1): 3 - 32.

[31] Chung T-K, Hui C-H, Li K-F. Explaining Share Price Disparity with Parameter Uncertainty: Evidence from Chinese A-and H-Shares[J]. Journal of Banking and Finance, 2013, 37(3): 1073 - 1083.

[32] Cochrane J H. Asset Pricing, Revised Edition[M]. Princeton University Press, Princeton, 2009.

[33] Connolly R, Stivers C. Momentum and Reversals in Equity-Index Returns During Periods of Abnormal Turnover and Return Dispersion[J]. Journal of Finance, 2010, 58(4): 1521 - 1556.

[34] Cooper M J, Cliff M T, Gulen H. Return Differences between Trading and Non-Trading Hours: Like Night and Day. Working Paper, 2008.

[35] Datar V T, Naik N Y, Radcliffe R. Liquidity and Stock Returns: An Alternative Test[J]. Journal of Financial Markets, 1998, 1(2): 203 - 219.

[36] Diao X, Qiu H, Tong B. Does a Unique "T+1 Trading Rule" in China Incur Return Difference between Daytime and Overnight Periods? [J]. China Finance Review International, 2018, 8(1): 2 - 20.

[37] Doidge C. U. S. Cross-Listings and the Private Benefits of Control: Evidence from Dual-Class Firms[J]. Journal of Financial Economics, 2004, 72(3): 519 - 553.

[38] Domowitz I, Glen J, Madhavan A. Market Segmentation and Stock Prices: Evidence from an Emerging Market[J]. The Journal of Finance, 1997, 52(3): 1059 - 1085.

[39] Edwards S, Javier G B, Fernando PG. Stock Market Cycles, Financial Liberalization and Volatility[J]. Journal of International Money and Finance, 2003, 22(7): 0 - 955.

[40] Engle R F, Russell J R. Autoregressive Conditional Duration: A New Model for Irregularly Spaced Transaction Data [J]. Econometrica, 1998, 66 (5):

1127 - 1162.

[41] Errunza V R, Miller D P. Market Segmentation and the Cost of the Capital in International Equity Markets [ J ]. Journal of Financial and Quantitative Analysis, 2000, 35(4): 577 - 600.

[42] Eun C S, Sabherwal S. Cross-Border Listings and Price Discovery: Evidence from U. S. -Listed Canadian Stocks[J]. The Journal of Finance, 2003, 58(2): 549 - 575.

[43] Fama E F, French K R. A Five-factor Asset Pricing Model[J]. Journal of Financial Economics, 2015, 116(1): 1 - 22.

[44] Fama E F, French K R. Common Risk Factors in Returns on Stocks and Bonds [J]. Journal of Financial Economics, 1993, 33(1): 3 - 56.

[45] Fama E F, French K R. The Cross-Section of Expected Stock Returns[J]. The Journal of Finance, 1992, 47(2): 427 - 465.

[46] Finnerty J D. An Average-strike Put Option Model of the Marketability Discount[J]. The Journal of Derivatives, 2012, 19(4): 53 - 69.

[47] Foerster S R, Karolyi G A. The Effects of Market Segmentation and Investor Recognition on Asset Prices: Evidence from Foreign Stocks Listing in the United States[J]. The Journal of Finance, 1999, 54(3): 981 - 1013.

[48] Fong W M, Toh B. Investor Sentiment and the MAX Effect[J]. Journal of Banking & Finance, 2014, 46: 190 - 201.

[49] Francis A. Longstaff. How Much Can Marketability Affect Security Values? [J]. The Journal of Finance, 1995, 50(5): 1767 - 1774.

[50] Ghaidarov S. The Use of Protective Put Options in Quantifying Marketability Discounts Applicable to Common and Preferred Interests [ J ]. Business Valuation Review, 2009, 28(2): 88 - 99.

[51] Gibbons M R, Ross S A, Shanken J. A Test of the Efficiency of a Given Portfolio[J]. Econometrica, 1989, 57(5): 1121 - 1152.

［52］Gorton G B, Hayashi F, Rouwenhorst K G. The Fundamentals of Commodity Futures Returns［J］. Review of Finance, 2013, 17(1): 35－105.

［53］Gray W R, Vogel J R. Quantitative Momentum: A Practitioner's Guide to Building a Momentum-based Stock Selection System［M］. Wiley, 2016.

［54］Grinblatt M, Han B. Prospect Theory, Mental Accounting and Momentum［J］. Journal of Financial Economics, 2005, 78(2): 311－339.

［55］Gromb D, Vayanos D. Limits of Arbitrage［J］. The Annual Review of Financial Economics, 2010, 2: 251－75.

［56］Gu M, Kang W, Kang B. Limits of Arbitrage and Idiosyncratic Volatility: Evidence from China Stock Market［J］. Journal of Banking and Finance, 2018, 86(1): 240－258.

［57］Guo M, Li Z, Tu Z. A Unique "T＋1 Trading Rule" in China: Theory and Evidence［J］. Journal of Banking and Finance, 2012, 36: 575－583.

［58］Harvey C, Liu Y, Zhu H. The Cross-section of Expectedreturns［J］. Review of Financial Studies, 2016, 29(1): 5－68.

［59］Hietala P T. Asset Pricing in Partially Segmented Markets: Evidence from the Finnish Market［J］. The Journal of Finance, 1989, 44(3): 697－718.

［60］Hong H G, Stein J C. Differences of Opinion, Short-Sales Constraints and Market Crashes［J］. Review of Financial Studies, 2003, 16(2): 487－525.

［61］Hou K, Loh R. Have We Solved the Idiosyncratic Volatility Puzzle?［J］. Journal of Financial Economics, 2016, 121(1): 167－194.

［62］Hou K, Moskowitz T J. Market Frictions Price Delay and the Cross-Section of Expected Returns［J］. Review of Financial Studies, 2005, 18(3): 981－1020.

［63］Jegadeesh N, Titman S. Returns to Buying Winners and Selling Losers: Implications for Stock Market Efficiency［J］. Journal of Finance, 1993, 48(1): 65－91.

［64］Johnson T C. Volume, Liquidity and Liquidity Risk［J］. Journal of Financial

Economics, 2008, 87(2): 388 - 417.

[65] Kakushadze Z. *4 - Factor Model for Overnight Returns*[J]. Wilmott, 2015 (79): 56 - 63.

[66] Karolyi G. A. , RENÉ M S. Why Do Markets Move Together? An Investigation of U. S. -Japan Stock Return Comovements[J]. The Journal of Finance, 1996, 51(3): 951 - 986.

[67] Kelly M A, Clark S P. Returns in Trading Versus Non-trading Hours: The Difference is Day Andnight[J]. Journal of Asset Management, 2011, 12(2): 132 - 145.

[68] Kumbhakar S C, Lovell C K. Stochastic Frontier Analysis[M]. Cambridge University Press, 2000.

[69] Kumbhakar S C, Parmeter C F. The Effects of Match Uncertainty and Bargaining on Labor Market Outcomes: Evidence from Firm and Worker Specific Estimates[J]. Journal of Productivity Analysis, 2009, 31(01): 1 - 14.

[70] Kuo W, Li Y C. Trading Mechanisms and Market Quality: Call Markets Versus Continuous Auction Markets [J]. International Review of Finance, 2011, 11(4): 417 - 444.

[71] Lachance. Night Trading: Lower Risk But Higher Returns? [J]. San Diego State University Working Paper, 2015, SSRN 2633476.

[72] Lamont O A, Thaler R H. Anomalies: The Law of One Price in Financial Markets[J]. Journal of Economic Perspectives, 2003, 17(4): 191 - 202.

[73] Lee C M C, Swaminathan B. Price Momentum and Trading Volume[J]. The Journal of Finance, 2000, 55(5): 2017 - 2069.

[74] Levy R A. Relative Strength as a Criterion for Investment Selection[J]. Journal of Finance, 1967, 22(4): 595 - 610.

[75] Lin C Y, Hovy E. Identifying Topics by Position [C]. Applied Natural Language Processing Conference, 1997: 283 - 290.

[76] Lintner J. The Valuation of Risky Assets and the Selection of Risky Investments in Stock Portfolios and Capital Assets[J]. Stochastic Optimization Models in Finance, 1969, 51(2): 220 – 221.

[77] Liu Q F, Tse Y. Overnight Returns of Stock Indexes: Evidence from ETFs and Futures[J]. International Review of Economics & Finance, 2017, 48(5): 440 – 451.

[78] Liu Q Y, Guo H B, Wei X H. Negative Overnight Returns: China's Security Markets[J]. Procedia Computer Science, 2015, 55: 980 – 989.

[79] Lockwood L J, Linn S C. An Examination of Stock Market Return Volatility During Overnight and Intraday Periods, 1964—1989 [J]. The Journal of Finance, 1990, 45(2): 591 – 601.

[80] Lockwood L J., Mcinish T H. Tests of Stability for Variances and Means of Overnight/Intraday Returns During Bull and Bear Markets[J]. Journal of Banking and Finance, 1990, 14(6): 1243 – 1253.

[81] Long K, Simon BH. Modelling Overnight and Daytime Returns Using a Multivariate Garch-Copula Model[EB/OL]. Center for Applied Economics and Policy Research (CAEPR) Working Paper, 2010, No. 008.

[82] Longstaff F A. How Much Can Marketability Affect Security Values? [J]. The Journal of Finance, 1995, 50(5): 1767 – 1774.

[83] Lou D, Polk C, Skouras S. A Tug of War: Overnight Versus Intraday Expected Returns[J]. Journal of Financial Economics, 2019, 134(1): 192 – 213.

[84] Mashruwala C, Rajgopal S, Shevlin T. Why Is the Accrual Anomaly Not Arbitraged Away? The Role of Idiosyncratic Risk and Transaction Costs[J]. Journal of Accounting & Economics, 2006, 42(1): 3 – 33.

[85] Mcinish T H, Wood R A. Intraday and Overnight Returns and Day-of-the-Week Effects[J]. Journal of Financial Research, 1985, 8(2): 119 – 126.

[86] Miller E M. Risk, Uncertainty and Divergence of Opinion[J]. Journal of Finance, 1977, 32(4): 1151 - 1168.

[87] Novy-Marx R. The Other Side of Value: The Gross Profitability Premium[J]. Journal of Financial Economics, 2013, 108(1): 1 - 28.

[88] Okunev J, White D. Do Momentum-Based Strategies Still Work in Foreign Currency Markets? [J]. Journal of Financial & Quantitative Analysis, 2003, 38(2): 425 - 447.

[89] Pan L, Tang Y, Xu J. Weekly Momentum by Return Interval Ranking[J]. Pacific-Basin Finance Journal, 2013, 21(1): 1191 - 1208.

[90] Parmeter C F. Estimation of the Two-tiered Stochastic Frontier Model with the Scaling Property[J]. Journal of Productivity Analysis, 2018, 49(01): 37 - 47.

[91] Piotroski J D, Wong T J, Zhang T. Political Incentives to Suppress Negative Information: Evidence from Chinese Listed Firms[J]. Journal of Accounting Research, 2015, 53(2): 405 - 459.

[92] Polk C, Sapienza P. The Stock Market and Corporate Investment: A Test of Catering Theory[J]. Review of Financial Studies, 2009, 22(1): 187 - 217.

[93] Qiao K, Dam L. The Overnight Return Puzzle and the "T+1" Trading Rule in Chinese Stock Markets[J]. Journal of Financial Markets, 2020: 100 - 534.

[94] Sadka R, Scherbina A. Analyst Disagreement, Mispricing and Liquidity[J]. Journal of Finance, 2010, 62(5): 2367 - 2403.

[95] Scheinkman J A, Xiong W. Overconfidence and Speculative Bubbles [J]. Journal of Political Economy, 2003, 111(6): 1183 - 1220.

[96] Schwert G W. Anomalies and Market Efficiency [J]. Handbook of the Economics, 2002

[97] Sharpe, William F. Capital Asset Prices: A Theory of Market Equilibrium Under Conditions of Risk[J]. The Journal of Finance, 1964, 19(3): 425 - 442.

[98] Shleifer A, Summers L H. The Noise Trader Approach to Finance[J]. Journal

of Economic Perspectives, 1990, 4(2): 19 – 33.

[99] TerrenceH, Dmitry L, Dominik R. Asset Pricing: A Tale of Night and Day [J]. Ssrn Electronic Journal, 2018.

[100] Wang H, Yan J, Yu J. Reference-dependent Preferences and the Risk-return Trade-off[J]. Journal of Financial Economics, 2017, 123(2): 395 – 414.

[101] Wu Y, Qin F. Do We Need to Recover T+0 Trading? Evidence from the Chinese Stock Market. Emerging Markets Finance and Trade, 2015(51): 1084 – 1098.

[102] Wu Y. Momentum Trading Mean Reversal and Overreaction in Chinese Stock Market[J]. Review of Quantitative Finance and Accounting, 2011, 37(3): 301 – 323.

[103] Xiong W. Bubbles, Crises and Heterogeneous Beliefs[J]. NBER Working Paper, 2013.

[104] Xiong X, Meng Y Q, Li X, Shen D H. Can Overnight Return Really Serve as a Proxy for Firm-specific Investor Sentiment? Cross-country Evidence. Journal of International Financial Markets, Institutions and Money, 2020(In Press).

[105] Yeutien R, Chou. Forecasting Financial Volatilities with Extreme Values: The Conditional Autoregressive Range (CARR) Model[J]. Journal of Money, Credit and Banking, 2005, 37(3): 561 – 582.

[106] 白颢睿,吴辉航,柯岩. 中国股票市场月频动量效应消失之谜——基于 T+1 制度下隔夜折价现象的研究[J]. 财经研究,2020,46(04):140 – 154.

[107] 包锋,徐建国. 异质信念的变动与股票收益[J]. 经济学(季刊),2015,14(04):1591 – 1610.

[108] 边江泽, 宿铁. "T+1"交易制度和中国权证市场溢价[J]. 金融研究,2010(06):143 – 161.

[109] 部慧,解峥,李佳鸿,吴俊杰. 基于股评的投资者情绪对股票市场的影响[J]. 管理科学学报,2018,21(04):86 – 101.

[110] 曹志广,杨军敏.投机价值与中国封闭式基金折价之谜[J].金融学季刊,2008,
4(2):85-106.

[111] 曾燕,康俊卿,陈树敏.基于异质性投资者的动态情绪资产定价[J].管理科学
学报,2016,19(06):87-97.

[112] 陈高才.高频交易是光大证券"8·16事件"中的黑天鹅吗?——兼论 T+0 交
易制度在我国证券市场的应用机遇[J].管理世界,2016(6):172-173.

[113] 陈国进,张贻军,王景.再售期权、通胀幻觉与中国股市泡沫的影响因素分析
[J].经济研究,2009,44(05):106-117.

[114] 陈国进,张贻军.异质信念、卖空限制与我国股市的暴跌现象研究[J].金融研
究,2009(04):80-91.

[115] 陈慰,张兵,徐硕正.异质信念、套利限制与低换手率溢价之谜[J].金融经济学
研究,2018,33(04):109-118.

[116] 陈雯,屈文洲.T+1 清算制度对深圳股票市场波动性的影响[J].统计与决策,
2004(8):52-52.

[117] 陈有禄.对我国 T+1 交易制度下 IPO 抑价和高换手问题的探析[J].改革与战
略,2008(11):108-110.

[118] 成微,刘善存,邱菀华.回转交易制度对股票市场质量的影响[J].系统工程理
论与实践,2011,31(08):1409-1418.

[119] 褚剑,方军雄.中国式融资融券制度安排与股价崩盘风险的恶化[J].经济研
究,2016(5):143-158.

[120] 戴俊,屈迟文.A 股"T+0"投资者机会与风险研究[J].财会通讯,2015(08):
35-37+129.

[121] 翟爱梅,罗伟卿.惯性反转效应是市场的偶然还是普遍规律[J].统计研究,
2013,30(12):100-109.

[122] 段江娇,刘红忠,曾剑平.投资者情绪指数、分析师推荐指数与股指收益率的影
响研究——基于我国东方财富网股吧论坛、新浪网分析师个股评级数据[J].
上海金融,2014(11):60-64.

[123] 盖卉,张磊.T＋0 和 T＋1 制度下投资者交易风险对比[J].哈尔滨商业大学学报(自然科学版),2006(05):122－125.

[124] 高秋明,胡聪慧,燕翔.中国 A 股市场动量效应的特征和形成机理研究[J].财经研究,2014,40(02):97－107.

[125] 葛勇,叶德磊."T＋1"交易对中国股市波动性的影响——基于 1992—2008 年时间序列数据的实证分析[J].经济论坛,2009(3):45－48.

[126] 韩金晓,张丽.中国股票市场短期反转效应的流动性供给解释——机构投资者退出的角度[J].管理世界,2018,34(05):168－169.

[127] 阚晓西,汪慧.A 股市场实行"T＋0"回转交易制度需慎重[J].财务与会计,2006(18):30－32.

[128] 何诚颖,陈锐,蓝海平,徐向阳.投资者非持续性过度自信与股市反转效应[J].管理世界,2014(08):44－54.

[129] 何兴强,周开国.牛、熊市周期和股市间的周期协同性[J].管理世界,2006(4):35－40.

[130] 胡章宏,王晓坤.中国上市公司 A 股和 H 股价差的实证研究[J].经济研究,2008(4):119－131.

[131] 黄峰,杨朝军.流动性风险与股票定价:来自我国股市的经验证据[J].管理世界,2007(05):30－39,48.

[132] 黄剑.中国股市开、收盘波动性的比较研究[J].广东金融学院学报,2007(04):52－56.

[133] 金秀,姜尚伟,苑莹.基于股吧信息的投资者情绪与极端收益的可预测性研究[J].管理评论,2018,30(07):16－25.

[134] 金永红,罗丹.异质信念、投资者情绪与资产定价研究综述[J].外国经济与管理,2017,39(05):100－114.

[135] 孔庆洋,余妙志,刑哲.中国股市 T＋1 有助于减小市场波动吗?[J].经济论坛,2009(4):109－110.

[136] 李海英,郑妍妍.机构投资者对中小投资者利益保护效应分析:基于股价信息

含量的实证检验[J].中央财经大学学报,2010(12):50-55.

[137] 李梦雨,李志辉.市场操纵与股价崩盘风险——基于投资者情绪的路径分析[J].国际金融研究,2019(4):87-96.

[138] 李善民,许金花,张东,陈玉罡.公司章程设立的反收购条款能保护中小投资者利益吗——基于我国A股上市公司的经验证据[J].南开管理评论,2016,19(4):49-62.

[139] 李一红,吴世农.中国股市流动性溢价的实证研究[J].管理评论,2003(11):34-42,64.

[140] 李志冰,杨光艺,冯永昌,景亮.Fama-French五因子模型在中国股票市场的实证检验[J].金融研究,2017(06):191-206.

[141] 郦彬,孔令超,王佳骏."T+0"与"T+1"交易制度研究[C].证券投资咨询机构创新发展论坛,2015.

[142] 梁丽珍,孔东民.中国股市的日内特征:持续还是反转?[J].管理评论,2008(06):9-16,63.

[143] 林采宜,2016,熔断机制加剧市场波动,新浪博客,2016-01-04.

[144] 刘红忠,何文忠.中国股票市场上的"隔夜效应"和"午间效应"研究[J].金融研究,2012(02):155-167.

[145] 刘建华.资本市场T+1交易制度的实验研究[J].中国经济问题,2010(2):37-41.

[146] 刘清源,魏先华,王霖.动量策略收益主要来源于隔夜?——基于沪市A股动量策略收益分解的探讨[J].投资研究,2016,35(03):92-104.

[147] 刘逖,叶武.日内回转交易的市场效果:基于上海证券市场的实证研究[J].新金融,2008(3):38-42.

[148] 刘文宇.证券T+0交易制度的海外经验与启示[J].上海经济研究,2016(10):23-33.

[149] 刘昕.中国A、H股市场分割的根源分析[J].南开管理评论,2004(5):19-23.

[150] 卢洪友,连玉君,卢盛峰.中国医疗服务市场中的信息不对称程度测算[J].经

济研究,2011,46(04):94-106.

[151] 鲁臻,邹恒甫.中国股市的惯性与反转效应研究[J].经济研究,2007(09):146-156.

[152] 陆蓉,杨康.有限关注与特质波动率之谜:来自行为金融学新证据[J].统计研究,2019,36(06):54-67.

[153] 鹿波.关于股票期现货市场 T+0 和 T+1 交易机制的思考[J].武汉金融,2016(09):35-37.

[154] 罗进辉,向元高,金思静.中国资本市场低价股的溢价之谜[J].金融研究,2017(1):191-206.

[155] 孟庆斌,黄清华.卖空机制是否降低了股价高估? ——基于投资者异质信念的视角[J].管理科学学报,2018,21(04):43-66.

[156] 曲保智,任力行,吴效宇,陈凌.H 股对 A 股的价格折让及其影响因素研究[J].金融研究,2010(9):158-169.

[157] 屈文洲,吴世农.中国股票市场微观结构的特征分析——买卖报价价差模式及影响因素的实证研究[J].经济研究,2002(1):56-63.

[158] 宋军,吴冲锋.国际投资者对中国股票资产的价值偏好:来自 a-H 股和 a-B 股折扣率的证据[J].金融研究,2008(3):103-116.

[159] 宋顺林,易阳,谭劲松.Ah 股溢价合理吗——市场情绪、个股投机性与 ah 股溢价[J].南开管理评论,2015(2):92-102.

[160] 苏冬蔚,麦元勋.流动性与资产定价:基于我国股市资产换手率与预期收益的实证研究[J].经济研究,2004(2):95-105.

[161] 覃家琦,邵新建.交叉上市、政府干预与资本配置效率[J].经济研究,2015(6):117-130.

[162] 谭松涛,王亚平,刘佳.渐进信息流与换手率的周末效应[J].管理世界,2010(8):35-43.

[163] 谭小芬,林雨菲.中国 A 股市场动量效应和反转效应的实证研究及其理论解释[J].中国软科学,2012(08):45-57.

[164] 谭小芬,刘汉翔,曹倩倩.资本账户开放是否降低了 ah 股的溢价？——基于沪港通开通前后 ah 股面板数据的实证研究[J].中国软科学,2017(11):39-53.

[165] 唐也然,龙文,石勇.投资者非理性行为是动量效应产生的原因吗？——来自互联网金融论坛的证据[J].证券市场导报,2020(04):62-70.

[166] 王冰兮,刘润东.关于我国 A 股 T+0 交易制度设计的研究[J].经济师,2017(08):114-115.

[167] 王春峰,孙端,房振明,侯旭.隔夜信息对资本市场收益率及波动性的影响[J].系统工程,2011,29(11):1-6.

[168] 王春峰,张颖洁,房振明.开盘对隔夜信息的揭示效率——基于 A 股和 H 股的实证研究[J].北京理工大学学报(社会科学版),2011,13(2):43-48.

[169] 韦立坚.T+0 交易制度的计算实验研究[J].管理科学学报,2016,19(11):90-102.

[170] 魏星集,夏维力,孙彤彤.基于 BW 模型的 A 股市场投资者情绪测度研究[J].管理观察,2014(33):71-73.

[171] 吴柏均,杨威.上海股票交易市场流动性与资产定价的实证研究[J].郑州航空工业管理学院学报,2008,26(4):37-43.

[172] 吴良,燕鑫,杨宇程.流动性危机与中国股灾之谜[J].统计研究,2017,34(12):87-98.

[173] 吴信训,陈辉兴.构建和谐的公共话语空间——互联网上公众意见表达的形态、特征及其演进趋势[J].新闻爱好者,2007(06):6-8.

[174] 邢红卫,刘维奇.换手率:流动性还是不确定性[J].上海财经大学学报,2018,20(05):58-71.

[175] 熊和平,刘京军,杨伊君,周靖明.中国股票市场存在特质波动率之谜吗？——基于分位数回归模型的实证分析[J].管理科学学报,2018,21(12):37-53.

[176] 熊熊,梁娟,张维,张永杰.T+0 交易制度对股票市场质量的影响分析[J].系统科学与数学,2016,36(5):683-697.

[177] 杨娉,徐信忠,杨云红.交叉上市股票价格差异的横截面分析[J].管理世界,

2007(9):107-116,172.

[178] 杨晓兰,沈翰彬,祝宇.本地偏好、投资者情绪与股票收益率:来自网络论坛的经验证据[J].金融研究,2016(12):143-158.

[179] 易志高,茅宁.中国股市投资者情绪测量研究:CICSI 的构建[J].金融研究,2009(11):174-184.

[180] 袁晨,傅强.T+1 交易制度下非线性证券价格动态模型及实证[J].管理科学学报,2011,14(03):83-96.

[181] 臧云特.投资者异质性对股票市场价格发现功能的影响研究[D].吉林大学,2017.

[182] 张兵,范致镇,李心丹.中美股票市场的联动性研究[J].经济研究,2010(11):141-151.

[183] 张兵,薛冰.T+1 交易制度下的资产定价模型研究——基于隔夜收益率视角[J].金融论坛,2019(8):3-11.

[184] 张兵.T+1 交易机制造成负向隔夜收益率变动[J].经济学报,2019,6(04):58-77.

[185] 张波,蒋远营.基于中国股票高频交易数据的随机波动建模与应用[J].统计研究,2017,34(03):107-117.

[186] 张静,王生年.盈余平滑、投资者异质信念与资产误定价——基于我国沪深两市 2000—2012 年数据的分析[J].商业研究,2017(09):53-59,187.

[187] 张丽丽,刘琼,杨宽.卖空限制下投资者异质信息对资产定价的影响[J].系统工程,2017,35(06):1-9.

[188] 张晓东.IPO 保荐机构主动担责与投资者利益保护[J].中国工业经济,2017(2):79-97.

[189] 张艳磊,秦芳,吴昱,张睿.股票市场需要恢复 T+0 交易吗? ——基于 A+B股的实证研究[J].投资研究,2014,33(08):139-155.

[190] 张峥,刘力.换手率与股票收益:流动性溢价还是投机性泡沫? [J].经济学(季刊),2006(02):871-892.

[191] 张志伟. 试析中国证券市场 T＋1 交易制度改革[J]. 经济与管理研究,2015 (12):62－65.

[192] 章进,王贤安. 基于中国股市 T＋0 交易制度的可行性分析[J]. 时代金融,2014 (03):247－264.

[193] 赵景东,朱洪亮,李心丹. 基于限价指令簿高频动态演化的价格冲击及日内模式研究[J]. 证券市场导报,2018(04):52－60.

[194] 赵倩. T＋1 交易制度对 B 股市场波动性和流动性的影响——基于双重差分模型的实证研究[J]. 中国经贸导刊(理论版),2017(14):37－42.

[195] 赵胜民、闫红蕾、张凯. Fama-French 五因子模型比三因子模型更胜一筹吗——来自中国 A 股市场的经验证据[J]. 南开经济研究,2016,2:41－59.

[196] 周耿,姜雨潇,范从来,王宇伟. T＋1 制度对中小投资者保护效果的实验研究[J]. 中国经济问题,2018,6(6):62－77.

[197] 周皓,陈湘鹏,王远. A 股市场的异质波动率之谜是否已被充分解释?[J]. 投资研究,2018,37(05):142－160.

[198] 周琳杰. 中国股票市场动量策略赢利性研究[J]. 世界经济,2002(08):60－64.

[199] 朱宏泉,余江,陈林. 异质信念,卖空限制与股票收益——基于中国证券市场的分析[J]. 管理科学学报,2016,19(7):115－126.

[200] 朱战宇,吴冲锋,肖辉. 中国股市日度反向利润研究[J]. 上海交通大学学报,2005(03):442－447,452.

# 后　记

　　本书构思并完成于 2020 年,不过本人关于 T＋1 交易制度的思考从 2018 年就开始了,我在这近 3 年的时间里主要的科研就是思考 T＋1 交易制度,本书是这 3 年我和自己指导的博士研究生的工作的汇集。本书顺利出版,要特别感谢南京大学出版社,感谢经济学院资助。

　　在资本市场国际化日益迫切的现状下,本人预期,T＋0 交易制度呼之欲出。中国证券市场的发展历经了 30 年,今后国际化进程的加速,T＋0 的推动是必然的。本书的出版希望能够为我国股市 T＋0 制度改革提供帮助,这样也会体现学者的社会价值。

　　本书交稿之后,我们的课题研究又有了一些新的发现。T＋1 制度影响投资者权益:(1) 不论投资者日内何时买入股票投资者均会承受大幅度的隔夜回撤,平均回撤幅度要高于日内赚取的收益;(2) T＋1 交易制度正向影响早盘投资者的总收益而负向影响尾盘投资者的总收益,其机制在于 T＋1 交易制度改变了日内不同时刻的交易成本;(3) 融券卖空机制未能缓解 T＋1 交易制度对投资者卖出权利约束的负面作用,强化了 T＋1 交易制度对投资者利益的负向影响。我们测算了 T＋1 交易制度产生的较高的制度成本,平均每年导致隔夜收益折价 11.91％,中国 A 股市场开盘时刻,股票买方的议价能力高达 60.03％,而卖方的议价能力仅为 39.97％。

　　本书出版过程中,我的父亲张忠永远离开了我。父亲对我恩重如山,他总是鼓励我努力工作,善待亲人;我在学习工作中遇到困难,他更是无条件帮助、支持我。父亲的言行对我产生了巨大的影响,让我永远思念。父亲是一位平凡但又伟大的人,我一定会遵循他的教诲。祝愿我的父母在天国安好。

张　兵

2020. 11. 30

**图书在版编目(CIP)数据**

中国资本市场 T＋1 交易制度研究 / 张兵著. -- 南京：
南京大学出版社，2022.6
(中国特色经济学. 研究系列)
ISBN 978 - 7 - 305 - 24049 - 2

Ⅰ. ①中… Ⅱ. ①张… Ⅲ. ①证券市场－研究－中国
Ⅳ. ①F832.51

中国版本图书馆 CIP 数据核字(2020)第 257424 号

出版发行　南京大学出版社
社　　　址　南京市汉口路 22 号　　　　　邮　编　210093
出 版 人　金鑫荣

丛 书 名　中国特色经济学·研究系列
书　　　名　**中国资本市场 T＋1 交易制度研究**
著　者　张　兵
责任编辑　张　静

照　　排　南京南琳图文制作有限公司
印　　刷　江苏凤凰通达印刷有限公司
开　　本　787×960　1/16　印张 18.25　字数 311 千
版　　次　2022 年 6 月第 1 版　2022 年 6 月第 1 次印刷
ISBN 978 - 7 - 305 - 24049 - 2
定　价　69.00 元

网址：http://www.njupco.com
官方微博：http://weibo.com/njupco
官方微信号：njupress
销售咨询热线：(025) 83594756